项目资助：本书受国家自科基金（41871110、41401128）、教育部人文社科青年项目（14YJC790098）和德国科学基金项目（Gz. Li981/13－1）的联合资助。

海外中资企业合作网络的理论与实践

司月芳　等著

中国财经出版传媒集团
中国财政经济出版社

图书在版编目（CIP）数据

海外中资企业合作网络的理论与实践／司月芳等著
．--北京：中国财政经济出版社，2021．9
ISBN 978－7－5223－0720－6

Ⅰ．①海… Ⅱ．①司… Ⅲ．①中资企业－经济合作－研究－德国 Ⅳ．①F279．247

中国版本图书馆CIP数据核字（2021）第161262号

责任编辑：高树花　段　钢　　　责任印制：史大鹏
封面设计：卜建辰　　　　　　　责任校对：胡永立

中国财政经济出版社 出版

URL：http：//www.cfeph.cn

E－mail：cfeph@cfeph.cn

社址：北京市海淀区阜成路甲28号　邮政编码：100142

营销中心电话：010－88191522

天猫网店：中国财政经济出版社旗舰店

网址：https：//zgczjjcbs.tmall.com

北京财经印刷厂印刷　各地新华书店经销

成品尺寸：170mm×240mm　16开　14.75印张　248 000字

2021年9月第1版　2021年9月北京第1次印刷

定价：68.00元

ISBN 978－7－5223－0720－6

（图书出现印装问题，本社负责调换，电话：010－88190548）

本社质量投诉电话：010－88190744

打击盗版举报热线：010－88191661　QQ：2242791300

总　　序

长江全长6397千米，是世界第三大长河，流域面积180万平方千米。长江经济带包括上海、江苏、浙江、安徽、江西、湖北、湖南、重庆、四川、贵州、云南九省二市，2015年，其土地面积为205万平方千米，占全国国土总面积的21.3%；人口为5.9亿，占全国的43.7%；国内生产总值为30.53万亿元，占全国的45.12%，是横跨我国东中西三大不同类型区的巨型经济带，也是世界上人口最多、产业规模最大、城市体系最为完整的流域，在中国发展中发挥着十分重要的作用。

协同发展（Coordinated Development）是指协调两个及两个以上的不同资源、个体，相互协作围绕某一具体目标，达到共同发展的过程。协同发展论与达尔文进化论不同，强调竞争不以优胜劣汰、置对方于死地为目的，而是通过发挥双方各自特长，通过制度、体制、科技、教育、文化的创新，实现双方的共同发展和社会共同繁荣。协同发展的理论根基为协同学。而协同学（Synergeics）由德国斯图加特大学教授、著名物理学家赫尔曼·哈肯（Harmann Haken）于1971年首次提出，并在1976年发表的《协同学导论》著作中进行了系统论述，它是一门跨越自然科学和社会科学的新兴交叉学科，是研究系统内部各子系统之间通过相互合作共享业务行为和特定资源，而产生新的空间结构、时间结构、功能结构的自组织过程和规律的科学。1990年以来，随着冷战的结束、经济全球化的发展，协同学逐渐被引入地理学、经济学、管理学、社会学等学科领域，并得到了进一步发展和应用。

放眼全球，受经济全球化不断深化的影响，协同发展论已经成为当今世界许多国家和地区实现社会可持续发展的理论基础，欧盟已将协同发展作为推进欧洲一体化的指导思想与原则，并据此制定了一系列涉及世界城市群建设、创新网络、经济互动、社会共享等领域的纲领和政策措施，并取得了显著成效。回眸域内，长江经济带建设是我国新时期与“一带一路”、京津翼协同发展并列的三大国家发展战略之一。2013 年 7 月 21 日，习近平总书记在湖北考察时指出，“长江流域要加强合作，发挥内河航运作用，把全流域打造成黄金水道”；2014 年 3 月 5 日，李克强在《2014 政府工作报告》中首次提出“要依托黄金水道，建设长江经济带”；2014 年 9 月 25 日，国务院发布了《关于依托黄金水道推动长江经济带发展的指导意见》（国发〔2014〕39 号），明确了长江经济带的地域范围、奋斗目标和发展战略；2016 年 3 月 18 日发布的《中华人民共和国国民经济和社会发展第十三个五年规划纲要》指出，推进长江经济带发展，建设沿江绿色生态廊道，构建高质量综合立体交通走廊，优化沿江城镇和产业布局，坚持生态优先、绿色发展的战略定位，把修复长江生态环境放在首要位置，推动长江上中下游协同发展、东中西部互动合作，建设成为我国生态文明建设的先行示范带、创新驱动带、协调发展带。

展望未来，长江经济带在我国国民经济带发展中肩负着重要的历史使命，必须在践行创新、协调、绿色、开放、共享的发展理念、在协同发展、科技创新等方面率先垂范。有鉴于此，依托教育部人文社科重点研究基地“华东师范大学中国现代城市研究中心”、上海市哲社重点研究基地“华东师范大学长三角一体化研究中心”、上海市人民政府决策咨询研究基地曾刚工作室、华东师范大学城市发展研究院，在教育部中国特色世界一流大学和一流学科建设计划、上海高等学校高峰学科和高原学科建设计划等的支持下，在笔者主持的长江经济带系列研究项目的基础上，编著、出版《长江经济带协同发展的过程、机理、管治》丛书，全面系统探讨长江经济带不同空间层级、不同专题领域的协同发展、创新发展问题，以期为长江经济带科学规划、健康发展提供理论和应用参考。

在丛书的编写和出版过程中，上海市人民政府发展研究中心、华东师范大学长江经济支撑带协同创新中心、中国长江经济带研究会（筹）等单位、组织的领导和工作人员给予了大力支持，中国财政经济出版社王长廷副总编辑等为本书顺利出版付出了大量心血，特此致谢！

需要特别说明的是，长江经济带协同发展是一个重大而复杂的理论与应用命题，迫切需要社会各界协同探索。受多方面条件所限，本套丛书谬误之处在所难免，恳请读者批评指正！

华东师范大学终身教授　曾刚

2016 年 5 月于华东师大丽娃河畔

前　言

全球经济地理格局重塑背景下，中资企业对发达国家的直接投资是有效利用全球高端生产要素，实现关键创新突破的必由之路。全球金融危机之后，美国出台包括《制造业创新中心网络发展规划》在内的一系列政策措施鼓励高端制造业回流，部分美国高科技公司开始收紧并回撤在中国的职位，限制了跨国公司向中国的技术溢出。在此背景下，我国对外开放的政策重点逐渐从“引进来”转向“走出去”，中国对外直接投资在金融危机之后持续攀升，成为全球第二大跨国投资来源国。中资企业不仅对发展中国家投资，也对德国、美国、英国等发达国家进行投资，通过国际化获取全球性高端技术资源，以求突破发达国家和跨国公司对中国的技术封锁。然而，与发达国家的跨国公司相比，中资企业的离岸经营起步较晚，发展初期技术相对落后、国际经验相对尚显不足。中资企业会在哪些区位投资？投资动因是什么？遇到什么样的困境或积累了什么经验？摸清中资企业投资过程和作用机理对于优化企业离岸管理、细化政府监督管理具有很强的实践意义。

中资企业对外直接投资是经济地理学和区域经济学关注的前沿科学问题之一。新的经济活动推动了区域经济学的理论创新。在全球化初期，发达国家的跨国公司通过分包、外包和建立海外分支机构等形式将低附加值的生产环节转移到发展中国家，以获取发展中国家廉价的劳动力和巨大的市场。Gary Gereffi 等学者通过研究上述跨国公司行为带来了由发达国家向发展中国家的技术输出，和发展中国家的技术升级和区域经济发展过程，创建了全球生产网络、全球价值链管理和地方产业集群升级等理论。然而这些根植于发达国家跨国公司的经典理论不能很好的解释中资企业对外直接投资行为。因为中资企业发源于全球创新格局中的技术追赶区位，对发达国家的投资是由技术势能低的国家向技术势能高国家的逆向投资，追逐的不是土地、劳动力等廉价的生产资料，而是高端知识资本。因此，宜结合中国对发达国家直接投资的实践研究，探讨中资企业逆向投资的过程和机理，有待进一步的理论探讨。

相比于快速发展的中国对外直接投资实践，关于中国对外直接投资和中资企业在发达国家经营的研究相对滞后，多是基于二手数据的资料整理或者单一典型企业的案例分析，基于长时间一手调研的系列性研究较为少见。在众多发达国家中，德国拥有强大的科研基础和完备的本地企业网络和创新网络，对中国投资的开放程度相对较高，个人投资移民因素的作用力相对较小，是研究中资企业海外经营较为理想的区域。中资企业在德投资发展历史悠久，发展速度较快，经历了四个阶段，每个阶段的产业重点、企业所有制、区位选择和主要动机各不相同。第一阶段（1970~1980年），投资主体是进出口贸易公司，投资地集中在德国北部汉堡，服务于中德之间的贸易发展；第二阶段（1990~2010年），一些投资主体为国有银行、航空公司和民营咨询和服务业，投资集中在德国中部的法莱美地区，主要是销售和售后服务，服务于中资企业海外开拓的中资企业；另一些投资主体是民营的装备制造业企业和国有的矿产企业，集中于紧邻法莱美的鲁尔区，包含了销售、生产、研发和售后服务等多功能，服务于所在公司集团的国际化战略发展；第三阶段（2010年以后），投资主体是民营的车企和高科技企业，投资集中在德国南部的巴伐利亚州，包含了销售、生产、研发和售后服务等多功能，进入模式从原来的绿地投资到绿地投资和并购并重，服务于所在公司集团的国际化、技术吸收和创新；第四阶段刚刚开始，主要涉及阿里巴巴、京东、汽车之家等在内的互联网和电商企业。

作者及其研究小组自2009年伊始，就开始追踪在德中国企业的动态发展过程，企业访谈主要覆盖前三阶段的主要企业。2010~2011年主要访谈的是在德的国有企业和中小型家族企业，分析在德中资企业投资德国的动因，与德国客户、供应商、服务机构和在华母公司之间的供应链管理和信息交换通道，以探讨中资企业构建的中德跨境网络及中资企业在德国本地网络的根植性；2013~2015年，主要追踪华为欧洲研究所的人才管理及其在德国的大学和科研机构的产学研合作，以探讨大型民企在德国的创新网络构建过程、知识吸收途径、方式和成效；2016年，则是关注在德国的中资企业并购，探讨的是并购方中资企业和被并购方德国企业在并购后的融合问题，以及原有产业链和创新链的相应变化。这些调研涵盖了多种产业、多种所有制和多种进入模式的中资企业，涵盖了中资企业在发达国家经营遇到的热点问题，具有代表性，为本书正文的撰写提供了扎实的基础。

本书系统评述了中国对外直接投资的理论脉络、历史演变过程、空间扩张过程，并集合在德中资企业及其在德国合作的大学、科研机构、供应商和客户的多年实地调研，分析了中国对德投资的动因、区位选择、在本地构建产学研合作的过程、兼并后的企业融合和供应链管理，以及在德经营的困境和经验教训。研究发现，中资企业对外投资发展非常迅速，它不仅是企业个体学习的过程，也是一个中资企业群体集体学习的过程。在这个学习过程中，中国对外直接投资的进入模式，在当地产业链关系和产学研关系都在发生变化。以在德投资为例，中资企业在德国的网络构建经历了两个阶段：首先是构建中德之间的投资通道、当地华人网络和融入当地网络的阶段，中小家族企业和国有企业先行，这些企业和在德华人协助中资企业在德投资的区位选择、公司注册、融资活动、业务来往等，影响着中资企业在德投资的信息获取和业务开展，帮助中资企业了解德国的制度、企业和商业文化，融入德国当地网络；其次是中国对外投资的规模迅速扩展并构建自身跨境产业网络和创新网络的阶段，部分企业采取绿地投资的渐进式道路，通过产学研合作提高自身的创新能力，部分企业采取企业兼并的激进式道路，通过轻触式管理，实现技术吸收和后期供应链和创新链管理。在这个过程中，华人网络的作用逐步降低，德国企业和德国雇员逐步发挥更为重要的作用，中资企业基于产业合作和创新合作构建的网络逐渐成型。两个阶段衔接，逐步实现了涉及谁知道和谁知道如何做某些事情的信息的知识（know - who）、关于事实的知识（know - what）、对某些事物的技能和能力的知识（know - how）及自然原理和规律方面的知识（know - why）的积累。所以对中国企业而言，对发达国家的投资，不仅是资本的空间扩张，也是一个企业的学习过程，和成长为全球领先企业的技术追赶过程。

书稿含十二章，前四章依次梳理了中国对外直接投资研究的理论和实证背景、对外直接投资的理论进展、历史演化、空间分布和区位选择因素；第五章刻画了中国对欧投资的历史发展和空间分布，为过渡章；第五章至第十二章聚焦中国在德国的投资，追踪中资企业在德国的发展历程，分析了不同类型中资企业融入德国本地企业网络和创新网络的途径和影响因素，通过渐进式学习提高自身的管理水平和技术水平成长为跨国公司的集体学习过程和经验教训。第一章绪论，由司月芳和黄骏完成；第二章中国对外直接投资理论进展，由司月芳完成，部分内容发表于《经济问题探索》2015 年第 12 期的《中资跨国公司对外直接投资研究述评》；第三章中国对外直接投资的发展阶段，由司月芳完成，部分内容发表于《Journal of Contemporary China》23卷89期的《The development of outward FDI regulation and the internationalization of Chinese firms》；第四章中国对外直接投资的空间分布，由司月芳和孟琦完成，部分内容发表于《Chinese Geographical Science》23卷第5期的《Foreign direct investment with Chinese characteristics：A middle path between ownership – location – internalization model and linkage – leverage – learning mode》和发表于《人文地理》2019年第1期的《地缘战略视角下“一带一路”倡议对中国对外直接投资的影响研究》；第五章中国对欧直接投资概况，由司月芳、张首第和梁新怡完成；第六章中国对德直接投资概况，由司月芳和黄骏完成；第七章在德投资动因和区位选择，由司月芳和林兰完成，部分内容发表于《Tijdschrift voor Economische en Sociale Geografi》109卷第3期的《The limits of Guanxi for Chinese nationals doingbusiness abroad：Empirical investigation into Chinese companies in Germany》；第八章绿地投资与在德产学研合作，由司月芳和Ingo Liefner完成，部分内容发表于《Technovation》2019年第86—87期的《A latecomer firm's R&D collaboration with advanced country universities and research institutes：The case of Huawei in Germany》和《地理研究》35卷第10期的《中资企业研发国际化研究：基于华为WIPO专利分析》；第九章跨境并购的企业整合与知识吸收，由Timon Immanuel Haasis、Ingo Liefner和司月芳完成，部分内容发表于《Asian Business & Management》2018年第17期的《The organization of knowledge transfer in the context of Chinese cross – border acquisitions in developed economies》；第十章跨境并购后的企业供应商和客户管理，由Timon Immanuel Haasis、Ingo Liefner和司月芳完成；第十一章中资企业国际化的困境与经验教训，由司月芳完成，部分内容发表于《Tijdschrift voor Economische en Sociale Geografi》105卷第3期的《Cognitive distance and obstacles to subsidiary business success – the experience of Chinese companies in Germany》；第十二章企业对策和政策建议，由司月芳完成。

本书感谢国家自科基金面上项目“中资企业离岸研发的空间格局与动力机制”（编号：41871110）、国家自科基金青年项目“中资跨国公司海外R&D全球布局与地方根植性研究－以在德中资电子信息企业”（编号：41401128）、教育部人文社科青年项目“中资跨国公司海外分支机构的本地网络和全球价值链升级研究”（编号：14YJC790098）和德国科学基金项目（Deutsche Forschungsgemeinschaft）“在德中资企业：制度距离、地方网络和知识交换（Chinese

Multinational Enterprises in Germany: Institutional Distance, Local Networks and Knowledge Exchange)”（编号：Gz. Li981/13－1）的资助，以及被访企业主、企业主管、大学和科研机构从业人员对我们的支持。

然而，对外直接投资是一个复杂的科学和应用命题，需要学者们共同努力开展相关研究，作者水平有限，谬误之处再说难免，恳请各位读者批评指正！

司月芳

2021 年 6 月于华东师大丽娃河畔

目　　录

第一章

绪　论

第一节

研究背景与价值

一、现实背景

（一）经济全球化与跨国公司

在过去的半个多世纪内，经济全球化已经成为不可逆的趋势，各种资源在全球范围内充分流动以实现要素的优化配置，产业结构和价值链分工在全球范围内调整，经济利益也在全球范围内重新分配，世界各国必须在新的维度下重新度量各自的比较优势，并通过发展战略的优化使自身在经济全球化的浪潮中占据有利地位。经济全球化，有利于资源和生产要素在全球的合理配置，有利于资本和产品在全球性流动，有利于科技在全球性的扩张，有利于促进不发达地区经济的发展，是人类发展进步的表现，是世界经济发展的必然结果。但它对每个国家来说，都是一柄“双刃剑”，既是机遇，也是挑战。特别是对经济实力薄弱和科学技术比较落后的发展中国家，面对全球性的激烈竞争，所遇到的风险、挑战将更加严峻。经济全球化中急需解决的问题是建立公平合理的新的经济秩序，以保证竞争的公平性和有效性。经济全球化是指贸易、投资、金融、生产等活动的全球化，即生产要素在全球范围内的最佳配置。

在经济全球化的背景下，世界范围内的经济技术交流与合作日益深化，经济全球化竞争给世界各国带来深刻而广泛的影响。在经济全球化竞争中，具有强大竞争力的跨国公司居于十分重要的地位，跨国公司对外直接投资（Foreign direct investment，FDI）成为世界范围内的普遍现象，在不断重塑全球经济的空间格局。跨国公司拥有领先的技术、品牌和管理能力，是一个国家核心竞争力的表现。跨国公司之间的竞争已成为经济全球化竞争的重要方面，实力强大的跨国公司及其开展的日益激烈的竞争，是经济全球化进程的最活跃、最直接、最重要的推动力量，传统的跨国公司主要来源于美、日、德等发达国家或地区。但根据经济合作与发展组织的一份最新研究报告显示，跨国公司的外国直接投资对促进发展中国家的就业、工资水平和劳动条件的改善发挥越来越大的积极作用，成为全球经济一体化和把经济落后国家融入世界经济体系的一个重要推动力。梳理我国跨国公司在国际化进程、分析中资企业对外直接投资的经验与教训对我国企业参与国际竞争与合作具有重要的意义。

（二）“走出去”战略和“一带一路”倡议

自1999年中国政府启动“走出去”战略以来，中国对外直接投资在总量上实现了飞跃，中国企业不断向海外市场进取，试图从海外获取资源、技术和人才，中资跨国公司得到了迅速的发展，中国政府也陆续出台各项政策，鼓励中国的资本、技术、人才和管理“走出去，走进去，走上去”，为中国企业全球化的发展提供良好的政策环境，“中国力量”成为全球化进程中一道不可忽视的风景线。中国企业在不断开放的国际贸易背景和鼓励开放的政策环境下，一直致力于进行全球化的探索和实践，中国企业“走出去”的过程主要分为初期试探、中期爆发式快速增长和2017～2018年开始理性回归三个阶段。自2015年起，中国已经取代日本、德国等国家成为全球第二大对外直接投资来源国①。截至2019年底，中国对外直接投资存量已达2.20万亿美元，在全球排名第三，而且中资跨国企业已经将投资地域范围扩张到近200个国家和地区②。与传统跨国公司相比，中资跨国公司对外直接投资呈现以下特征：公司对外直接投资初期不具有所有权优势；对外直接投资得到了母国政府追赶战略的支持；在中资企业“走出去”的过程中，企业不再是以单纯地进入海外市场及获得海外的资源为唯一目标，而是通过研发国际化在全球市场上寻求先进技术资源、创造和维持竞争优势来提高企业核心创新能力，建立可持续的企业

① 数据来源：2016年联合国贸易和发展会议。

② 数据来源：《2019年度中国对外直接投资统计公报》。

全球化发展路径（Bartlett and Ghoshal，2000；Child and Rodrigues，2005；Si et al.，2013）。

相比“引进来”，中国资本“走出去”起步更晚，但步伐更快，中国资本“走出去”是经济发展的必然结果。自2013年启动“一带一路”倡议以来，中国在沿线国家的直接投资快速增加，2014～2019年均超过1000亿美元，截至目前，中国企业在“一带一路”沿线国家直接投资已累计超过1000亿美元。新加坡、越南、老挝、阿联酋、巴基斯坦、马来西亚、印度尼西亚、泰国和柬埔寨等已成为主要投资目的国家。在当前全球贸易保护主义日益加剧的背景下，我国对“一带一路”沿线国家投资不降反升并实现稳步增长，沿线国家的认同感、获得感和参与度不断增强，印证了“一带一路”倡议是一项充满智慧和前瞻性的部署，是应对全球贸易保护主义和单边主义的重要手段。我国对外直接投资规模和质量稳步提升。我国对外投资领域、主体和方式的多元化，投资产业结构的持续优化，体现了我国对外直接投资正迈入高质量发展阶段。“一带一路”倡议为中德经贸合作提供了新的合作空间。德国是最早支持“一带一路”倡议的欧洲国家之一。德国政府积极推动“中欧互联互通平台”建设、“中欧班列”和航空运输等领域的合作，为新欧亚大陆桥联通发挥积极作用。未来双方在“一带一路”沿线建设和开展第三方市场合作等方面会有更多的合作机会。

中国对外直接投资规模持续保持在高位，是中国实现更高水平对外开放的使然。在高质量发展阶段，在更加重视有质量的“引进来”的同时，中国也更为积极地“走出去”，实现“引进来”与“走出去”并重。在全球企业兼并愈加严格的背景下，“一带一路”沿线国家仍将是我国对外直接投资的重要目的地，对我国对外直接投资具有深远的影响。

（三）新发展格局下的中国对外直接投资

“十四五”规划和2035年远景目标纲要提出要“加快构建以国内大循环为主体、国内国际双循环相互促进的新发展格局”。随着发展阶段、环境、条件发生变化，加快形成以国内大循环为主体、国内国际双循环相互促进的新发展格局，是中国经济当前及未来发展的重要指向。这样，才能更好地联通国内市场和国际市场，更好地利用国际国内两个市场、两种资源，实现经济高质量发展。中国乃至世界发展的成功实践已经证明，开放带来进步，封闭必然落后，高水平开放是国家发展繁荣的必由之路。无论是现在还是将来，中国改革的脚步不会停滞，开放的大门只会越开越大。因此，新发展格局绝不是封闭的国内循环，而是开放的国内国际双循环。我们着力构建新发展格局，需要更好地吸引全球资源要素，进一步优化全球资源配置，在实现自身高质量发展的同时，促进世界经济增长。跨国公司是国内大循环的重要组成部分，也是国内国际双循环的重要载体，在构建新发展格局中，中资跨国公司需要发挥更好的纽带作用，实现自身更加强劲、更加可持续的发展。但中资跨国企业作为后进国家的跨国企业，在对外投资过程中缺乏“走出去”的相应经验，既没有产品质量、技术水平、销售渠道和品牌等方面的竞争优势，也没有管理经验、人才、资本等优势，反而处于劣势地位。与此同时，经济全球化遭遇逆流，单边主义、保护主义泛起，国际环境正在发生深刻复杂变化，世界经济的不确定性不稳定性上升，中资跨国公司参与国际循环的过程愈加艰难。在这种背景下，中资企业对外直接投资的作用机制和效果，特别是在发达国家的技术吸收与竞争力的提升成为政府迫切需要了解的重大问题，用以服务“全面提高开放型经济水平”政策方针（Liu and Tian，2008）。

（四）中美竞争新态势下的对德直接投资

2018 年，中美贸易摩擦开始，以美国等发达国家主导的全球化体系进入深度调整阶段，逆全球化趋势蔓延，国际贸易保护主义和地缘政治紧张局势令全球投资前景充满不确定性。与中美贸易摩擦导致的不确定性接踵而来的是发达国家对中资企业跨国并购的恐慌和投资审查力度的加大。2018 年以来，全球对外投资环境发生重要变化，部分西方发达国家出台了外商投资限制类监管措施，中国企业在海外投资过程中一些发达国家越来越警惕技术向中国转移，纷纷进行投资限制，部分中资企业在一些发达国家的并购项目也被这些发达国家的主管部门以严苛的限制条件或者不予审批为由阻止。中国投资尤其是绿地外国直接投资，一度被人们寄予成为中美经贸关系重新取得平衡契机的厚望，但近年来受到发达国家投资审查收紧的严峻挑战，中资企业开展海外并购投资的难度进一步加大，中国对发达国家的直接投资正在锐减。中国已经是全球第二大对外直接投资国，并且随着国内转型升级和企业竞争力的提高，中国对外直接投资将会持续高速增长，但受到中美博弈的影响，中国对外投资阻力加大，中企“出海”趋于谨慎，中国对外投资政策走到了岔道口。

在众多发达国家中，德国是中国对外直接投资的重要目的地，也是分析中资企业在东道国实现知识吸收与技术追赶的重要空间载体。德国拥有强大的科研基础，而且是欧盟内最大的经济体。此外，德国对中国投资的开放程度比包括美国在内的许多发达经济体都要高，而且大多数中国在德国的投资被视为知识寻求（Minin and Zhang，2010；Klossek et al.，2012）。中国电信、华为、中兴、联想、海尔等一大批电子信息公司在20世纪90年代初期即采取“走出去”战略，在德国建立研发中心，推动技术合作和创新。相比于美国、加拿大，个人投资移民因素的作用力较小，是研究中资跨国企业行为较为理想的区域。

二、理论背景与研究进展

鉴于中国对外直接投资的重要，为了推进中国对外投资的理论和实践研究，自2008年以来全球已举办了两个系列的讲研讨会：一个是一年一度美国哈佛大学举办的“China Goes Global”研讨会；另一个是两年一度的欧洲哥本哈根管理学院主办的“Emerging Multinationals：Outward FDI from Emerging and Developing Economies”研讨会。这些研讨会发表了大量的学术特刊和著作，如Chinese Management Studies第3卷第1期（2009年）、Thunderbird International Business Review第54卷第2期（2012年）和Journal of World Business第47卷第2期（2012年）。编著和专著详见表1-1。这些书可以分成三类：第一类是包括中国在内的新兴经济体对外投资研究的报告，如“The Rise of Transnational Corporations from Emerging Markets”和联合国贸发会议2006年世界投资报告“FDI from Developing and Transition Economies”，2007年前，这类报告是中国对外投资研究的主流，标志着中国对外直接投资的起步阶段；第二类集中研究中国对外直接投资的编著，这些编著涵盖中国投资的多个研究主题，如投资模式、动机、进入模式和政治影响，他们也是上述研讨会和会议的主要成果；2010年之后，第三类图书兴起，主要是基于博士或博士后研究的专著，每本专著都专注于一个主题、一个行业或一个东道国或区域。此外，发表在各类重要期刊上的学术论文也日益增多（见表1-2）。这些出版物的时间序列，揭示了日益聚焦、扎实和深厚的实证研究。

表 1-1　中国对外投资和中国跨国企业的代表书籍

书名	类型	主要内容
International Human Resource Management in Chinese Multinationals	编著	中资企业在全球化过程中的人力资源管理
New Dimensions of Economic Globalization: Surge of Outward Foreign Direct Investment from Asia	编著	亚洲内部各国家之间的跨国直接投资
Chinese Multinationals	编著	企业战略、全球化进程与创新
Emerging Multinationals in Emerging Markets	编著	商业战略和理论创新
Investing in the United States: Is the US ready for FDI from China?	编著	中国对美投资
China Rules - Globalization and Political Transformation	编著	中国对外投资的政策环境建设与产业发展
The Determinants of Chinese Outward Direct Investment	专著	中国对外投资的模式和动因
Chinese Investment in Australia: Unique Insights from the Mining Industry	专著	中资企业在国外的进入模式、成功因素和经验教训
The China - Latin America Axis: Emerging Markets and the Future of Globalisation	专著	中国对拉美的投资与企业发展

表 1-2　中国对外投资和中国跨国企业的代表文章

作者	研究内容	研究方法
Alon, Leung and Simpson (2015)	中国国有石油企业投资行为的启示	描述性分析
Anderson et al. (2015)	中资企业跨国并购对创新绩效的影响	典型案例分析法
Auffray and Fu (2015)	中国对非直接投资的管理案例	深入的定性访谈
Bräutigam and Tang (2014)	中国海外合作贸易区对非洲的影响	概念分析
Chen et al. (2012)	中国对外直接投资对母公司的国际反向溢出效应	滞后 Tobit 模型
Ciabuschi, Kong and Su et al. (2017)	反向知识转移的影响因素	案例研究
Cooke et al. (2015)	在非中资国有企业的人力资源管理	半结构化访谈
Cooke (2012)	中兴和华为的国际人力资源管理	案例研究
Cooke (2014)	中资企业在东道国的人力资源管理实践	已有研究的经验数据和二手数据的分析
Di Minin et al. (2012)	中资企业在欧洲的 R&D 投资	案例研究
Ding et al. (2017)	中资企业跨国并购对企业治理实践的影响	最小二乘法

续表

作者	研究内容	研究方法
Edamura et al. (2014)	中资企业跨国并购对企业创新绩效的影响	计量经济学方法
Fan et al. (2013)	中资企业的人力资源管理	案例研究
Fan et al. (2016)	中资企业的本地化学习动因	模糊－设置定性对比分析
Fang and Chimenson (2017)	中资企业跨国并购的媒体报道	案例研究
Gao (2014)	中国对澳大利亚非资源投资的影响	描述性分析
Globerman (2016)	中国对外直接投资的政治评估	概念分析
Gugler and Vanoli (2015)	中资企业创新进程与对外直接投资	专利和专利引用的描述性统计方法
Hansen et al. (2016)	中国企业在丹麦的升级战略	案例研究
Huang and Staples (2018)	国际化对中国企业公司治理实践的影响	案例研究
Klossek et al. (2012)	减轻中资企业国际责任	半结构化访谈
Kubny and Voss (2014)	中资企业对越南直接投资的溢出效应	专家访谈
Li et al. (2016)	母公司与子公司关系质量	分层调节多元回归
Lin and Zhao (2016)	中国文化对中国侨民行为的影响	半结构化访谈
Liu and Woywode (2013)	中国国际并购的并购后整合阶段	深入的定性访谈
Marchand (2017)	新兴经济体公司的并购后整合方法	案例研究
May (2014)	中国农业对外直接投资的企业社会责任	概念分析
Miska et al. (2016)	中国企业社会责任活动的动因	模糊—设置定性对比分析
Muralidharan et al. (2017)	制度差异导致中国企业在并购后阶段面临的挑战	案例研究
Nicolas (2014)	中国对外直接投资对欧洲东道国的影响	描述性分析
Peng et al. (2011)	公众对中国对外直接投资的看法	概念分析
Peng et al. (2017)	知识转移的影响因素	部分线性建模，案例研究
Rosen and Hanemann (2012)	中国对外直接投资对美国经济的影响	概念分析
Ruiet al. (2016)	中国对非直接投资的知识溢出	多案例研究
Rui et al. (2017)	中资企业在新兴市场的外派管理	案例研究
Schüler－Zhou and Schüller (2013)	中资企业在德子公司的决策自主权	多元回归分析、影响因子分析
Seyoum et al. (2015)	埃塞俄比亚生产力与中国对外直接投资的关系	计量经济学方法
Song et al. (2011)	国有企业对外直接投资对中国国内结构性改革的影响	概念分析
Song (2011)	海外华人网络的作用	访谈

续表

作者	研究内容	研究方法
Spigarelli et al. (2015)	中联重科收购 CIFA 后的品牌打造	案例研究
Tingley et al. (2015)	反对中国并购的政治原因	标准 Logit 模型
Wang et al. (2014)	中国对外直接投资对东道国的影响	概念分析
Wang et al. (2017)	中国驻外人员的必备技能	案例研究
Wu et al. (2011)	华为和海尔进军美国市场	案例研究
Wu et al. (2016)	东道国制度环境对创新绩效的影响	负二项式计数回归模型
Xing et al. (2016)	非洲工会—公司关系的管理	案例描述
Yao and Wang (2014)	中国对外直接投资的置换效应	计量经济学方法
Zhang et al. (2014)	中国对外直接投资对撒哈拉以南非洲的增长效应	计量经济学方法
Zheng et al. (2016)	跨境并购交易中购买的战略资产的特征	案例研究
Zheng (2013)	新兴国家企业的人力资源管理实践	概念分析
Zheng (2016)	中国企业并购后整合方式	案例研究
Zhu and Jack (2016)	母国效应对中国企业加入雇主协会的影响	案例研究
Zhu et al. (2011)	TCL 的追赶过程	概念分析
Zhu et al. (2014)	母国效应对中国企业人力资源管理的影响	案例研究
Zhu (2015)	中国企业工会 - 企业关系管理	案例研究

现有中资跨国公司对外投资的实证研究主要集中在（见图 1 - 1）：中资企业对外直接投资的驱动因素、区位选择、投资过程和结果（Deng，2004；王永钦等，2014；毛其淋和许家云，2014）。其中，驱动因素主要从企业层面、产业层面、东道国和母国之间的制度层面分析中资企业对外直接投资的动因和影响因素；投资过程主要关注企业战略、子公司的管理、组织架构、东道国的差异和市场适应度等角度分析中资企业在海外的经营业务和影响因素；投资结果则主要从对外直接投资对企业财务绩效、创新绩效、品牌治理和对母国影响等多方面展开。

在研究数据上，学者们主要使用官方统计的宏观数据，包括由商务部、国家统计局和国家外汇管理局联合发布的《中国对外直接投资统计公报》、商务部发布的《中国商务年鉴》和商务部备案登记的对外直接投资企业情况（吴哲等，2015）。还有部分学者使用 Oriana 亚太企业分析库中的微观企业数据。除此之外，还有一些学者使用通过访谈、问卷调查和个案研究收集的第一手资

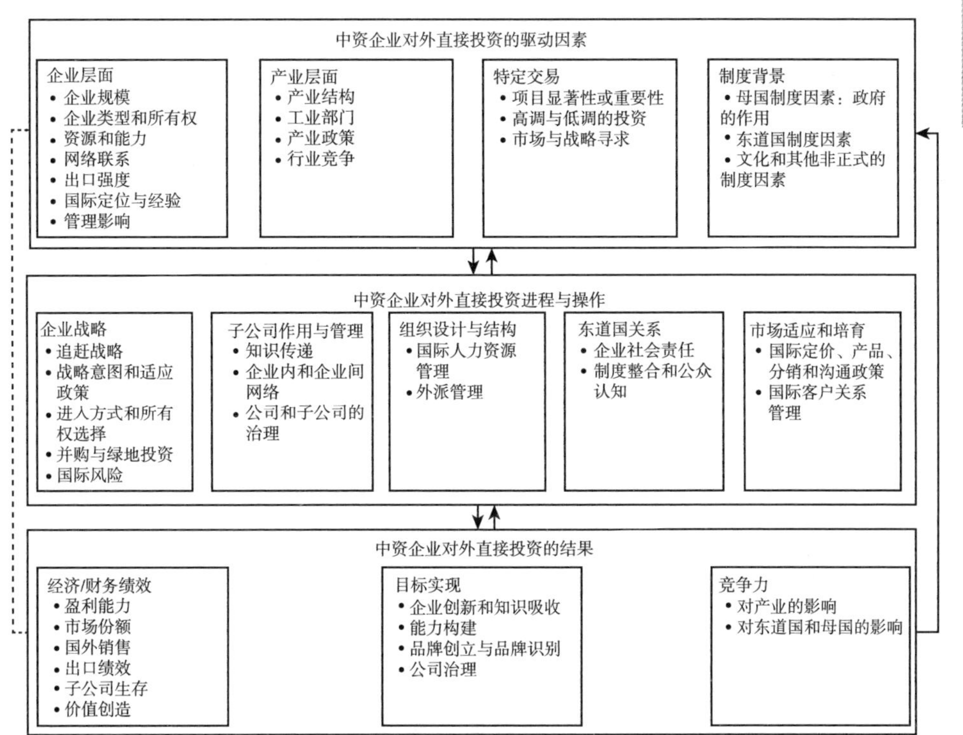

图 1－1　中资企业对外直接投资的主要研究内容

料进行研究。受限于数据统计口径，大部分学者对中国对外直接投资区位选择的研究还停留在国家尺度的分析上，较少对区域尺度的影响因素进行分析。

在研究方法上，由于大部分学者使用官方统计数据进行研究，因此多采用计量经济学方法分析影响中国对外直接投资区位选择的因素。目前学者们使用的计量经济学方法包括普通最小二乘法、加权最小二乘法、固定效应检验方法和两阶段最小二乘法方法、面板回归和双重差分等模型、Logit 及 Probit 回归模型、关联性分析方法等。但是在原理性问题的讨论上，例如，企业并购后的整合过程、海外华人网络的作用机制等均采用质性方法，包括实地调研、高层访谈和个案研究等。

在研究区域上，中国对外直接投资的研究主要聚焦于“一带一路”沿线国家，分析国家政策和政治风险对中国对外直接投资区位选择的影响。对不同东道国的关注点不同。中国对非洲的投资主要讨论热点为自然资源开发、政府角色和环境保护；中国对欧洲和美国的投资主要包括商业安全、政府角色、主动知识获取、品牌建立、产业链升级和外来者弱势；中国对亚洲周边国家的投资，如香港特别行政区的角色和中国在东南亚建立的工业园区。

为了推动中资跨国公司对外直接投资的理论和实证研究，建立符合中资跨国公司特征的国际投资理论，本书认为应推动以下三个方面的研究：

首先，中资跨国公司对外直接投资影响因子特殊性的研究。例如，非正式联系即关系在中资跨国公司对外直接投资的作用是现有研究的一大争议。Hsing（1996）和 Yeung（1998）基于我国台湾、香港企业的国际化行为，断定关系可以为企业提供资源和信息，便于企业实现跨国经营的协调和控制。Hsun 和 Saxenian（2000）则主张尽管关系网络可以促进跨国业务和技术交叉吸收关系，但并不能保证技术升级所需的技能和能力，不是中国台湾对美投资的主要原因。来自大陆的中资企业与台湾、香港企业相比，具有鲜明的特点，即"中国全球化"特殊的制度背景、中国国家战略和领先企业错综复杂的纠缠，因此急需更多的实证研究来讨论关系对于中资企业国外投资行为的影响。

其次，中资跨国公司技术升级与对外投资的相互作用机理研究。Fan（2011）通过华为和中兴的案例研究中资企业 R&D 国际化行为是企业实现追赶战略的重要举措，以获取全球化的知识和市场。Zhang（2010）基于对欧、美中资 R&D 中心的访谈发现其国际化行为主要是为了与当地的企业和研发中心合作，达到学习目的。Minin 和 Zhang（2010）研究在欧洲的 R&D 中心，证明中资企业在欧洲主要从事应用性的 R&D 活动，以获得良好的本地人力资源和技术，并将这些技术应用在东欧、东亚等欠发达市场。研发资源具有稀缺性和地方黏度大等特征，因此这些资源多集中在美日欧地区。对外直接投资成为发展中资企业获得全球化的知识和市场，成长为领先企业的途径之一。与韩国等企业相比，中资企业拥有更大的本国市场，中资企业会走哪条途径？现在位于何种阶段？中资企业是否会有其他的升级方式又是如何实现的？这些问题都值得进一步探讨。

最后，中资跨国公司在海外经营困境与解决途径研究。2020 年 10 月，党的十九届五中全会明确提出："加快构建以国内大循环为主体、国内国际双循环相互促进的新发展格局"，双循环绝不是关起门来搞经济，而是在充分发挥我国市场规模优势和内需潜力的同时，优化国际分工，构建国内国际两个循环相互促进的格局，跨国公司就像是连接国内与国外的桥梁，在新发展格局构建过程中发挥着至关重要的纽带作用。但中国企业在迈出国门走向世界之际，其投资和经营活动也越来越暴露于各类国际风险之中。因此，识别、归纳中资跨国公司在海外经营的困境，总结产生原因等也是中国对外直接投资研究的重要方向。

三、研究内容和意义

在目前的历史条件下，中资跨国企业随着风云变幻的国际局势被推到了大国博弈的“风口浪尖”。是否具有一批世界水平的跨国公司，是我国由经济大国变为经济强国的重要标志之一；培育一批世界水平的跨国公司，是我国提高对外开放水平、转变发展方式的重要任务。

为了深化中资企业对外直接投资的研究，本书拟通过梳理对外直接投资的相关文献，依次评述对外直接投资的理论基石和研究方法，奠定本书的理论研究基础；结合对外直接投资的理论与实际，厘清中资企业对外直接投资的历史演进和政策条例，对中资跨国公司对外投资的地理分布和动因进行细致的研究；基于实地调研的珍贵一手资料，重点分析中资跨国公司对欧投资特别是对德直接投资的区位选择、分支机构经营现状和知识吸收途径等，为中资跨国企业对外直接投资和政府制订相应的政策提供可行性建议。

本书研究将丰富已有中资跨国公司全球化的研究内容，深入研究跨国公司与经济全球化的关系，进而构建适用于中资跨国企业“走出去，走进去，走上去”的理论分析框架；认清自身在全球政治环境中的定位，收集掌握当时当地的各类信息，使中资企业对其定位和处境有准确且清晰的了解，能够有效降低各类不确定风险的实质性打击，推动中资跨国企业做出符合国家和自身利益的决策。

第二节 研究思路、数据与方法

一、研究思路

科学研究在于发现客观规律，并对规律做出解释，然后上升到理论，客观规律的发现必须立足于对实际的考察分析。为实现本书的研究目的，拟定了如下研究思路：分析现象—探寻规律—解释机理—提炼理论。具体而言，本书从现阶段中资跨国企业对外直接投资的现状出发，梳理了国内外跨国公司对外直接投资的相关研究，以此为基础运用实际案例分析中资企业对德直接投资的经验与教训。具体来看，本书在理论部分首先梳理了经典对外直接投资理论，并结合我国的实际情况，分析了新兴国家对外直接投资和研发国际化的理论基础，同时就中国对不同区域的对外直接投资的实证研究进行了深入分析。随后，本书梳理了中国对外直接投资和对欧直接投资的发展历程，并运用实证方法分析了中国对外直接投资和对欧投资的空间分布和区位选择，以此为基础，运用各类访谈和典型案例，从发展历程、投资动机与区位选择、绿地投资与产学研合作以及企业兼并与知识吸收等多个方面就中国对德直接投资进行了全面的剖析，运用以华为为代表的企业和访谈案例进行典型案例分析，并总结出中国对德投资的困境及经验教训。最后，根据实证研究、调研访谈、案例研究等方法就中国对外直接投资、对欧直接投资和对德直接投资分析所得出的各项结论，分别针对企业和政府提出了各项建议。具体研究思路如图 1－2 所示。

二、研究区域

本书选择德国作为主要研究区域。自 2004 年以来，中国对德国的年度直接投资额增长了 6 倍，截至 2018 年底达到 32 亿欧元。德国以 136.9 亿美元的投资存量排名发达国家第六位[①]。2020 年中国对德投资项目数量为 170 个，比上一年增长 10%。截至 2020 年底，在德中资企业子公司超过 3000 家，涉及贸易、金融、汽车、机械、航空、电信等领域[②]。

德国历来被称为欧洲的“心脏”，对德投资不仅能进入德国市场，也能进入欧洲市场。首先，德国经济实力雄厚，是欧洲第一大经济体，也是所有东欧国家的主要合作伙伴，并且大约 2/3 的德国产品出口到欧盟其他成员国。其次，德国的道路四通八达，便于购买和销售，并且可以便利地到达西欧、东欧

① 数据来源于《2020 年中国对外直接投资统计公报》。

② 数据来源于德国联邦外贸与投资署。

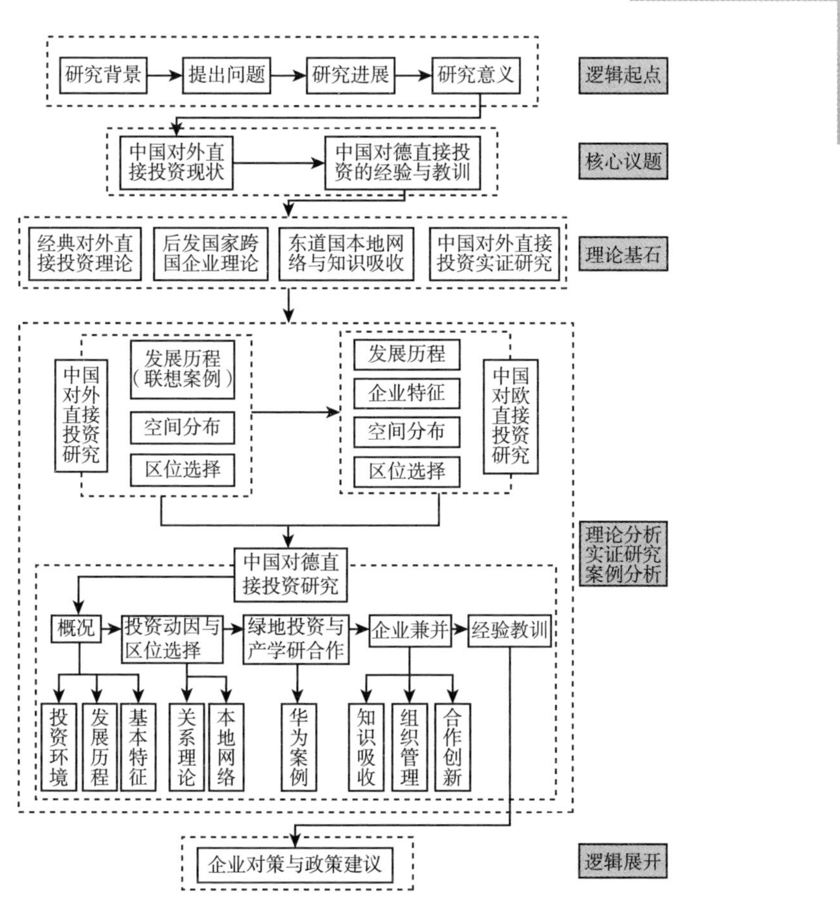

图 1－2 研究思路

市场。根据德国中国商会《中资企业在德商业环境调查（2018 年）》显示，德国市场普遍受到中国母公司的高度重视，超过半数的中资企业选择将其在欧盟地区的总部布局在德国，此外，仍有超过 30% 的中资企业将其在德语区或西欧地区的总部布局在德国（见图 1－3）。此外，德国也是分析中资企业实现海外技术追赶的理想案例。德国拥有强大的科研基础，尽管中国科技实力与发达经济体还存在一定差异，但中国拥有高度开放的投资系统，因此，大多数中国在德国的投资被视为知识寻求（Si et al.，2013；Haasis et al.，2018）。

中国企业在德投资的经历可以概括为四次浪潮，每次浪潮的产业重点、企业所有制和区位选择各不相同。第一次投资浪潮发生在 20 世纪七八十年代，

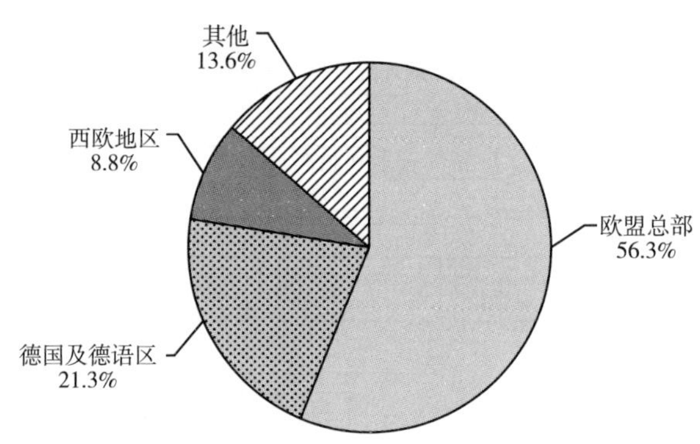

图 1-3　中资企业在德分支机构权限范围

主要依托于汉堡的港口优势和便利的交通基础设施，投资范围涉及出口贸易公司、国营进出口公司等；第二次浪潮发生在 1990～2010 年，主要地点是被称为“德国工业心脏”的能源充足、交通便利的鲁尔区，领域主要为装备制造业，当时中国的国有、民营企业开始走出国门，如三一重工、潍柴等企业大量收购德国老牌装备制造业公司；第三次浪潮主要是在 2010 年以后，中国民营的车企、高科技企业崛起，投资集中在当时正由农业州逐渐发展起来的巴伐利亚洲，主要领域包括高科技、汽车制造业以及中国的一些“独门绝活”独角兽企业；第四次浪潮也刚刚开始，主要涉及阿里巴巴、京东、汽车之家等在内的互联网和电商企业①。

三、数据和方法

本书收集了二手数据，如来自联合国贸易和发展会议的《世界投资报告》、中国商务部和国家统计局的《中国对外直接投资年报》、中国国际贸易促进委员会的《中国企业“走出去”》发展报告、德国联邦银行的《德国经济统计年鉴》和德国工商总会、商业协会、德国联邦外贸与投资署等，以及德国当地的报纸、网站、传记和学术研究的等资料来源。

但由于对中国在发达国家投资的研究尚处于起步阶段，因此本书关于在德中资企业研究的实证研究主要通过参与观察法（Participant Observation）和企

① 德国中国商会：《中资企业在德商业环境调查（2018 年）》。

业访谈，由中德联合调查团队于2011年10月至2016年12月执行。参与观察法是研究者走进研究对象的生活环境，观察研究对象日常社会生活过程的状况，是一种非结构性的观察，于20世纪80年代引入地理学研究当中（Jackson，1983）。本次的参与式观察获得了来自德国黑森州政府的大力支持。项目组通过参与由法莱美股份有限公司每季度举行一次的“聚焦中国——法莱美邀请您”，由法兰克福中资企业协会联合法兰克福市经济促进局联合举办的“中国对话”，由德国工商大会与留德学生联合会共同主办的“中国人才日”等。我们在活动期间观察中资企业与德国企业、德国政府部门的沟通方式，并利用用餐时间和茶水时间等空余时间和与会者进行交谈和信息交流。大量的参与观察让我们得以进行非正式的讨论和交流，并对中德双方参与者的看法进行了归纳。

如前所述，中国对德直接投资共经历了四次浪潮，不同阶段企业的所有制、规模、产业类型和区位各不相同，投资动因、过程和结果也不相同。本书的调研主要于2011年10月至2016年12月执行，因此访谈对象主要涵盖在法兰克福地区、鲁尔区的绿地投资企业和在巴伐利亚州的并购企业。调研主要集中在三个时间段，其中，第一阶段主要调查基于绿地投资的在德中资企业投资动因、知识获取途径和在德困境；第二阶段主要是单一企业案例，结合绿地投资的代表——华为技术有限公司（以下简称华为）的欧洲研究所和相关大学、科研机构的访谈，了解华为在德国的产学研合作，鉴于对华为调研的难度，该调研前后持续的时间较长；第三阶段主要是对在德并购的中资企业进行访谈，探索并购后的企业融合和知识交流。

（一）2011年调研：对绿地投资的中小企业访谈

最开始的调研主要在2011年展开，当时在德中资企业的规模较小、影响较小，在德中资企业的投资动因、过程和结果均不明朗。该次调研主要摸清在德中资企业的投资状态，分三步进行（见表1-3）。

第一步，访谈黑森州、北威州州政府和相关的投资促进机构，了解在德中资企业的基本情况。参与这些机构组织的日常商务活动，例如，法兰克福莱美茵两河地区国际投资促进会每季度举行一次的“聚焦中国——法莱美区域邀请您”、由法兰克福（美茵河畔）工商会举办的“中国对话”、由在德国的中国学生组织等举办的“中国人才日”等，接触在德中资企业主要负责人，以获得在德中资企业面对面调研的机会。

第二步，与 18 家在德的中国跨国企业的子公司及 3 家在中国的总部企业进行了面对面的访谈。访谈共分为四个部分：第一部分了解公司的基本情况，包括其成立的年份、所有权、经营业务、进入模式、员工等；第二部分主要关注公司分支机构的选址，包括建立动机、区位选择以及竞争优势；第三部分，是关于企业成立后的商业经营，包括本地的根植性及知识获取的渠道和目标，由于大多数在德经营的中国跨国企业主要从事销售及售后服务，对于他们来说关于市场的知识更为重要；第四部分，主要是关于企业发展困难以及障碍，对此设计了带有特定选项的访谈问卷。当进行采访时，询问一些开放答案的问题，并在收到来自受访者的访问内容后勾选相关选项。记录详细的成功或失败经验，如果收到的答案超出了调查问卷的选项范围，则在接下来的问卷调查中加入新的选项。调研时假定受访者给出的答案是他们心中最重要的因素，这种方法可以在设计带有特定选项的问卷时避免主观偏见。

18 家在德的中国跨国企业的子公司全都具备独立发展业务的能力，这说明他们不只是中国母公司的德国地区代理。这些企业大多数来自制造业，其中有 3 家来自服务业，分别是一家电信公司、一家航空公司以及一家提供预订服务的公司。这些公司基本上都雇用两个经理，一个德国经理和一个中国经理。在过去 10 年，这些公司的中国管理者都来自中国。可能是由于他们的家人居住在中国，因而大多数人都选择在任期结束后回国。这些管理者通常在交流中使用英语。一般而言，他们受过良好的教育。

为了比较，笔者还对 14 家在德的小型中资企业进行访谈，具体包括咨询顾问、会计师事务所、律师事务所、税务顾问、保险代理、贸易公司和 IT 服务企业。大多数这些企业雇用的员工不超过 20 名，并且更青睐会讲中国话的人，包括德国华裔。大多数公司老板和经理是一些在德国生活了 10 年以上的华人，能说一口流利的德语并对当地环境很熟悉。其中一些人在经营自己的生意之前就曾在德国接受过教育或工作，并且很熟悉中国和德国的情况，这同时也是他们能够获取利润的保障。

第三步，访问了 15 家与在德中资企业有产业链关系或产学研合作的企业、大学和科研机构。大多数访谈是通过单独的通话进行的，采访持续了 60 ~ 90 分钟。受访者需要对过去和正在与中资企业合作的研发项目进行详细的回顾性描述，包括项目历史、对双方目的和行为的评估、对取得成果和未来合作前景的评论。他们还需要将中资企业与其他行业合作伙伴进行比较。采访内容被完整记录。

表 1－3　　　　第一轮调研步骤和受访企业信息

类别	受访对象举例	企业数
第一步		
政府	黑森州经济运输部	14
	中国驻法兰克福总领事馆	
	中国国际贸易促进委员会德国分会	
准政府	法兰克福商促会	13
	在北威州投资促进会	
学术专家	Andreas Klossek	2
第二步		
国有跨国公司	中国电信	5
	中国民航信息集团有限公司	
民营跨国公司	华为	8
	中兴	
	沈阳博林特电梯股份有限公司	
中德合资企业	厦门宏发电声股份有限公司	5
中国总部企业	五矿集团	3
小型中资企业	咨询顾问、IT 服务公司	14
第三步		
中介服务	中德商桥有限责任公司（MPR GmbH）（市场及策略顾问）	6
	Wotax（税务顾问）	
非营利性组织	中德经济协会	6
	北威州中资企业协会	
在德国的合作公司	Global Fenestration Relation GmbH	3

（二）2012～2015 年调研：对绿地投资的华为案例研究

华为成立于 1988 年，专门从事通信网络技术与产品的研究、开发、生产与销售，是世界电信市场的三大供应商之一。华为在技术创新方面也有很突出的表现，它坚持把每年销售额的 10% 以上投入研发中，研发人员的比例已经达到了 46%，连续多年来居 WIPO 专利申请的前三名，是研究中资跨国公司全球研发与技术升级的典型案例。华为欧洲研究所成立于2008年，总部位于德国慕尼黑，并设德国柏林、比利时布鲁塞尔、法国巴黎、意大利米兰等多个分支机构，其主要职能包括：追踪并推动光传输、微波技术、核心网络等关键技术的发展，参与欧洲标准组织和保持与欧洲第一梯度服务商（如英国电信、德国电信）等的技术联系等。作为华为重要的海外R&D中心，欧洲研究所运行机制的讨论将更利于我们了解华为在海外实现技术交流和追赶的动因。

2012年、2013年和2015年，项目组访谈了华为欧洲研究所及其合作伙伴。访谈内容主要包括区位选择、创新策略、创新合作途径、成效与困境等。每次访谈持续60分钟至90分钟。为了更全面地评价欧洲研究所的研发情况，访谈分两步展开：第一步，访谈华为欧洲研究所的雇员，包括技术总监（Chief Technology Officer）、项目经理、销售经理、公共事务经理等，以了解华为欧洲研发中心的自我评价，并获得华为在欧洲的主要合作者名录；第二步，为了获得在德科学同行的意见，项目组还在2015年1月和2月对知识产权组织专利文件中列出的发明者和他们在德国大学和研究机构的研究单位主任进行了访谈（见表1-4）。对大学和研究机构人员的采访是通过电话或亲自访问用英语或德语进行的。大多数访谈是通过单独的通话进行的，有些涉及与一个小组的几个成员进行电话会议。采访持续了30~90分钟。受访者需要对过去和正在与华为合作的研发项目进行详细的回顾性描述，包括项目历史、对双方目的和行为的评估、对取得成果和未来合作前景的评论。他们还需要将华为与爱立信、诺基亚等其他行业合作伙伴进行比较。采访内容被完整记录。这些信息用于建立与华为的共同研发合作模式，为调查结果找到关键解释。

表1-4　被调研与华为合作的大学和科研机构信息

大学/研发机构/城市	机构/实验室名称	WIPO出版编号
亚琛工业大学	通信系统和数据处理研究所	WO2009127097
		WO2010022661
		WO2011144130
亚琛工业大学	信息技术学院	WO2010034242
		WO2014008951
		WO2014139567
亚琛工业大学	通信网络研究室	WO2010083660

续表

大学/研发机构/城市	机构/实验室名称	WIPO 出版编号
弗劳恩霍夫开放通信系统研究所，柏林	未来应用和媒体能力中心（FAME）	WO2009033376
		WO2011069470
弗劳恩霍夫开放通信系统研究所，柏林	未来网络基础设施能力中心（NGND）	WO2011094933
		WO2011120218
		WO2012113156
		WO2012113155
		WO2012113154
弗劳恩霍夫—海因里希—赫兹学院，柏林	无线通信和网络	WO2014094917
		WO2014094916
德累斯顿工业大学	沃达丰主席移动通信系统	WO2011144102
哥延根大学	计算机科学研究所、计算机网络研究所	WO2010000090
		WO2013034088
		WO2013029561
慕尼黑工业大学	电路理论与信号处理研究所	WO2013139395
帕索大学	复杂与智能系统研究所	WO2014079483
		WO2014079484

通过以下措施解决潜在的访谈者偏见：第一，访谈对象包括隶属大学和研究机构的发明人和主任，一些受访者提供了有关相同研究小组和合作项目的信息；第二，本次访谈已明确表明是匿名进行的；第三，所有资料都有来自其他来源（第三方）的文件、网页和报告的证据作为补充；第四，研究结果于2015 年 4 月发送给华为欧洲和华为慕尼黑欧洲研究所的主要工作人员进行评议。因此，本书使用具有代表性的与华为有过或仍在保持研发合作关系的德国大学和研究机构研究小组和实验室的有效和可靠的信息。

（三）2016 年调研：对兼并的大型企业访谈

由于拥有强大的工业技术、与消费品相关的商业品牌以及高科技领域相关的经验和知识，德国成为中国企业投资欧洲的首选投资地。收购决策具有高度战略意义，而核心员工能够最深入地了解交易流程，因此本书采取目的抽样，以期与被收购的德国工业企业和中国母公司的核心员工建立联系并进行访谈。另外，由于中国企业在德国的收购绝大多数发生在制造业，因此选取德国工业部门的中资跨国公司收购样本更具有代表性和典型性，而且更多同源样本有助于案例的交叉比较（Knoerich，2010）。

本书认为，如果中国母公司拥有至少 50.01% 的股本，那么这家德国企业就是被收购的，因此通常能够控制决策机构的权力结构。收购情况来自 Bureau van Dijk 提供的 Zephyr 数据库（数据检索：2016 年 6 月 13 日），其中包含有关德国公司的详细信息，包括财务指标、详细的公司结构、股东和子公司以及在德国的德国联邦公报（德语翻译：Bundesanzeiger）提交的收购。为了弥补缺失的数据，本书还收集了安永会计师事务所（2014 年、2015 年、2016 年 a、2016 年 b、2017 年）、银杏树顾问（2014 年、2015 年），以及 Huotari 和 Hanemann（2014）的信息。

为了收集数据，本书采用半结构化访谈，其中包含由开放式问题和潜在问题组成的指南。由于收购过程通常包括三个不同阶段（收购前、交易和收购后阶段）（Meckl and Zink，2004），研究将指南细分为三个不同的部分。指南的第一部分（收购前阶段）主要包含有关交易的初始情况、有关各方之前的关系以及中德企业的动机等问题。指南的第二部分（交易阶段）旨在了解双方的谈判情况。指南最后部分（收购后阶段）的问题主要集中在收购完成后的事件。在最后一节中，特别关注影响知识转移的因素以及在收购后阶段产生的管理行为。

本书通过电话和电子邮件联系了已确定的中国母公司和被收购的德国公司，以获取潜在的访谈对象的个人联系方式。然后，我们向潜在的受访对象发出了采访请求。在采访请求中我们告知了潜在的访谈对象我们对知识转移的组织特别感兴趣。因此，研究预设受访者为访谈做好了准备，并对中国母公司与被收购的德国目标企业之间的知识交流情况了如指掌。本次研究与 18 位企业代表进行了 17 次访谈（13 次面对面访谈、4 次电话访谈）。在两个案例中，我们采访了一家中国母公司的代表，该公司在德国进行了多次收购。在采访中，我们将已完成的收购作为谈话主题。因此，我们总共收集了 22 例中资跨国公司在德国跨境收购事件的信息。考虑到敏感性和为提高受访者的参与率和访谈内容的公开性，我们将受访者的信息进行保密。平均访谈时间为 43 分钟，最短为 27 分钟，最长为 79 分钟。如表 1－5 所示，在大多数情况下，我们采访的是德国目标企业代表。这是因为研究预设德国目标企业比中国母公司更具有知识优势，是知识转移的发起方，因此与德国目标企业代表进行会谈是特别重要的。另外，由于中国母公司的管理层可能会夸大收购的积极后果，因此研究假设被收购目标企业的管理层对收购目标的陈述比买方的陈述更客观（Grinstein and Hribar，2004）。

我们在 2016 年 2 月至 12 月期间进行了所有数据收集。访谈语言为德语或英语。在获得许可后，我们对采访进行了录音和转录。如果受访者不同意录音，我们则在采访中做笔记。一些受访者要求收到笔录，以便核实和重新考虑他们的陈述。但是，他们都没有要求对笔录进行重大修改。在某些情况下，中间人或管理人员还提供了额外的资料（如公司简介）。参考 Eisenhardt (1989)，本书对实证材料的分析包括两个阶段：案例内和跨案例分析。为了实现一致性，本书采用 Kuckartz（2014）提出的主题定性文本分析方法。首先，进行了案例分析。为此，我们连续阅读并编写了从访谈指南中推导出的主要类别的经验材料。其次，进行了跨案例分析。在这个阶段，我们最初编译了分配给每个主要类别的所有文本段落。在下一步中，我们根据实证材料为每个主要类别归纳创建子类别。在定义子类别之后，我们继续进行第二个编码过程，在这个过程中，我们将每个主类别中的编码文本段落分配给新定义的子类别。

表 1-5　　企业代表访谈

案例	德国被收购企业法人形式/行业		中国母公司行业/所有权形式[a]		收购时间	受访者的职位	受访者的国籍	受访者的雇主
1	有限责任公司	汽车	汽车	私营	2011 年、2014 年、2015 年、2016 年	总经理助理（中国母公司欧洲控股）	中国	母公司
2	有限责任公司	机械工程	机械工程	私营	2014 年	副总经理	中国	母公司
3	有限责任公司	机械工程	化学	国有	2016 年	CSO	德国	被收购企业
4	集团公司	机械工程	航天	国有	2014 年	公司注册会计师	德国	被收购企业
5	有限责任公司	机械工程	机械工程	私营	2009 年	CEO	德国	被收购企业
6	有限责任公司	机械工程	机械工程		2013 年	CEO	德国	被收购企业
7	有限公司	机械工程	机械工程	私营	2005 年、2013 年、2013 年	CEO（中国母公司欧洲控股，德国目标公司监事会成员）	德国	母公司

续表

案例	德国被收购企业法人形式/行业		中国母公司行业/所有权形式[a]		收购时间	受访者的职位	受访者的国籍	受访者的雇主
8	有限责任公司	建设	建设	国有	2014 年	CEO	德国	被收购企业
9	有限责任公司	机械工程	机械工程	国有	2013 年	CEO	德国	被收购企业
10	有限责任公司	机械工程	能源	国有	2013 年	CEO	德国、中国	被收购企业
11	有限责任公司	汽车	钢铁	国有	2013 年	CEO	德国	被收购企业
12	有限责任公司	机械工程	机械工程		2015 年	CEO	德国	被收购企业
13	有限责任公司	汽车	航天	国有	2014 年	CEO	德国	被收购企业
14	有限责任公司	机械工程	机械工程		2015 年	管理委员会成员	德国	被收购企业
15	集团公司	汽车	汽车	国有	2012 年	CSO	德国	被收购企业
16	有限责任公司	航天	航天	国有	2013 年	企业传讯总监	德国	被收购企业
17	有限责任公司	汽车	企业集团	国有	2013 年	CEO	德国	被收购企业

[a] 数据来源于 Jungbluth（2013，2016）。

[b] 中国母公司在德国进行了不止一次收购。在采访中，我们讨论了所有已完成的收购。

第三节

章节框架

本书共有十二章。其中，前四章主要评述对外直接投资的理论进展、历史演化、空间分布和区位选择因素。后八章聚焦中资企业对欧投资和对德投资的概况，并基于访谈，探索在德中资企业的投资动因与区位选择，以及与被投资的企业、与合作的大学、科研机构的产学研合作，分析企业兼并与知识吸收的关系，并以德国为例探讨中国在发达经济体的投资并购。最后分析中资企业在德经营困境与建议。各章节内容如下：

第一章绪论，主要介绍开展中资企业对外直接投资的研究背景，借此分析其理论意义和现实意义，并阐述了本书的研究思路、研究内容、涉及的研究方法以及全书的框架结构。

第二章中国对外直接投资理论进展，主要通过梳理国内外对外直接投资的已有研究，评述经典跨国直接投资理论在中国的适用性，同时对比分析发展中国家跨国公司的相关理论，分析了制度理论、技术追赶理论、邻近性和网络理论等研究中资跨国公司的新视角；此外，本章系统梳理了中资企业对“一带一路”发展中国家、发达国家、欧洲、德国等区域直接投资的实证研究，并对现阶段对外直接投资的实证研究进行了评述。

第三章中国对外直接投资的发展阶段，追述了中国对外直接投资的发展历史及与中国对外投资管制的协同进化，分析了中国对外直接投资监管制度的演变，并根据将中国对外直接投资的阶段特征将其划分为五个历史阶段，分别为审批过程的标准化、严格的审批程序、从审批到备案制、从备案到服务、从服务到鼓励五个阶段，分别对其进行了阶段特征的描述。

第四章中国对外直接投资的空间分布，首先，根据对外投资东道国的国别差异，对比分析了对发展中国家和发达国家投资的差异，并详细分析了“避税天堂”的存在；其次，借助 ArcGIS 软件对中国对外直接投资的来源地进行了刻画，分别分析了东中西部跨国公司的特征。基于已有数据库，探讨了影响中资企业对外直接投资的各类因素，并根据回归结果分析了中资跨国公司在对外直接投资时的逻辑选择。

第五章中国对欧直接投资概况，本章梳理了目前欧洲对外资管理的主要政策和相关机构，回顾了自 2000 年以来中国对欧洲投资的发展历程和中资企业对欧直接投资的阶段性特征，对比分析了金融危机前后中资企业对欧直接投资的异同，并从所有制结构、企业来源地分布、企业功能类别和行业从属四个维度分别分析了在欧中资企业的特征。此外，运用多维邻近性理论，通过研究中国制造业 500 强企业在欧盟的投资分布，来探讨中资跨国企业对欧盟投资的空间分布，并选用距离、GDP、城市等级、城市关系等指标代表各维度的邻近性，使用 Tobit 模型回归估计各因素的影响作用。与此同时，本章还进一步分析了不同时段和不同东道国的多维邻近性差异，发现研究结果与整体情况基本保持一致。

第六章中国对德直接投资概况，本章整理了德国的投资环境，包括德国对中资企业的优惠政策，主要分为行业鼓励政策、地区鼓励政策，并对具体的优惠政策进行了解析，梳理了德国投资促进的体系与机构，分析了中德两国相关投资协议与保障机构对中资企业在德投资的保障。同时，根据中资企业对德投资的流量数据和存量数据等描述了在德中资企业的历史发展脉络，分类别探讨了在德中资企业的基本特征，并根据在德中资企业的数据刻画了其空间分布的特征。

第七章在德投资动因与区位选择，基于德国企业调研，对中国企业在海外的投资动力、区位选择以及在国外的知识获取进行了探讨。并从这三个方面考察关系在这些过程中所扮演的角色，分析了“关系”和本地网络在中资企业对德投资中的特殊作用，阐明了中国资本的特殊性质。同时，这些实证研究成果表明中国在德进行的投资主要由对新市场及互补性资源的开发所驱动，这使他们更青睐网络资源丰富的区位。但是关系作为获取知识的一个重要渠道，因为当地的华人社区在专业性及相关产业知识方面的限制，没有商业联系那么重要。如今，中国的资本已经被塑造成了一个将现代企业管理与传统关系网络相结合的混合形式。因此忽略或过分强调关系所扮演的角色的研究都可能会导致不正确的理解。

第八章绿地投资与在德产学研合作，不同于中资企业对发展中国家的直接投资，研究发现知识吸收是中资企业对德投资的主要驱动因素，中资企业主要通过产学研合作在目的地获取知识和技术。此外，本章剖析了产学研合作的主要组织形成，并根据现阶段产学研合作的新态势，以华为为具体案例，通过华为的全球布局和华为在德国的产学研合作情况，分析了新发展情况下产学研合作的目的和组织模式的变化。

第九章跨境并购的企业整合与知识吸收，本章从组织学习的角度探讨了中国在德国跨境收购的知识转移的组织过程。研究发现知识转移是营运整合的一部分，通常是对结构整合的补充。本章分析了现阶段知识转移的集中领域和主要方向，发现知识转移的方向既有从被收购的德国目标企业到中国母公司，也表现为从中国母公司到被收购的德国目标企业，特别是在技术领域。此外，利用企业访谈数据，分析中德双方的吸收和传播能力、知识特征以及跨文化问题的处理对知识转移有效性的影响。

第十章跨境并购后的企业供应商和客户管理，本章以中资企业在德国的跨境并购为例，分析了中国在发达经济体跨境收购的各类影响。本章通过梳理已有文献，遵循了定性研究的设计，并采用了多重案例研究方法，调查了中国在德国跨境收购的代表性样本——中国在德国汽车和机械工程行业的收购。在本章中，我们主要关注被收购公司的企业客户和供应商关系，并运用典型案例分析中资企业跨国并购对两者的影响。

第十一章中资企业国际化的困境与经验教训，对比分析了中德商业环境的差异，将认知距离概念引入国际投资过程模型，批判了海外经营困难与距离成正比的论断。基于在德中资企业访谈资料分析在德中资企业经营困境的原因，证明海外经营困境和风险与认知距离密切相关。关系到海外子公司的认知距离有两个维度：一个是与东道国客户的认知距离（外部认知的距离），另一个是与本国母公司的认知距离（内部认知距离）。子公司的学习努力诱导认知距离的模式的动态变化，但不一定会消除重要的障碍来获得企业的成功。同时，分析了精英人才的缺乏，特别是精英企业家的匮乏对在德中资企业经营的不利影响。

第十二章企业对策和政策建议，主要总结了本书的各项发现，基于本书的发现，对中资企业和各级政府提出了相应的建议，并根据现有研究，对未来的研究提出了展望。

第二章

中国对外直接投资理论进展

经典的对外直接投资理论主要是基于对发达国家跨国企业的实证研究而建立起来的，而中国对外投资的发展背景不同，它对这些理论产生了挑战（Liefner and Zeng，2008）。因此，中国对外投资的相关研究具有很强的理论意义和实践价值。这些研究一方面可以检验对外直接投资理论的适用性，另一方面可以更好地促进这些理论的进一步发展。本章的组织结构如下：首先，梳理经典的国际投资理论；其次，基于中国研究的新视角；再次，总结评价现有关于中国对外投资理论的实证研究；最后，对未来中国对外投资研究的启示。

第一节 经典对外直接投资理论

此部分将依次论述国际管理（International Business）的三大经典理论。即20世纪80年代由邓宁（John H. Dunning）建立的国际生产折衷理论，即所有权—区位—内部化优势理论（Ownership - Location - Internalization，OLI）和投资发展周期理论（Investment Development Path，IDP），这两大理论分别从微观和宏观层面解释对外投资行为；以及Uppsala学派基于欧洲中小型企业跨国投资过程而总结建立的国际投资过程模型（简称国际投资过程模型）。

一、所有权—区位—内部化优势模型

所有权—区位—内部化优势模型侧重于对跨国公司行为的描述。其假设前提为企业在跨国投资之前具有绝对的竞争优势。这些竞争优势可以是优越的专有性资源、国际管理能力、信誉和价值链位置等。当这些优势带来的效益足以

支付对外投资的额外费用和风险，企业即选择跨国投资。这也意味着，企业所有权优势最大化的愿望驱动了企业的跨国投资行为。

鉴于中国等发展中国家作为跨国直接投资来源地的重要性，John Dunning 对折衷模型进行了一定的修正。Dunning（2001）认为，来自第三世界的跨国公司必须具备独特且可持续的资源、能力或有利的市场准入。Dunning 等（2008）通过对比新型市场的跨国公司与30 年前发达国家的跨国公司，识别了两者间的内生性和外生性差异。来自新兴市场的新兴跨国公司在很大程度上是全球化的产物。他们不拥有所有权优势，其优势来自母国的一些特定资源，如拥有充足金融资产的中资企业。Dunning（2001）也引入了时间变量来更正最初的折衷范式给人们的静态模式的印象。亚洲跨国公司在时间 t 做出的区位选择的成功或失败，会对其在时间 t+1…n 时的所有权优势和内在化优势有着长期持续的影响。受 Douglas North 关于制度研究成果的激励，Dunning 和 Lundan（2008）将制度因素融入折衷模型三个要素之中。然而，在解释全球化进程中的跨国公司发展方面，最新的折衷模型与企业资源基础理论的关联性仍然薄弱（Johanson and Vahlne，2009）。

其他学者也试图调整折衷模型以使其更适合于解释来自新兴经济体的跨国直接投资。例如，Sun 等（2012）将比较优势理论与这种模型结合起来建立了一个比较所有权优势框架，该框架具有 5 个属性：（1）国家—产业要素禀赋；（2）动态学习；（3）价值创造；（4）价值链再配置；（5）制度便利性和约束性。这是将制度理论、企业资源基础理论和折衷模型结合起来的新尝试，但是，它似乎混淆了所有权优势和内在化优势。

二、投资发展周期模型

投资发展周期模型则从宏观层面考察一个国家的对外投资和外商直接投资位置与国家经济发展水平和结构的关系。根据投资发展周期理论，只有当一个国家的经济发展达到了一定程度使企业获得所有权优势时，才会产生跨国投资行为。因此，对外直接投资的格局不仅影响了企业所有权优势的演变，而且影响了母国对潜在投资国比较优势的发展。

长久以来，东道国是通过怎样的方式对对外直接投资的特征和跨国公司的决策的产生影响的呢？20 世纪 90 年代，邓宁以发达国家的数据为基础提出了投资发展路径（IDP）模型理论。该理论的核心思想是：一国的对外直接投资和外商直接投资的相对地位与该国的经济发展水平存在着极为密切的相关关系。根据投资发展路径模型的观点，只有当一个国家的 GDP 达到了一定的水平或者企业已经获得了自身的比较优势时，才会进行对外直接投资的活动。然而，随着研究的地理范围从发达国家扩展到了发展中国家，邓宁的这一理论也遭受了质疑。与发达经济体相比，发展中经济体的对外直接投资会在更早的发展阶段并且有更强的增长动力。然而，这一理论仍需要更多的实证研究支撑，尤其是关于跨国直接投资和作为东道国的发展中经济体的制度环境之间的相互作用的实例。表 2－1 列举出 OLI 模型、IDP 理论的要点及其相互联系。

表 2－1　　OLI 模型和 IDP 模型的主要内容和联系

<table>
<tr><th>IDP 阶段</th><th>FDI 位置</th><th>FDI 类型</th><th>OLI 优势</th></tr>
<tr><td>第 1 阶段（GNP pc：<2000 美元）</td><td>外来直接投资缓慢发展，少量对外投资</td><td rowspan="5">依托战略资源优势
自然资源
市场资源
生产效率
获取战略优势
战略资源和能力</td><td rowspan="5">所有权优势：最初是国家优势，之后逐渐发展成企业优势
区位优势：获取并利用本地资源、制度和市场
内部化优势：通过内部化实现所有权优势的最大化</td></tr>
<tr><td>第 2 阶段（GNP pc：2000～3500 美元）</td><td>低技术产业的对外投资开始发展</td></tr>
<tr><td>第 3 阶段（GNP pc：3500～8000 美元）</td><td>产业内 FDI 增加</td></tr>
<tr><td>第 4 阶段（GNP pc：>8000 美元）</td><td>高技术产业 FDI 增加，对外直接投资增速大于外来直接投资增速</td></tr>
<tr><td>第 5 阶段</td><td>外来直接投资和对外直接投资平衡发展</td></tr>
</table>

注：GNP 是国民生产总值（Gross National Product），IDI 是外来直接投资（inward direct investment），NOI 是对外投资净流量（net outward FDI）。

资料来源：借鉴 Dunning 等（2008）研究后作者自绘。

三、国际投资过程模型

根据国际投资过程模型，企业对外投资的最大障碍是缺乏知识，而这一知识的缺乏可以通过渐进式的在国外市场的运作、体验式学习和决策演变来缓解。因此，企业会按照投资链的顺序逐渐调整其在投资国的业务：无规则的出口、通过独立代表出口、销售分支和生产分支的建立。在投资国的选择上，企业也有地理倾向，即先选择域和文化接近的国家，在获得国外管理经验后再向遥远的国家投资。

国际投资过程模型和所有权—区位—内部化优势模型具有很大的不同（见表2-2）。首先，它的实践基础是来自瑞典这一相对较小的国内市场的跨国企业，而OLI模型是基于对美国跨国企业行为的考察而提出的。其次，国际投资过程模型是以知识为基础的渐进国际化的行为模型，而OLI模型是描述成熟跨国企业的大规模对外投资行为的模型。因此，国际投资过程模型在分析跨国企业早期对外投资行为、知识获取和学习上具有优势。

表2-2　所有权—区位—内部化优势模型和国际投资过程模型的对比

	所有权—区位—内部化优势	国际投资过程模型
隶属学派	新古典经济学派	行为经济学、演化经济学派
涵盖时段	大型跨国公司的对外投资	企业从本土企业成长为跨国公司的过程
理论假设	企业对外投资是为获得所有权优势带来的收益	企业为克服外来者劣势而对其他国家投资
区位选择	多中心（Ethnocentric polycentric）	先近后远（Geocentric/Regiocentric）
实证对象	大型美资跨国公司	中小型瑞典企业

第二节

发展中国家跨国企业的理论和视角

近年来，工商管理、社会学或经济地理学的理论观点也被整合至跨国公司对外直接投资理论。每种理论观点对中资企业对外直接投资的某个特征进行了很好的诠释。本部分将简要论述经典对外直接投资理论之外的三种新型理论，即制度理论、联动—杠杆—学习模型（Linkage-Leverage-Learning，LLL）和多维邻近性研究。这些视角对深入研究发展中国家跨国公司的投资行为具有较强的启发意义。

一、制度理论

由经济学家Douglas North和社会学家W. Richard Scott开创的泛新制度思潮引领了整个社会科学的发展。制度理论被视为研究发展中国家的三大最有见地的理论之一和探讨发展中国家跨国投资的三大支柱之一。此理论主张以中国为代表的发展中国家的经济发展深受政府积极参与的影响。政府可以通过直接拥有企业和政治经济管制来调控企业行为。这些政治和社会服务也能帮助中资企业获取战略资源和国际竞争力。具体而言，制度理论主要集中于以下三个方面的研究：将制度视角集成到经典对外直接投资理论中以建成新的理论框架；分析政策和政府对对外直接投资在国家宏观层面发挥的作用；以及微观层面上，制度环境对发展中国家的跨国公司对外投资行为和战略选择的影响。

随着泛制度研究在管理学和经济学的兴起，越来越多的学者开始探讨母国政策变化以及东道国开办企业流程和履行合约时间等制度环境对跨国直接投资区位选择的影响。这些研究也被用于对中国对外投资的分析。例如，Voss 等（2009）详细刻画了 1978 年以来中国对外直接投资发展的五个历史阶段，评估了中国对外投资监管制度的演化对中国对外投资的影响；Buckley 等（2007）考察了 1988 ~ 2001 年中资跨国公司对外直接投资的影响因素，发现世界贸易组织等制度框架和中国与东道国的地理距离都对中资企业对外投资区位选择有重要影响；Si（2014）分析了中国对外投资监管制度变化对中国跨国企业国际化的影响；Kang 和 Jiang（2012）研究发现，中国在东亚和东南亚的投资更多受制度因素驱动，制度因素比经典经济因素更为重要。因此，基于政府作用和国有企业动机的双重性，引入制度因素对中国对外直接投资的地域分布特征进行解释更为合理。

除了东道国自身的区位特征和制度因素对对外投资有影响作用外，母国和东道国之间的制度关系也是对外直接投资的区位选择的重要因素。双边投资协定相当于在法律层面为投资者提供了一定程度的鼓励和保护，因此，对外投资协定对于企业的对外直接投资行为具有正面的促进效应。具体到中国对外直接投资的区位分析，已有研究发现中国与东道国是否签订双边投资协定以及东道国是否位于“一带一路”沿线等都是影响中国对外投资的重要因素。如宋泽楠（2013）基于 2002 ~ 2010 年中国对 99 个国家的投资面板数据分析发现，我国对外直接投资更多流向了与我国企业拥有更多潜在关系网络资源的国家和地区。“一带一路”对中国的地缘政策、国际交通联系以及对外贸易格局等产生了重大影响，也引起了一些学者就中国对“一带一路”沿线国家投资的空间格局和面临挑战的研究。不过，目前对另一项重要的制度框架——亚投行对中国对外直接投资影响的研究非常少。

二、后进企业与技术追赶

后进国家（Latecomer country）和追赶（Catching - Up）理论起源于对19世纪后期德国和奥地利等欧洲后工业化国家的研究，随着研究的深入，学者们逐渐用来解释日本和东亚等新兴工业化国家的经济发展，并延伸出后进企业（Latecomer firms）的相关研究。人们普遍认为，与各自领域的现有行业领导者相比，后进企业最初面临着资源匮乏和技术落后的困境。它们的增长是基于本国的低成本条件、生产能力的快速增长、快速吸收知识和学习的策略以及独特的创新方法。在新技术和高科技产品领域，如果想要在创新和产品复杂性方面进行竞争，后进企业需要迅速加强知识基础，而不能仅依赖价格优势。鉴于后进国家初始知识基础的相对薄弱以及国内教育和科学系统的相对落后，后进企业必须获取和吸收技术领先企业和市场的知识（Fan，2011；Hsu et al.，2015）。

一些文章探讨了后进企业是如何获得战略相关知识并实现创新的。其中联动—杠杆—学习模型基于对亚太地区知识密集行业内后进企业的考察，讨论企业实现追赶战略的过程和动因。该理论认为，在全球化的背景下，发达国家的跨国企业通过生产、物流和研发中心等生产环节的国际化构建全球价值链。而后进企业的战略重点不应该是产生新知识，而是应该融入现有的全球价值链，在现有能力的基础上以最快速度实现经济利益的最大化。联动、杠杆和学习是获取知识和实现追赶战略的三个步骤。而这一模型也被用来解释后进企业的国际化行为。外商直接投资和对外直接投资对于发展中国家的后进企业实现从国内知名企业到全球领袖的跨越是非常重要的。外商直接投资可以促进母国内后进企业与跨国公司的联系，而对外直接投资则可能促进后进企业与全球经济的联系。因此，后进企业通过对外直接投资来获取全球知识，以弥补母国的知识缺失和政策缺陷。

三、多维邻近性

“邻近性”一直以来都是经济地理学领域备受瞩目的问题，20世纪初，马歇尔等人就利用该理论讨论其“产业区”的研究。随着经济地理学理论及研究的不断发展，创新网络研究逐渐出现在人们的视野中，邻近性也慢慢成为众多学者用于探讨创新网络影响因子、演化动力、作用机理的新视角（曹贤忠等，2019）。多维邻近性理论认为，邻近性有多种，在探讨影响作用时我们应该考虑多个维度邻近性的影响作用，故称为多维邻近性。目前研究中使用的多维邻近性应用面较广，主流学者主要关注地理、制度、社会、技术以及组织等维度的邻近性（Balland et al.，2015），而这些维度或交叉或相互作用。

国内现存的多维邻近性相关研究大多围绕合作创新、区域创新与企业创新网络等内容展开，常用于考察区域内企业、科研机构、大学等微观行为主体，国外学者对邻近性的早期研究有着较大的推动作用，并获得了大量的研究成果（游小珺，2018）。对于多维邻近性的维度划分，研究者有着相近的见解，前人的研究成果呈现出较为一致的研究方向，但在维度框架的概念上并没有形成统一的划分方式，不同研究倾向于着眼不同的维度，在某些维度的划分上甚至存在相互矛盾的地方。例如，创新相关的研究可能更注重认知邻近性、组织邻近（曹贤忠等，2019），而在使用多维邻近性理论观察讨论跨国投资等问题时，制度、文化等维度的邻近性更可能受到重视（Ghemawat，2001），该划分方式主张被研究国家不应该被看作独立的主体，研究者更应该关注各国家之间的资金、信息、贸易以及不同类别人员流动，以此更好地观察推断不同层面“个体”间的经济活动联系。

多维邻近性在跨国公司对外投资区位选择研究中也受到重视，这在很大程度上源于学者认为地理距离对经济活动有重要的作用。传统的地理学重视地理学第一定律（Tobler’s First Law of Geography）以及地理距离的摩擦作用。但随着社会发展，研究者中逐渐出现“地理已死”的声音，Bunnell 和 Coe（2001）主张地理邻近性，即地理距离本身是经济活动的既不充分也不必要条件。一些研究者认为除距离之外，主体也可能通过制度、文化、认知、组织等其他尺度的邻近性产生相互作用。法国邻近动力学派指出，邻近性包含经济邻近性、制度邻近性等一系列不同的维度；国内学者也提出地理、组织、认知的划分理论（李琳和雒道政，2013）；演化经济地理派的代表者也试图重新定义多维邻近性的概念，系统分析了认知邻近性、制度邻近性、社会邻近性、文化邻近性的异同。现有研究达成的共识是：不同维度邻近性对经济活动的影响相互作用相互关联，因此同时兼顾地理邻近性与其他维度邻近性十分必要。不同于微观的区域内创新网络的研究，用多维邻近性理论讨论对外直接投资等活动一般需要着眼于跨国尺度，因此多维邻近性的作用强度和影响机理可能与区域尺度内有所不同，探讨跨国尺度上的多维邻近性对经济地理活动的影响存在一定的理论意义和实际意义（Boschma，2005；Boschma et al.，2016）。

第三节

东道国本地网络与知识吸收

一、海外分支机构与跨境知识转移

大量的研究已经证明了网络理论在全球国际化中的贡献。Coviello 和 Munro（1997）基于小型软件企业国际化的实证研究，证明了网络关系影响企业的国外市场选择和进入模式，并随着网络的演化而改变。Coviello（2006）提出国际化前期的国际新公司的网络演变模型。网络理论主张企业的国际化源于企业建立和发展网络位置的需求，以实现与国外同行的竞争。在进入国外市场之前，这些企业因为没有相应的网络而必须面临一些作为外来者的困境。在进入国外市场后，这些企业可以借助当地网络的协助，获得更多的信息、知识和实践能力以实现其长期的经济目标。这一理论不仅研究区位的特异性，而且强调网络关系位置的重要性。网络的重要性也被国际管理领域所接受，并被整合到OLI 模型和国际投资过程模型以创建适应性更强的新模型。

在全球知识通道中，创新网络主体一般包括企业（跨国公司本地分支机构、本地企业）、大学与科研机构、中介机构等知识主体。网络联系按企业边界划分为企业内部网络和企业外部网络；按地域边界分为区域内联系和区域外联系；按网络合作性质，包括企业间垂直联系（产业链上下游联系）、企业与大学、科研院所的水平合作关系、企业内部不同组织之间联系（见表 2－3）。

表 2－3　　创新网络联系分类及主要代表文献

变量	涉及知识主体	创新主体与合作方式
跨国公司内“分支—分支”协同创新网络	跨国公司内部不同分支	跨国公司内部总公司、子公司之间垂直合作
“企业—企业”垂直协同创新网络	顾客/客户；供应链企业；竞争企业	客户、供应商、同行企业、高等院校、研究机构之间产学研水平合作
“企业—研究组织”水平协同创新网络	大学；研究机构；学院/技校	地方产业、技术联盟、国际行业协会之间企业间垂直合作与产学研水平合作并举

现有研究大多认为跨境知识通道的构建主要分为四个阶段（Bathelt and Li，2020）。第一阶段主要是区位选择阶段，跨国公司需要选择合适的位置进行布局，这一阶段的知识流动主要依托母公司在母国的知识网络，分支机构与子公司之间仅有管理上的联系。第二阶段是跨境知识的便利化阶段，该阶段境外子公司已与东道国部分机构或企业建立一定联系，并且这些东道国企业或机构可通过合作协议等机制向母国总公司的合作企业进行单向的知识传递，总公司与境外子公司之间的联系得到强化。第三阶段是境外子公司的本地嵌入阶段，在本阶段，子公司已在东道国初步建立起社交网络，甚至可以通过网络内的其他企业与其他国家的企业产生联系，但境外子公司与网络内其他成员间的联系尚不紧密，仅能对总公司进行有限的单向知识传递。第四阶段为跨境知识的形成阶段，该阶段境外子公司已在东道国建立起完备的知识网络，网络内各成员联系紧密，境外子公司可以将其在本地网络中获取的技术知识和组织知识与母国总公司在母国网络中获取的知识进行双向知识转移，从而形成了跨境知识通道（见表2-4和图2-1）。

表2-4　构建跨境知识通道的过程及阶段特征

知识特征	阶段一： 区位选择	阶段二： 跨境知识便利化	阶段三： 本地嵌入	阶段四： 跨境知识的形成
风险与挑战	-选择合适的位置（联系） -缺乏市场知识	-建立联系和相互理解 -错误的国外市场形象 -缺乏商业知识	-在当地商业社区中创造价值 -与当地公司建立信任	-典型企业的知识交流 -跨业务整合的知识
知识类型	-市场知识	-商业知识 -行业特定知识	-关系知识	-技术知识 -组织知识
主要的行动者	-典型企业 -私人协调人/顾问	-公共服务商 -私人服务商	-供应商 -客户 -竞争对手	-典型企业
主要传递机制	-媒体报道 -建议/合同 -已有经验	-建议 -合同	-社交网络 -合同/合作 -招聘求职者	-创建组织条例 -外籍人士
关系类型	企业内部/企业间关系	企业间关系	企业间关系	企业内部关系

资料来源：参考Bathelt和Li（2020）等文献后作者整理所得。

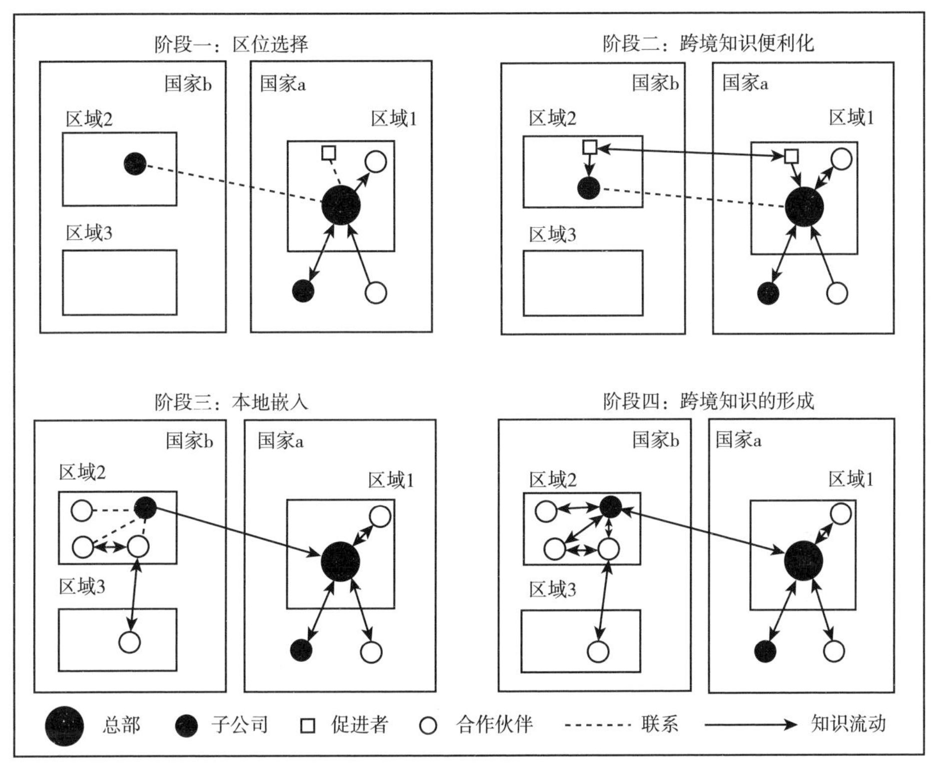

图 2-1 跨境知识通道构建的流程与阶段

资料来源：参考 Bathelt 和 Li（2020）等文献后作者自绘。

二、本地网络与产学研合作

地方企业网络是企业与政府、行业组织、企业等其他组织构成的正式和非正式联系的总和，有利于区域内部企业之间的合作和信息、知识的流通。涉及中资跨国企业，现有研究主要讨论商业网络、政府行为、制度环境因素和创业精神对中资企业行为的影响，特别是国有企业的国际化行为特征（Deng，2009）。

本地网络合作按合作对象可划分为产业链上下游企业合作、同行企业合作与产学研合作（University - industry - relations）。其中，产学研合作是近 30 年来区域经济学的研究重点，即重点分析企业与大学、科研机构之间的研发合作，研究内容涵盖了大学衍生企业（University spin - off）、高科技园（Science park）和区域经济发展等。近年来逐渐出现了将产学研合作与企业国际化相结合的相关研究，且这些研究往往与来自发展中国家的技术追求型对外投资相联系。在产学研合作中，企业和大学有不同的需求。从企业角度来看，企业希望能与拥有先进技术的机构进行合作，以获得新的创意或新的技术，并得到接触高技术人才的机会。大学则希望能通过合作获得更多的研究机会，并帮助参与项目研究的学生获得工作机会。合作时间的长短和延续性将对产学研合作的绩效产生影响，按时间从短到长，产学研合作分为短期合同合作、联合研发、联合实验室、研发联盟等多种形式。同时，合作时间的长短会影响到合作双方接触的频率，甚至对合作双方的相互信任和合作友谊产生影响。此外，合作双方之间的空间距离、合作发生的地点离双方的距离也会对合作的效率产生影响。

在本地网络和产学研合作的研究中，中国企业能否从海外投资中获得更多的创新和知识已成为研究热点。Anderson 等（2015）发现，无论中国企业的所有权是国有企业还是民营企业，对发达经济体投资的中国企业专利数量在投资完成后会有显著增加，而被收购方的专利数量没有显著变化；因此，学者们得出结论，中国企业可以在对发达经济体的投资中实现他们的知识寻求意图。无独有偶，Gugler 和 Vanoli（2015）的研究结果则表明，中国企业本土创新能力较低，主要依赖对外直接投资获得专利，尤其是发达市场的专利。此外，Chen 等（2012）将中国企业在进入国外市场后增加在母国的研发支出作为反向知识转移的证据。同时，Edamura 等（2014）发现，中国企业收购发达经济体的公司后，其无形资产显著增加，这意味着中国企业确实通过收购获得了知识。学者们大多认为对外直接投资可以带来知识溢出（Dunning and Lundan，2014）。但中国对外直接投资由于目的地不同，知识溢出的效果也有所差异。在投资新兴市场或欠发达国家时，中国企业扮演着知识传播者的角色（Auffray and Fu，2015）。在中国对非洲直接投资的背景下，Rui 等（2016）强调中国企业有意降低拟转移知识的复杂性，以满足接受者的需求，而不是过度发挥其吸收能力。Auffray 和 Fu（2015）关注中国对加纳建筑行业的直接投资带来的知识转移的过程，发现当地较低的就业率以及文化、语言的障碍对知识转移产生负面的影响。

相反，中国企业对发达经济体进行直接投资的目的是知识获取，并将获得的知识转移回母公司。这个过程被定义为反向知识转移（Ciabuschi et al.，2017）。当中国企业以绿地投资的形式进入时，会逐步融入当地创新网络（Di

Minin et al., 2012)。就中国企业对发达经济体的跨国并购而言，其主要目标是对知识来源的获取（Peng et al., 2017）。

作为影响反向知识转移有效性的因素，前人研究分析了母国的政治嵌入程度、总部控制程度、海外子公司的规模、年龄和地点以及东道国的制度嵌入程度等因素（Peng et al., 2017）。尽管已有研究取得了一些进展，但仍存在一些重要问题尚待解决。中国企业在新兴市场知识传播的策略尚不清晰，在新兴市场企业与发达国家市场所采取的措施可能存在较大差异，因此，分国别对中国公司跨国并购进行本地网络和产学研合作的比较研究更加重要。

另外，现阶段对于母公司、外资子公司与东道国之间的互动关系的研究还相对较少。在现有的为数不多的研究中，一些研究调查了子公司如何应对嵌入国外环境的困难和影响因素。Gammeltoft 等（2010）通过对在美的新兴经济体跨国公司的观察得出以下结论：这些子公司能够通过吸引更多熟练的员工和更好的供应商来提升适应能力。Klossek 等（2012）对在德中资跨国公司进行了深度访谈，总结了子公司为了减少外来者劣势而采取的策略取决于所选择的建立模式：通过并购建立起来的子公司更可能已经具备一套完整的运作方式，包括与当地的管理者共享公司的控制权和与当地的力量共同运营；而那些通过绿地投资建立起来的子公司则会更愿意在重要岗位安排特殊的员工，以此来减少外来者劣势。与此同时，一些研究调查了中国母公司的能力及其对子公司的影响。中国企业被称为后进企业，它们缺乏技术和市场准入等资源，因而无法为在发达经济体的子公司提供必要的竞争优势（Mathews, 2002）。Liu 和 Woywode（2013）对 5 家在德中国公司进行了深入采访，以探究并购后［post - merger and acquisition（M&A）］企业在日常运营中吸收能力的差异。他们发现保留国内管理团队并提供决策自主权的轻触式方法能够有助于子公司获得成功，母公司的宽松控制会为子公司创造更多的生存机会。

第四节 中国对外直接投资的实证研究

中国对外直接投资的实证研究考察了中国对外直接投资的国别差异。其中，国内大部分研究集中在对“一带一路”沿线国家的研究上，主要关注文化、制度环境以及各级政府政策对“一带一路”沿线国家直接投资的影响。

陈虹和杨成玉（2015）运用CGE模型构建社会核算矩阵，发现中国与“一带一路”沿线国家建成自贸区后，对沿线各国经济增长和进出口贸易额都有显著的促进作用。杜龙政和林伟芬（2018）基于“一带一路”沿线24个新兴国家和发展中国家的数据发现，对“一带一路”沿线直接投资，既可输出过剩产能、获取优质低价的生产要素，又能促进国内经济发展水平的提升。韩民春和江聪聪（2017）考察了政治风险、文化距离和双边关系对中国对外直接投资的影响，发现我国对外投资主要集中于政治风险高、文化距离近、自然资源丰富的“一带一路”沿线发展中国家；刘晓凤等（2017）综合考虑了地理、文化、经济、政治、知识、外交和全球连接等方面的国家距离，发现综合的国家地缘距离与中国对外直接投资呈现显著的负相关关系，友好伙伴关系的影响尤其显著；但方慧和赵甜（2017）研究发现制度距离反而会增加中国在“一带一路”沿线国家的投资。在这样的背景下，张述存（2017）认为中国需要在巩固与“一带一路”沿线发展中国家在战略性、资源型技术合作的基础上，加强对欧美地区学习型、技术管理导向型投资。王丰龙和司月芳（2019）认为，影响海外投资的制度因素主要有两类。其中之一是母国或东道国的单边制度因素，对于“一带一路”沿线发展中国家而言，金融和税收政策的变化、开办企业流程和政治稳定性等制度环境对跨国投资区位选择有重要影响。郭烨和徐陈生（2016）发现，中国与“一带一路”沿线国家的双边高层会晤将会促进中国对相关地区的直接投资，并且出访的促进作用是最为显著的。中国对外直接投资目前仍以开采自然资源为主，并集中在非洲、澳洲、加拿大和拉丁美洲，但中国企业也开始在美国和欧洲的高科技产业购置战略性资产。相比而言，关于中资企业对发达国家、欧洲和德国的研究相对较少，本节将一一梳理。

一、中国对发达国家直接投资的实证研究

经济全球化后期，韩国、中国等发展中国家对外投资迅速发展。与发达国家跨国企业相比，发展中国家跨国企业国际化初期并不具有母国优势（Country－specific advatange）和企业优势（Firm－specific advantage），反而要克服战略资源匮乏等后来者劣势（Liabilities of latecomers）。并且，发展中国家对外直接投资也会因为不同的投资目的选择不同的投资区域，现有研究大多在分析中

国对发达国家直接投资的投资动机。在区位选择上，发展中国家跨国企业不仅对发展中国家投资，也对发达国家投资，在发达国家要克服对当地社会、经济、制度和文化状况不了解等的外来者劣势（Liabilities of foreignness），信息不对等问题异常严重。Kogut 和 Chang（1991）最早研究了对外直接投资的技术寻求动机，他们认为 20 世纪日本制造业对美国的直接投资主要是为了寻求新技术和新知识。马亚明和张岩贵（2003）认为发展中国家对发达国家的直接投资主要是为了寻求技术扩散利益的分享。Driffield 和 Love（2003）认为，对外直接投资不仅仅是因为“所有权优势”，很有可能是为了获取东道国的先进技术。蒋冠宏和蒋殿春（2012）对比分析了中国对 95 个国家对外直接投资的数据，发现中国对发达国家和发展中国家的直接投资存在较大差异，中国对发展中国家的直接投资主要是输出技术，寻求市场和资源；而对于发达国家而言，中国对其投资具有战略资产寻求动机。柴庆春和胡添雨（2012）对比分析了中国对东盟和欧盟投资的差异性，发现我国对发展中地区的投资动机主要是获取资源和拓展市场，而对发达地区的投资目的是绕开贸易壁垒。胡博和李凌（2008）研究发现，在我国对外直接投资过程中，发达国家的区位优势在于较高的科技水平，而发展中国家则凭借丰富的自然资源或庞大的市场拥有独特的区位优势。王胜和田涛（2013）则认为我国对发达国家的直接投资主要是为了突破与规避贸易壁垒以及开拓新市场，东道国的技术水平对中资企业区位选择的影响并不显著。

发展中国家跨国企业在发达国家会选择什么样的区位投资，其区位因素与发达国家跨国企业的异同成为国内外经济地理学研究的热点命题。经典的对外直接投资区位因素研究主要是基于区位资源论，将区位看成市场资源、自然资源、科技资源、人力资源等的容器（Splace of place），故众多学者纷纷研究文化、劳动成本、距离和国家类别等因素对对外直接投资区位选择的影响（何本芳和张祥，2009），忽略了企业主体行为对区位的动态影响，也忽略了流动空间内（Space of flow）区位地位（Position）对于区位因素的影响。同时，现有研究大多整体分析中国对外直接投资区位选择的影响因素（宋维佳和许宏伟，2012），重点分析我国在发达国家直接投资区位选择影响因素的研究还相对较少。但我国对发达国家与发展中国家投资布局的影响因素存在显著差别，主要分为在对发达国家的技术寻求和对发展中国家的资源寻求的差别（王娟和方良静，2011）。

二、中国对欧洲直接投资的实证研究

尽管中国投资占欧洲外国直接投资总量的份额仍然微乎其微，但它在年度流量中的重要性正在迅速增长。与此同时，中资跨国企业在欧洲投资面临较大困难。相对于欧盟企业而言，中资跨国企业作为后进国家的跨国企业，既没有产品质量、技术水平、销售渠道和品牌等方面的竞争优势，也没有管理经验、人才、资本等优势，反而处于劣势地位，因此中资跨国企业在欧洲投资时需要克服后来者劣势（Lu et al.，2011）。同时，中资跨国企业还面临外来者劣势（Mathews，2002）。受限于对欧洲商务环境的了解程度以及中欧双方文化差异、语言障碍等因素，对于大多数中资跨国企业而言，中资跨国企业在欧洲发展需要经历一系列本土化商务流程，通常在实际运营方面会遇到一定阻碍。此外，在欧洲市场上，中资跨国企业与当地的供应商、客户等的联系较为松散，较难以融入当地的市场网络。而这种网络也在无形中构建了一道屏障，对网络外的中资跨国企业造成局外人劣势（Liabilities of outsidership）的影响（Johanson and Vahlne，2009）。

相较于较快发展的中国对欧投资活动，现阶段国内外关于中国对欧洲直接投资的实证研究还相对较少，但杨柳和张友棠（2018）认为由于各国的金融生态多样性存在差异，中国对外直接投资更容易流向“一带一路”沿线金融生态更丰富的欧洲国家，因此丰富中国对欧洲的直接投资具有较大的现实意义。徐波（2001）通过研究中国对西欧的直接投资，认为我国对西欧等发达国家和地区的直接投资是发展中国家对发达国家的反向投资，其投资动因可能随着中国经济发展对西欧市场的新需求而变化。尽管欧洲地区将成为中国推进“一带一路”倡议并发挥应有效力的落脚点（钱进和王庭东，2019），但“欧债”危机后，中资企业在欧投资面临着新的挑战和机遇（庞明川等，2012），中资企业需要重新审视对欧直接投资的战略意义，如何更有针对性地对欧盟内部不同的区域市场和行业进行直接投资成为亟待解决的问题。

与此同时，国内外研究就中国对欧洲投资区位选择及其影响因素的分析较为薄弱。目前国内外关于中国对欧投资的研究内容主要集中在现状分析（宋丽丽和刘慧芳，2013）、动机探讨（牟岚，2013）、进入模式选择（Amendolagine et al.，2015）等方面。在中国企业对欧洲投资区位选择研究中，除 Karreman

等（2017）少数学者外，现有关于中国企业在欧洲区位选择的研究还主要聚焦于国家尺度，较少深入对区域尺度的揭示和讨论。然而，区域尺度的异质性往往是跨国企业决定具体投资地的主要因素（Beugelsdijk and Mudambi，2013）。在中国对欧洲直接投资区位选择的影响因素上，现阶段学者们还集中于对区位资源论（朱辰浩，2014；刘再起，2015；李书彦，谭晶荣，2020）和制度因素（Gammeltoft and Fasshauer，2017）的分析上，对于中资跨国企业在欧洲直接投资面临外来者劣势和局外人劣势的关注仍然不足。但是，理解中资跨国企业在克服外来者劣势和后来者劣势时做出的对欧投资的区位选择具有重要的理论价值。随着经济地理学的兴起，区位的集聚外部性和网络外部性受到越来越多经济地理学者的关注。一方面，跨国企业倾向于投资已有中资企业落户的区位，体现集聚外部性的作用。另一方面，区位的外部连通性对中资跨国企业海外投资区位选择的影响日益凸显。作为中资跨国企业海外投资重要的信息来源，华人网络对中资跨国企业海外投资区位选择的正向影响已经得到学者们的普遍认可（Karreman et al.，2017；梁育填等，2018）。此外，部分学者发现城市的高国际连通性能够减少跨国企业的交易成本，有利于吸引跨国企业的海外投资（Goerzen et al.，2013），但这一因素尚未被学者纳入中国对欧直接投资区位选择的分析框架。

三、中国对德国直接投资的实证研究

德国是中国在欧洲最重要的贸易伙伴，对德投资合作是中德两国开放合作的重要内容。在国际商业文献中，人们普遍认为，中资跨国公司在德国跨境收购企业的关键动机之一就是寻找与自身资源相补充的战略资产。换句话说，中资跨国公司试图购买先进的知识，如最先进的技术和管理专业知识，以减轻中国母公司的竞争劣势，并赶上他们的西方同行（Child and Rodrigues，2005；Deng et al.，2017）；部分学者则认为中资企业在德国设立分支机构是为了躲避国内激烈的市场竞争或开辟具有成本优势的欧洲市场（Si et al.，2013）。企业国际化的最大障碍源于对东道国知识的缺乏，而这一情况将随着企业在外国市场决策和经验学习的增多而得到改善，基于此，众多学者基于中资企业对德直接投资的访谈或是典型案例展开了中资企业研发国际化的研究（司月芳等，2016；杨震宁等，2010）。一些学者试图寻找替代理论来解释这些跨国公司的国际化，最终他们选择了网络理论[①]。网络为这些中资企业提供一个更为安全、简单的方式来处理不确定但又十分频繁的交易，同时也为他们提供了获取外部资源的机会（Chen and Chen，1998）。

然而，由于中国对不同国家和不同地区直接投资具有地域特点，其各方面特征均有所差异，尽管德国在中国对外直接投资版图中具有重要地位，但就中国对德国直接投资的实证研究以及中资跨国公司对德投资的动机分析和区位选择分析的研究还相对较少（Chen et al.，2012；Deng，2012）。谢冬梅等（2016）从文化差异、交易成本和投资激励三个方面运用独立样本检验和逻辑回归方法对中、德投资者进行了实证研究，分析了我国企业对外直接投资模式的路径选择。湛泳和曾松（2016）根据中国对德国直接投资规模、投资方式、投资分布和投资主体方面的特征，发现中国对德直接投资的影响因素的效果是一个不断变化的过程，需要对其进行长时段的跟踪研究。随着德国进一步收紧外商投资管理制度，中国企业在德进行并购特别是技术获取型并购面临着新的风险（陈双和冷祥彪，2020），如何采取有效的经营策略规避上述风险，使中资企业对德直接投资利益最大化还需要进一步验证。

与此同时，有关中资跨国公司如何处理其德国目标企业的运营整合以及它们以何种方式支持预设的知识转移的实证证据几乎不存在。目前只有 Peng 等（2017 年）最近的一项调查显示，中国汽车制造商吉利在收购瑞典汽车制造商沃尔沃之后，为了促进知识转移，成立了几家合资企业和共同研发中心，通过这种方式，参与各方之间的个人互动是确保隐性知识转移的关键（Chen et al.，2012）。在这样的背景下，对中国对德直接投资进行实证分析，研究中资企业对德投资的影响因素和区域选择以及企业并购行为，对中资企业优化其对德直接投资的决策行为，规避国际化经营的大量风险提升企业经营效率具有重要意义。

四、小结

从现有研究看，现有中国对外直接投资的研究区域主要集中在“一带一路”发展中国家（姚辉斌和张亚斌，2021；綦建红和杨丽，2012；刘卫东，

① United Nations Conference on Trade and Development（UNCTAD），World Investment Report 2006（NewYork and Geneva：United Nations Press，2007）.

2017）。相较于较快发展的中国对欧投资活动，现阶段国内外研究就中国对欧洲投资区位选择及其影响因素的分析较为薄弱（宋丽丽和刘慧芳，2013；Amendolagine et al.，2015）。在研究尺度上，对外直接投资的相关文献大多集中在国家尺度上，城市尺度的研究较少（郑蕾和刘志高，2015；张虹鸥等，2017；梁育填等，2018）。在城市这一尺度下探讨企业跨国投资的空间分布及影响因素，即对企业跨国投资的区位选择进行研究，能得到更具参考价值、借鉴意义的结论。

鉴于中国对发达经济体的对外投资仍是一种新现象，大多数研究仍主要集中在外国跨国企业在中国的本地根植性问题以及外国跨国公司与中国本地公司的不匹配性问题（Lin et al.，2011；Huang and Wei，2011）。而对于母公司、外资子公司与东道国之间的互动关系，相关研究相对较少，在现有的为数不多的研究中，一些研究调查了子公司如何应对嵌入国外环境的困难、吸收知识和其影响因素，有待进一步的理论探索。

第三章

中国对外直接投资的发展阶段

对外直接投资的发展与一个国家的经济发展水平密切相关（Alon et al.，2010）。改革开放后，中国对外直接投资经历了曲折的发展过程。本章主要从监管制度的演变、中国对外直接投资的发展状况和联想集团对外投资的实际案例等三个方面追溯中国对外直接投资的发展历程。其中，监管制度的演变主要包括对外直接投资的监管在宏观经济政策框架中的重要性、监管的基本态度及有代表性的政策和措施；中国对外直接投资的发展，主要包括对外直接投资和代表性跨国公司的产业和地理分布；联想集团的案例主要概述联想集团在中国对外直接投资各个阶段的具体表现。

我们主要从以下来源获取相关的数据：流入和流出的外商直接投资流量采用 United Nations Conference on Trade and Development 数据库数据；其他的经济指标来自世界银行公布的数据；关于中国对外直接投资的产业和地域分布的详细信息来源于中国对外经济贸易年鉴和由中华人民共和国商务部与中国国际贸易促进委员会联合发布的中国对外直接投资统计公报；从网络获取的政策信息和有关对外直接投资监管的政府当局报告，即中华人民共和国国务院、商务部、国有资产监督管理委员会、国家外汇管理局和中国人民银行等机构的相关报告；最后，还有一些信息参考学术研究论文和报告。

第一节

中国对外直接投资的发展历程

中华人民共和国成立初期，我国国际贸易和国际投资都非常稀少。自 1978 年我国逐渐采取改革开放的战略，我国国际投资活动也随之增加。总体而言，中国对外直接投资的发展主要经历了四个阶段：1978 ~ 1991 年为第一阶段，在这个阶段，来华投资和中国对外直接投资较少，年流量不足 50 亿美元。而在 1992～2005 年，一些外商开始对中国进行直接投资，投资总额达到每年 610 亿美元，然而中国对外直接投资总额仍然很少，仅占外商对华直接投资总额的 10% 左右。在此阶段中，中国政府对对外直接投资的态度发生了改变，1999 年就是一个重要的转折点。在 1999 年之前，中国政府对于对外直接投资的审批是十分严格的；1999 年，中国开始实行"走出去"战略，随后对从审批到监管整个流程的制度进行了改革，这是中国对外直接投资发展史上的一个里程碑式的改革。因此，我们将 1992～2005 年分为两部分：即 1992～1998 年（第二阶段）和 1999～2005 年（第三阶段）。2006 年，对外直接投资增速开始超过外商对华直接投资增速，这标志着第四阶段的开始。2016 年，我国对外直接投资额首次超过了外商对华直接投资，成为净流出国，也成为世界第二大对外直接投资来源国（见图 3－1）。接下来的几部分，我们将依次阐述各阶段的政府监管和企业特征。

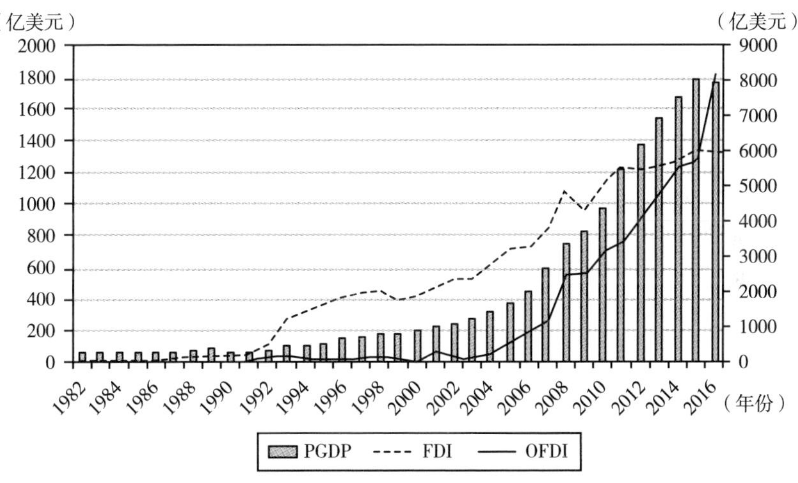

图 3－1　在华直接投资、中国对外直接投资和中国经济发展

资料来源：中华人民共和国商务部。

一、第一阶段（1978～1991 年）：审批过程的标准化

这一时期，中国开始建立与外商直接投资相关的制度体系。在此之前，中国很少参与全球经济活动，并且是一个在经济上十分封闭的国家。1978 年，

中国实行改革开放，开始正式鼓励中资企业通过外商直接投资进行国际扩张，但是所有的海外项目，无论规模大小，都必须接受国务院的检查和批准。直到1984年，商务部发布了《关于在境外和香港、澳门设立非贸易合营企业的审批机构和原则的通知》，中国才有了正式的与外商直接投资相关的法规。除了国务院以外，其他的监管主体如商务部、国家外汇管理局、中国人民银行、国家计划委员会和国资委，其监管系统也从个别案例个别审批逐渐转变为审批程序的标准化，中国政府可以通过其监管系统更容易地控制投资量，掌握对外投资的目的地及产业分布。1991年，国家发展和改革委员会颁布了《国家计划委员会加强对境外投资项目管理的意见书》（常简称为《意见1991》），由于这一政策在本阶段结束时出台，它在下一时期才产生了更大的影响，因此我们将在下面的小节讨论其影响力的问题。而在这一阶段，为试图避免硬通货“不必要”的流出以及积累外汇收入，中国政府对引入外商直接投资的重视程度要高于本国对外直接投资。引进外商投资可以获得国内稀缺资源，通过获取和转让技术以提高出口的可能性，或者提高管理技能，这四类海外项目能够被成功批准，而对外投资的战略目标与引入外商直接投资的相似。

该阶段中国每年的对外直接投资流量非常少，低于10亿美元。同时，进行对外投资的公司在全球经济中缺乏竞争优势，这些公司大多为国有企业，覆盖航运、贸易服务、采矿和餐饮等行业。大多数中资企业对外直接投资倾向于以合资的形式在经济发达、自然资源丰富的国家进行投资，如加拿大和澳大利亚等，这些企业虽然没有在发达国家独立生存的经验，但是试图通过跨境投资将东道国技术、管理技能和资源引入中国，并且服务于国内市场。这一时期具有代表性的跨国公司包括中国外运股份有限公司、中国五金矿产进出口公司和中国国际信托投资公司。其中，中信在1980年对美国进行投资，并于1986年买下位于加拿大的塞尔加纸浆厂。

二、第二阶段（1992～1998年）：审批程序的紧缩

在这个阶段，中国对于外商对华直接投资的重视程度仍高于对外直接投资。与此同时，亚洲金融危机的爆发以及在香港房地产和股市投机中的国有资产遭遇损失，中国政府对对外直接投资的审批变得更加谨慎和严格。如前所述，《意见1991》认为中资企业没有进行大规模海外投资的能力和条件，这些

政策措施贯穿了整个20世纪90年代。1993年，外汇管理局发布了《对于外汇风险和对外投资资金来源的评估及审批标准》，提出超过100万美元资金的海外投资必须在提交商务部最终核准前先提交国家外汇管理局进行审批，监管机构将在60天内进行批复。此阶段的审批程序，特别是对于大规模投资的审批变得更加复杂耗时。

从这一阶段开始，对外直接投资增速与引入外商直接投资的增速趋于相同，1992年对外直接投资飙升至40亿美元，而在1993年则达到了44亿美元，但其增长速度因为严格的审批程序而有所放缓，随后在20亿美元上下波动。该阶段大多数的跨国企业依然还是从事商业服务、物流和自然资源等产业的国有企业，发达经济体仍是对外投资的主要目的地。此外，该阶段还出现了两个新的现象，一是绿地投资已经成为与合资同等重要的一种进入方式；二是一些私人制造商在这一阶段也开始成为海外投资者。例如，电信设备供应商华为，从1996年开始在海外建立分支机构；专业从事冰箱制造的白色家电制造商海尔集团1998年开始在海外建立分支机构；另一个专门从事微波炉生产的白色家电制造商广东格兰仕企业集团有限公司，其海外投资也始于1998年。虽然这些公司在海外的投资规模很小，一开始也没有引起太多的注意，但它们都是自身所在行业领域内中国最成功的公司，拥有使自己成为国际品牌的企业家精神和动机。

三、第三阶段（1999～2005年）：从审批制到报备制

在第三阶段，中国正式开始实行“走出去”的政策，这一政策为促进对外投资的发展提供了一个强有力的政策环境支持。以中国加入世贸组织（WTO）作为标志，这一时期被描述为全面对外开放时期，对外直接投资总额超过在华外商直接投资总额。在这个阶段，相关规章制度的改革由批准向监督开始逐步过渡，许多在第三、第四阶段产生了显著影响的重要政策都是在这一时期颁布实施的。1999年，国务院发布了《关于简化自带材料的加工装配业务外汇管制的通知》，政府鼓励企业参与跨境的加工贸易，特别是生产轻工业产品的企业，如纺织、机械和电气设备等企业建立其海外制造项目，企业对中国的原材料进行加工或组装中国生产的零部件，进而刺激中国出口。2001年，“走出去”战略作为中国发展的关键指导原则被正式写入第十个五年计划之中。2004年，国务院发布了里程碑式的文件《关于改革投资体系的决定》，取

代了于1991年发布的意见书，这一文件确保了企业成为对外直接投资主要的参与者，并且企业只须在政府相关部门留下记录，就可以进行海外投资，而无须政府批准，他们不再需要向国家外汇管理局支付保证金，同时政府允许其在国际金融市场筹集资金，以支持其对外投资活动。除了审批程序上的变化外，政府也放宽了对外汇管制并给予企业融资支持。2005年，国家外汇管理局发布了《关于扩大境外投资试点试验区的通知》。同年，国家发展和改革委员会发布了《关于对境外投资重点项目提供更多的融资支持问题的通知》，为研发、并购等投资项目提供政策优惠待遇。

在这种灵活的调节下，对外直接投资总额在50亿美元左右波动，同时制造业变得越来越重要。在该阶段末，制造业对外投资额度占到全部对外直接投资的18.6%，制造业企业占所有企业的34.7%；并购金额达65亿美元，为2005年的对外投资流量的一半以上，并购成为除合资和绿地投资以外第三种重要的进入方式。从地域分布上来看，发展中国家日益成为外商直接投资的首选地点。2005年，52.6%的外商直接投资资金流向了拉丁美洲，35.6%流向了亚洲，而流向发达经济体资金流量小于10%。虽然国有企业仍然是主要的投资者，但一些来自电子行业的民营企业在外商直接投资方面也表现得十分活跃。例如，TCL集团（简称TCL），一家生产消费电子器件、移动通信设备和家用电器的公司，它成立于1981年，并在这一时期开始进行快速的国际扩张。2001年，TCL收购了德国的施耐德公司，2003年它又收购了法国阿尔卡特公司的手机部门和一个美国的视频转换公司，同时在2004年收购了法国的汤姆逊电子。虽然这种过度的扩张帮助TCL登上了新闻头条，但同时也为其带来了连续几年的亏损，它的这种过度扩张在某种程度上是由于东道国的政策支持以及本身过于乐观的态度。这一时期由于制造业也加入到海外扩张中来，流入发展中国家的对外直接投资的资金要比流向发达国家的更多。这也是对外投资的区位分布发生变化的开始。

四、第四阶段（2006~2013年）：从监督到服务

第四阶段是上一个阶段延续的产物。2006年，国家外汇管理局发布了《关于对与海外投资有关的特定的外资控制政策进行修改以取消每年提供给国内投资者的境外投资的外汇限制的通知》和《中华人民共和国外汇管理条

例》。商务部发布了与该法规的相关详细信息并撤除了一些限制性障碍。此外，政府试图为企业提供更加全面的服务和支持，如提供信息及相关指导，降低企业的投资风险等。试验期后，由于中国拥有了世界上最大的外汇储备之一，因此对政府来说，鼓励对外直接投资比吸引外国直接投资更为重要。

2013 年 9 月和 10 月，国家主席习近平在访问中亚四国和印度尼西亚时，分别提出建设“丝绸之路经济带”和“21 世纪海上丝绸之路”的构想。2015 年 3 月，国家发改委、外交部、商务部联合发布《推动共建丝绸之路经济带和 21 世纪海上丝绸之路的愿景和行动》，“一带一路”倡议进入实施阶段，催生了以跨国基础设施为基础、以资本和经贸合作为支撑的新经济格局。2013 年 10 月 2 日，习近平主席在雅加达同印度尼西亚总统苏西洛会谈时提出筹建亚投行的倡议，以促进亚洲地区基础设施互联互通建设和经济一体化。2015 年 12 月 25 日，亚洲基础设施投资银行正式成立，首期共有 57 个成员；2017 年 3 月 23 日，亚投行正式批准 13 个新成员的申请，总成员数达到 70 个。这些政策对于推动中资企业的国际化和对“一带一路”沿线国家的投资无疑提供了很好的机会。

同时中国对外投资总额也急剧增加，从 2006 年的 100 亿美元增长到了 2018 年的 1400 亿美元。对外直接投资的产业和地理分布与上一个阶段类似。从企业性质来看，虽然国有企业仍扮演着重要的角色，然而在这一阶段有更多私有公司参加到其中，一些上市公司的表现也十分突出。此外，中资企业对外投资的进入方式也趋于多样化，大型投资多以并购的方式进行。一些跨国公司较早开展国际化活动，如华为、联想和中国五矿，这些企业发展实力雄厚并且有着丰富的经验，在国际市场上也具有一定的知名度。同时，一些来自汽车和其他制造业产业的企业，如浙江吉利控股集团、三一重工有限集团和福兴集团，也开始在并购和绿地投资上崭露头角，表现活跃。

五、第五阶段（2014 年至今）：从服务到鼓励

在“一带一路”倡议的推动下，中国对外直接投资呈现爆发式增长，由此进入了一个新的历史阶段。随着综合国力不断提升，政策体系不断完善，多双边务实合作深入推进，我国对外投资合作不断实现新的突破。特别是党的十八大以来，我国企业紧抓市场机遇，不断开拓创新，近年来，中国对“一带一路”沿线国家投资稳步增长。

2014 年至今，受全球经济复苏缓慢、部分国家投资保护主义上升等因素影响，全球跨境直接投资大幅波动，国际投资不确定不稳定因素增加。我国对外投资不断扩大，为东道国带来促进经济发展的资本投入，弥补当地的储蓄缺口和外汇缺口，拉紧了双方产业链供应链的联系，为推动各国共同发展和世界经济复苏发挥了积极的作用。根据商务部数据显示，2014 年中国对外投资规模约 1400 亿美元，比中国利用外资大约多 200 亿美元，中国成为资本净输出国。随着 2013 年"一带一路"倡议的提出与实施，"走出去"成为中国企业的"新常态"，在"十三五"时期，中国企业"走出去"呈现爆发式增长态势，无论从投资流量还是存量看，中国均已成为世界第二大对外投资国。2013 ~ 2019 年，中国对"一带一路"沿线国家累计直接投资 1173.1 亿美元，在"一带一路"沿线国家设立境外企业超过 1 万家，2019 年实现直接投资 186.9 亿美元，同比增长 4.5%，占同期中国对外直接投资流量的 13.7%；年末存量 1794.7 亿美元，占中国对外直接投资存量总额的 8.2%。

2020 年以来，受新冠肺炎疫情的影响，跨境人员物资流动受到限制，东道国子公司的生产建设经营受到一定冲击，但在国家各项政策的支持鼓励下，我国各境外项目保持平稳有序发展。2020 年前 7 个月，我国企业对"一带一路"沿线国家非金融类直接投资 102.7 亿美元，同比增长 28.9%。"一带一路"倡议为跨境投资发展搭建了新平台，共建"一带一路"已形成广泛共识，很多国家都迫切希望与中国企业开展高水平、多领域、深层次的互利合作。

世界正在经历百年未有之大变局，在新冠肺炎疫情的影响下，这场变革真正加速演进，在大变局和新发展格局的背景下，现阶段我国对外直接投资主要呈现以下特征。

对外投资领域逐步拓宽。2018 年，我国对外直接投资已涵盖了国民经济的 18 个行业大类，主要流向租赁和商务服务业、制造业、批发和零售业、采矿业，占对外直接投资的比重分别为 37.0%、15.6%、8.8% 和 7.7%；流向第三产业的对外直接投资 842 亿美元，占比为 69.9%。

对外投资方式不断创新。我国企业对外投资并购较为活跃，同时实物投资、股权置换、联合投资、特许经营、投建营一体化等对外投资方式也呈现出良好的发展态势。2018 年，我国共实施完成并购项目 405 起，实际交易总额 703 亿美元，其中境内出资 274 亿美元，占同期对外直接投资总额的 22.8%。

对外投资伙伴区域广泛。我国对外直接投资企业分布的国家和地区由

2003 年的 139 个扩展到 2018 年的 190 个。2018 年，我国对中国香港、开曼群岛、美国、英属维尔京群岛、新加坡等 14 个国家和地区的直接投资流量上 10 亿美元，流向中国香港、东盟、欧盟、美国、澳大利亚、俄罗斯和日本等国家和地区的投资占比达 80% 以上。从区域分布来看，我国对亚洲、拉丁美洲、欧洲、北美洲、非洲、大洋洲直接投资占比分别为 70.9%、11.3%、7.7%、5.0%、2.6% 和 2.5%。

六、小结

图 3-2 展示了在过去 30 年中国对外直接投资的发展历史，其发展模式已从政策导向型转变为企业导向型。这些年来，中国政府一直在积极探索建立一个有效的制度体系的方法。最初，政府居于主导地位并可以直接决定哪些企业

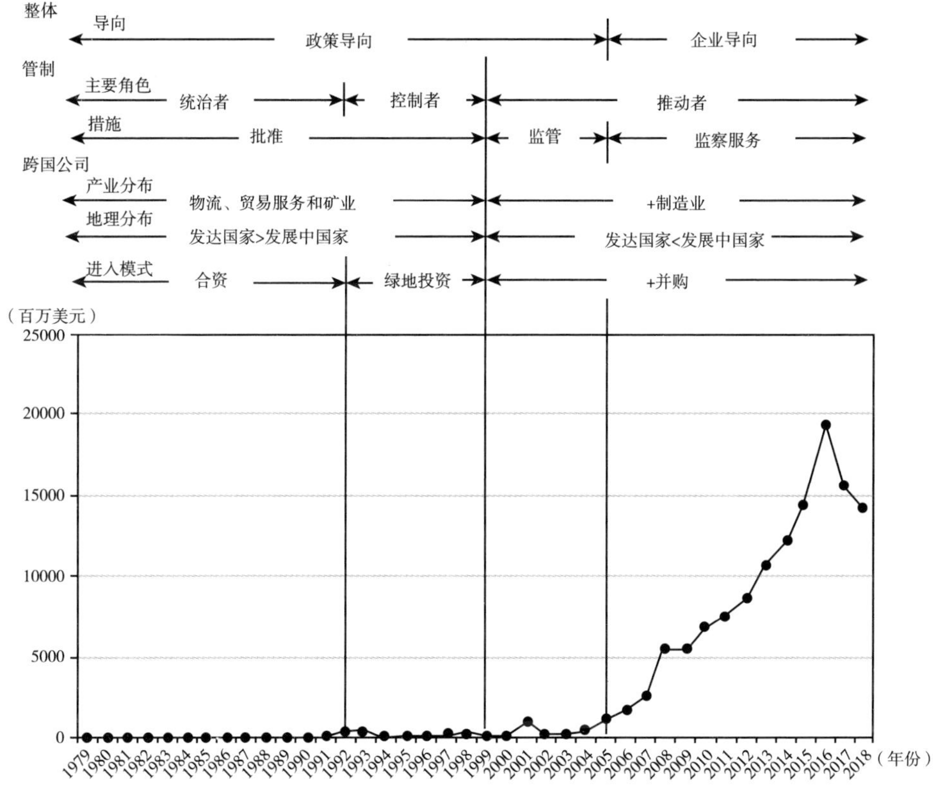

图 3-2　中国对外直接投资制度的历史发展

在哪些行业进行海外投资。随着中国逐渐成为全球经济的一部分，中国也在这一发展过程中获取和积累了更多的制度经验，同时政府逐渐放松了对投资的管制，将决定权交予企业本身，政府对对外投资作用和服务的方式也趋于间接化（Voss et al.，2009；Voss，2011）。正是在这一过程中，中国的跨国企业得以不断发展壮大。起初，只有物流、贸易服务和矿业投资于海外，为原材料的贸易和进口服务；自中国实施“走出去”发展战略和加入世贸组织以来，制造业也已成长为中资企业参与全球竞争的主要行业之一。与此同时，中资企业进入模式也变得更加多元化。最初，大部分投资以合资的方式进行，之后也伴随有绿地投资的投资方式；截至目前，大量的并购方式已成为中国对外投资的一大显著特点。

这段历史也说明了中国监管制度和跨国企业总体特征之间的相互作用和协同进化。中资企业需要根据不同的发展阶段选择不同的战略，以适应不断变化的监管政策。同时，政府试图对中国跨国企业和外商直接投资的总体趋势进行监控，并依此制定出适合经济发展的政策，以更好地服务于国家，他们彼此相互作用，共同推动中国经济的繁荣发展（见表 3－1）。

第一阶段，中国经济封闭，企业规模小同时政府也缺乏相应的监管经验。政府主要通过审批程序来对对外投资进行重要控制，鼓励一些国有企业在海外进行投资，获取知识和自然资源。这些国有企业遵守规定，并通过贸易积累了大量的资本。同时，这些企业也因缺乏经验在香港特区金融市场上受到资产的损失，这直接促使了在该阶段末期 1991 年意见的出台，以及政府在第二阶段对海外投资更为严格的筛选和控制。

第二阶段，许多投资被政府停止或减缓。同时由于该阶段政府出台了较多有助于吸引外商在华直接投资的优惠政策，“返程”外商直接投资（round－tripping FDI）开始出现。一些公司在香港特区以及其他避税地区设立了分支机构，特别是以控股公司的形式设立，然后反过来作为外国投资者通过向中国内地投资来获利。这一阶段末期，一些国内品牌试图通过建立海外分支机构，销售和进行贸易服务来打开国际市场，这种尝试规模很小且不是在政府的授意下进行的。

第三阶段是一个重要的转折点，政府的态度从谨慎转变为鼓励。政府根据上一阶段企业的发展情况调整了政策，30 多家电子消费品生产公司和 20 家其他主要出口行业的企业被列入商务部的名单，优先接受国家在海外投资方面的援助。相关部门随即撤除障碍，推动中资跨国公司更快捷地进行对外直接投资。在这个阶段，联想、TCL、海尔和其他公司在全球市场上的并购更加活跃，2004 年甚至被称作中国并购年，这也直接促使了政府在 2005 年发布对并购项目的金融支持公告。

第四阶段，在政府对并购给予技术、知识和管理获取方面的支持下，并购一跃成为备受青睐的对外投资进入模式，政府对于企业的影响也变得越来越间接。对于国有企业来说，它们的成功取决于正在进行的国企改革，改革的目标是实现“国家拥有，商业运营”的环境，并建立现代化管理体系。而对于民营企业来说，对外投资变得更加容易，同时他们也能够做出明智的战略举措。

第五阶段，中国政府和跨国企业已经积累了丰富的对外直接投资经验，随着“一带一路”倡议的提出和实施，政府开始全方位地鼓励和服务中资企业对外投资。同时，由于中资跨国公司急于寻求先进的生产技术以及国内产能过剩，消费市场趋于饱和的现实原因，在各种因素的作用下，中资企业纷纷走上了国际化经营的道路。参与企业的增长和投资规模的扩大使中国对外直接投资的区域和行业变得越来越广泛，投资结构和投资区域也日趋合理。随着中国经济深度融入全球经济，经济发展进入“新常态”，但 2018 年后美国持续对中国开展贸易摩擦，发达国家也纷纷加强了对中资企业跨国投资的审查力度，处理好对外投资环境的变化，抓住机遇解决挑战，将为中国经济提供持续增长动力。

表 3－1　　　　监管制度与外商直接投资的协同发展的实例

发展阶段	制度		外商直接投资的总体特征
阶段1	意见1991 （严格的审批程序） ↓	←	国有企业在香港特区市场上损失资产
阶段2	一系列收紧外商直接投资的政策	→ ↙	返程投资 私人制造商对绿色领域的投资
阶段3	对制造商采取激励政策 特别是对电子产品行业	→ ↙	2004年被视作中国的并购年
阶段4	对并购给予政策支持 尤其是对寻求知识的并购的支持	→ ↙	大规模进行并购
阶段5	加强对中资企业对外直接投资的监管，严格审批制度	→	并购数量和质量同步增长

总之，对外直接投资监管和中资企业跨国扩张与成长在历史上是相互关联的。法律法规的演变是形成中资企业特点的原因之一，即发达经济体是早期投资阶段的首选。这种情况与心理距离模型所描述的并不一致，尽管并购的失败率比较高但并购作为进入模式的比例依然较高。同时，龙头企业的决策和新尝试引起了政府的关注，政府也调整了新政策以便更好地提供监督和帮助。

第二节 企业案例：联想公司

在这一部分，我们将使用联想集团的案例来说明一个单一的企业在不断变化的制度环境中是如何运作的。联想集团是世界上第二大个人电脑生产厂商，作为一家优秀的中资企业，它的成功与它的国际化经营和在一定程度上对中国政策的了解以及适当利用时机高度相关。我们将讨论联想公司在中国 FDI 不同的历史发展阶段的做法，并描述它所遵循的组织扩张模式。

一、第一阶段：香港联想的建立

联想成立于 1981 年，最初是虹志公司（简称 AST）、国际商业机器公司和惠普公司等外国电脑公司的分销商。最初，联想只能通过控制销售渠道的香港中间商获得产品，利润较低。同时，联想集团还开发了虽然技术水平较低但是对中国市场极为重要的联想汉卡，虽然这一程序获得了中国国家最高科学技术进步奖，然而它的设计及销售并没有给联想带来高额的利润。在开始进行海外扩张之前，作为一个“初学者”的联想集团并没有任何优势，但是它在这一阶段形成了整合市场、制造和技术资源的能力。

1988 年香港联想的成立是联想集团发展过程中的一个里程碑。香港联想是联想集团和神州数码控股有限公司联合成立的公司，其主要业务是个人电脑的装配和服务，主要是处理来自虹志公司和联想公司的订单，是中国最早获得银行贷款支持的合资企业之一。这一合资企业为联想集团带来了更多的贸易渠道和更大的利润，同时也使联想更容易获得香港特区的技术。从那时起，联想在中国内地销售配置有联想汉卡的电脑，这一业务为其带来了 15% 以上的利润增长。1990 年，联想在中国市场推出了第一款个人电脑并取得了巨大的成功。

作为一个在较为封闭的中国市场中的企业，联想公司是十分成功的，同时它也是在第一阶段内第一个对外国进行投资活动的私有企业。在第二阶段内，这种早期行动为联想集团带来了巨大的利益，另外，联想与政府都认为发展中国国内的品牌是十分重要的，并试图把自己的企业打造成一个民族品牌。

二、第二阶段：在香港证券交易所上市并成为国内品牌

在这一阶段，中国政府对对外直接投资的发展十分重视，同时欢迎外商到中国来进行投资。1994 年，香港联想在香港联合股票交易所上市，从其公开发行之初就筹集了大量的资金，在这样巨大的资金的支持下，联想进入了多产品生产的时期。联想于 1996 年推出了第一个服务器，并在 1999 年推出了第一款笔记本电脑产品。同时，联想集团每次对产品进行修改都会把中国市场的需求纳入考虑范围之中。

联想集团在这一时期取得成功的关键在于其在海外的扩张和对中国的制度的了解。香港联想通过利用中国内地的政策和香港发达的金融市场取得了极大的成功。在中国内地，联想集团作为一个外国公司取得了税收上的优惠，同时作为一个民族品牌在消费者中名声大噪。除此之外，联想实现了比其竞争对手更好的销售业绩，同时也在中国内地获得了良好的信誉。

三、第三阶段和第四阶段：并购和成为国际性企业的道路

1999 年后，中国政府对于对外投资特别是对于并购的态度变得越来越积极。联想集团从 2002 年就开始了与 IBM 的谈判，通过在香港特区金融市场上的资本积累，联想在 2004 年以约 17.5 亿美元的价格收购了 IBM 公司的 PC 部门。这笔交易不仅使联想获得了 IBM 公司的笔记本电脑生产线、产品开发人员和分销网络，而且还为联想公司提供了 IBM 公司的品牌效应。联想公司保留了 IBM 的客户和员工，也获得了运作一个大型外国公司的管理技能。而联想的目标市场，也从中国扩展到了发达国家，如加拿大、日本、美国和欧盟，同时也扩展到了东盟、印度及非洲的一些国家等发展中国家和地区。这一并购的消息经由中国和美国的媒体报道，使联想在世界上获得了知名度，联想从一个民族品牌逐渐成长为一个国际品牌，在配合中国政府政策的同时也成为一个

全球贸易活动的参与者。然而，为了逃避中国内地的外汇管制，联想的财务操作都在中国内地以外（主要是香港特区）进行。

然而，联想公司的并购并没有停止。2011 年，联想与日本个人电脑制造商 NEC 公司一起成立了一家个人电脑的合资企业，该公司在荷兰注册成立。不久之后，联想集团又收购了德国的专门销售低成本的计算机和电子设备的电子零售商麦迪龙（Medion）公司，这有助于联想打开德国甚至是欧洲的市场，以便于更好地与竞争对手如戴尔和惠普等竞争。通过海外并购，联想获得了先进的技术、一个国际化的品牌形象和一个成熟的销售渠道。

四、第五阶段：品牌经营之路

进入 21 世纪之后，中国企业的总体战略行为发生了巨大变化，多元化经营成为中资跨国公司的主导战略行为。2014 年 1 月 23 日下午，联想集团宣布，以 23 亿美元收购 IBM 低端服务器业务，双方签订的协议显示，此次收购价格包含 20.7 亿美元现金和向 IBM 定向发行的 1.82 亿股联想集团股票。2014 年 10 月 30 日北京时间 6 点联想宣布，以 29 亿美元左右的价格购买谷歌的摩托罗拉移动智能手机业务，并将全面接管摩托罗拉移动的产品规划，联想集团将成为全球第三的智能手机厂商，仅次于三星和苹果公司，联想期望以此进入竞争激烈的欧美市场。2014 年 7 月 24 日，联想集团在京推出联想互联网创业平台 New Business Development（NBD），并发布了该平台“孵化”的首批三个创新产品：智能眼镜、智能空气净化器和智能路由器。近年来，联想的业务范围横跨智能手机、平板电脑、个人电脑、智能电视四大个人互联终端品类；此外，联想集团还开启了农业、银行业、智能家居等多个领域的经营计划。联想已经开始逐步向多元化、全方位经营转变，试图通过完善的生产链和供销链巩固自身的地位。

联想的案例为我们展示了一个公司是怎样利用制度的优势获得发展的。联想是一个不追求最高技术的个人电脑制造商，相对应的是因为它熟悉中国市场和中国的文化，因此它更追求最适合国内市场的技术，以及在不同的时期的政策下采用不同的行动策略。在第一个阶段，联想对政策采取回避的态度，它在香港特区建立合资企业并作为一家外国企业反过来向中国内地进行投资，这样它就可以摆脱私人公司在中国内地的糟糕处境；同时，它也与法律法规一同发展。联想集团的发展使中国政府相信民族品牌的重要性，它不仅获得了一些国内 PC 制造商的支持，还获得了与来自发达国家的强大的竞争对手在国内市场上共同竞争的机会。在第二阶段，联想公司又是一个优秀的政策适应者，香港联想集团首次公开募股帮助其获得了配件供应商和银行的支持，使它能够生产自己的品牌电脑，这样一种“返程”投资非常适合中资企业。在第三阶段，通过收购获得 IBM 的 PC 部门为联想集团在世界上打开了知名度，此举帮助联想获得了更高的技术以及全世界的市场销售渠道，如果没有这样的并购，联想公司是不可能迅速地实现其在海外的扩张的。目前，联想集团已经取得了成功，利用全球范围内的资源走上了世界舞台。

第三节

结论与讨论

我们的研究表明，中国对外投资的发展历程与经济发展密切相关。在第一阶段（1978～1991 年）内，中国向内和向外直接投资都是十分有限的；第二阶段（1992～2005 年），中国吸引了大量的外商投资而对外直接投资仍是十分有限的；第三、第四、第五阶段（2006 年至今）中国的对外直接投资要比外商直接投资增长得更快。而政府及其颁布的法规强化了每一阶段的特征。例如，在第二阶段，中国吸引外商直接投资大幅增长，对外直接投资保持着稳定的小幅增长，对对外直接投资控制的收紧直接限制了对外直接投资快速增长的可能性。相反，在第三阶段后中国政府对于跨境投资的鼓励为对外投资的高速增长提供了诱因。本章只是初步地讨论了法律法规对发展阶段的影响。然而，文化、认知和社会关系等非正式制度对企业对外直接投资的影响同等重要。非正式制度如何发挥作用以及跨国公司的决策如何适应相对陌生的东道国环境将是有待研究的命题。

第四章

中国对外直接投资的空间分布

中国已经步入以“走出去”为鲜明特征的经济全球化新阶段。针对国内经济地理学对中国对外直接投资研究尚较少或刚起步的现状，从东道国和母国之间的多维邻近性探讨中国对外直接投资区位选择的影响机制是中国对外直接投资研究的重要议题。本章在分析国家间经济活动的“文化—制度—地理—经济”邻近性分析框架的基础上，结合中国对外直接投资特殊性选择各邻近性的衡量指标，并基于2003～2018年中国分国别的对外直接投资数据，分析了中国对外直接投资的国别分布和影响因素。

第一节 研究数据与方法

一、研究数据

由于中国对外直接投资起步较晚，自2003年开始，才有产业分布、投资目的国等细分统计数据，因此本章主要研究2003年以来中国对外直接投资的地理特征和影响因素。本章使用的数据主要来自以下几个方面：（1）中国海外直接投资数据来自历年《中国对外直接投资统计公报》，该数据由商务部、国家统计局和国家外汇管理局联合发布，是目前关于中国对外投资的最全面、权威的统计资料；（2）中国与各国的双边贸易数据来自历年《中国统计年鉴》；（3）中国与其他国家的空间距离基于Google map计算；（4）东道国的社会经济数据来自世界银行。本章对数据进行了以下处理。首先，中国的很多企业会利用一些小国或岛屿地区（如开曼群岛、百慕大群岛等）特殊的制度环境，将其作为向其他地区投资的跳板。尽管向这些地区的投资会被统计在对外“直接”投资中，但是这些地区并非中国对外投资的最终目的地，其投资量的变化也无法用传统对外投资模型中的变量解释。为此，本章删掉了那些典型的“避税天堂”地区或人口总量低于 200 万的国家。其次，为了减少样本量损失，本章对个别年份的缺失值进行了插补处理。最后，本章将数据转换为均衡面板，删掉了那些个别变量缺失太严重而无法被插补的国家或地区（如朝鲜），最终得到有效样本国家 130 个。

二、研究方法

本章采用了控制时间固定效应的面板回归模型。模型界定如下：

$$Y_{it} = \alpha_t + \beta_1 T_i + \beta_2 X_{it} + \beta_3 Z_{it} + \varepsilon_{it} \tag{4-1}$$

其中，i 表示投资所在国家，t 表示所在年份，Y_{it}表示中国第 t 年对 i 国家的投资；T_i为衡量亚投行或“一带一路”制度框架的变量；X_{it}为 i 国家第 t 年（与中国双边）的制度因素变量，Z_{it}为模型的控制变量；α_t 为时间固定效应；β_1、β_2和 β_3分别表示各类变量的系数；ε_{it}为随机误差项。为了区分和比较中国到不同类型国家投资的主要影响因素，本章在总模型的基础上分别对“一带一路”和亚投行组合形成的四类国家构建了回归模型。模型的参数利用 Stata 13.0 软件估计。

三、变量选取与界定

本章的因变量为中国对外直接投资流量，该指标在现有对外投资研究中被广泛使用；核心自变量为东道国是否为“一带一路”沿线国家及其是否为亚投行成员的虚拟变量。“一带一路”沿线国家采用常用的 65 个国家列表，包括东亚 11 国、西亚 18 国、南亚 8 国、中亚 5 国、独联体 7 国和中东欧 16 国；亚投行成员采用 57 个初创成员列表，包括亚洲国家 34 个、欧洲国家 18 个、非洲国家 2 个、美洲国家 1 个和大洋洲国家 2 个。为区分“一带一路”和亚投行两个制度因素的交互影响，本章进一步构建了“一带一路”和亚投行的交互项，以比较中国到四类国家的投资流量差异。其余自变量主要包括 4 类：双边关系的制度变量、东道国的制度变量、非制度性双边关系控制变量和其他控制变量。各类变量的界定如表 4－1 所示。其中，中国到其他国家（或地区）的空间距离采用各国（地区）的地理中心求算。由于本章主要关注亚投行和“一带一路”对中国对外投资的影响，而这两个制度框架都大体在 2013 年底开始筹建，因此本章分析的数据时段选取为 2014～2015 年。为了使数据更接近正态分布，本章对模型中的连续变量（百分比形式的变量除外）进行了对数化处理①。

表 4－1　　变量的定义及描述性分析

变量	定义	单位/分类	N（%）/均值	标准差
因变量				
OFDI	中国对各国的直接投资流量，具体指每一年度中国投资者直接向境外企业实现的股权投资、收益再投资和债务工具三部分投资之和减去境外企业对中国投资者的反向投资	亿美元	3.41	13.38
双边制度联系变量				
OBOR	是否为“一带一路”国家	是	82（63.08%）	—
		否	48（36.92%）	—
AIIB	是否为亚投行成员	是	82（63.08%）	—
		否	48（36.92%）	—
Agreement	是否与中国签署双边投资协定	是	52（40.00%）	—
		否	78（60.00%）	—
东道国制度变量				
Approval	开办企业流程的成本占人均 GNI 的百分比	%	22.97	32.24
Contract	履行合同所需时间	1 年内	12（9.23%）	—
		1～2 年	89（68.46%）	—
		2 年以上	29（22.31%）	—
双边联系控制变量				
Distance	东道国与中国地理中心的直线距离	km	8909.30	3965.15
Trade	我国同各国（地区）海关货物进出口总额	亿美元	258.37	640.95

① 对于存在负值的变量，在取对数时，先对其绝对值取对数，然后转换为负值。

续表

变量	定义	单位/分类	N（%）/均值	标准差
其他控制变量				
FDI	东道国当年吸收的外资总量	亿美元	110.16	341.45
GDP	东道国国内生产总值	亿美元	4896.60	16746.24
Labor	东道国劳动力总数	万人	1937.03	4899.93
Patent	东道国国内居民申请专利数量	万件	0.70	3.67
Tech	东道国高新技术产品出口额	亿美元	124.56	329.51
FTD	东道国外贸依存度，指进出口总额占东道国国内生产总值的比值	%	85.25	46.64

第二节

中国对外直接投资空间分布的影响因素

回归分析的结果如表4-2所示。其中，第2列对所有国家构建了分析模型。结果显示，在控制其他变量后，中国对同时是“一带一路”沿线国家和亚投行国家的投资最高，对仅为亚投行而非“一带一路”沿线国家次之，再次为既非“一带一路”沿线国家也非亚投行国家，而中国对这三类国家的投资都显著高于仅为“一带一路”沿线国家而非亚投行国家的投资。这与描述性统计分析的结果基本一致，说明尽管亚投行政策的提出主要服务于“一带一路”沿线国家的基础设施建设，但是亚投行形成的双边制度联系对中国对外投资的影响却比“一带一路”政策所形成的双边制度联系的影响更为显著。这一结论也基本证实了本章前面的假说，表明亚投行和“一带一路”的制度联系性质存在很大差别。一方面，亚投行作为一个投资机构，其成员具有较好的投资环境和更为市场化的合作基础，因此比“一带一路”这一基于地缘战略的政策更能吸引中资企业的对外投资；另一方面，由于中国在“一带一路”框架之外增加亚投行成员的过程具有一定的自选择效应——只有那些投资条件较好或资本比较丰盈的国家才有资格进入亚投行，因此进入亚投行的“一带一路”国家往往同时占据了地缘优势和投资条件优势，而那些地缘位置很重要却仍未能进入亚投行的“一带一路”国家说明其投资条件实在很差。这一结论也暗示，“一带一路”政策主要是政府行为，到这些国家的投资目前仍然集中在那些投资回报周期很长、风险较高的基础设施等领域，但对外投资的主力仍然是企业。

表 4－2　　　　中国对外投资流量的影响因素

变量	所有国家	“一带一路”国家	非“一带一路”国家	亚投行国家	非亚投行国家
双边制度联系变量					
既是“一带一路”也是亚投行国家①	7.379***				
仅为亚投行而非“一带一路”国家①	6.247**				
既非“一带一路”也非亚投行国家①	5.676**				
“一带一路”国家				4.293	－5.551**
亚投行国家		10.481***	－1.430		
是否签订双边投资协定	1.754	－5.934	4.729**	3.866	1.500
东道国制度变量					
开办企业流程的成本占人均 GNI 的百分比	－0.009	0.036	－0.024	－0.048	－0.036
履行合同所需时间为 1～2 年②	－2.830	－6.877	1.677	－4.458	－1.550
履行合同所需时间为 2 年以上②	－6.178**	－10.411**	－1.395	－7.763*	－5.933
双边联系控制变量					
地理距离	1.440	－0.189	0.336	0.386	1.140
中国与东道国双边贸易额	－0.665	－2.411	0.918	0.977	－0.590
其他控制变量					
国民生产总值	1.541	5.228**	－1.919	4.874**	0.213
净流入 FDI	0.012	－0.014	－0.021	0.050	0.026
自然资源租金总额占 GDP 的百分比	－0.024	－0.148	0.029	－0.487***	0.081
国内居民申请专利数量	－0.513	－1.669**	0.448	－2.041***	0.147
高新技术产品出口额	－0.150	0.129	0.075	－1.270*	－0.064
劳动力总数	2.753***	1.341	3.178**	0.703	3.242**
东道国外贸依存度	0.042**	0.040	0.016	0.034	0.022
2015 年（以 2014 年为对照组）	－3.670***	－6.270***	－2.429	－3.757*	－3.726**
常数项	－73.893***	－96.519**	－9.781	－101.846***	－44.759
N	260	96	164	96	164

注：*、**、*** 分别表示系数在 10%、5%、1% 的水平上显著。

① 对照组为“仅为‘一带一路’国家”。

② 对照组为“履行合同所需时间为 1 年以内”。

为了进一步分析两类制度联系因素对中国对外投资区位选择的影响，本章分别对“一带一路”和非“一带一路”国家、亚投行国家和非亚投行国家进行了分析，结果如表4-2第3~6列。结果表明，中国到这四类国家的具体影响因素也有所差别。对于“一带一路”国家，制度因素对中资企业选址的影响非常明显——如果“一带一路”上的东道国又属于亚投行国家，则中国对其投资会更多；东道国履行合同所需时间越长（尤其是超过2年后），则中国对其直接投资越少。此外，中国对“一带一路”国家的投资避开了专利数量较大的国家，这既可能由于中资企业在这些国家技术优越性不明显，也有可能由于“一带一路”国家的技术水平对于中资企业的吸引力相比其他因素更低。对于非“一带一路”国家，影响中国对其投资的制度因素为其是否与中国签订了双边投资协定，这说明双边制度联系对中国对外投资具有显著影响。除此之外，中国的投资主要流向那些劳动力数量较大的国家，表明目前中国对非“一带一路”国家的投资区位选择处于劳动力导向的阶段。中国对亚投行国家投资的影响因素与中国对“一带一路”国家投资的影响因素类似，只是对于亚投行国家，东道国是否同时属于“一带一路”国家对中国对其投资的影响不大，这再次印证亚投行与“一带一路”对中国对外投资的影响并不重合。此外，中国对亚投行成员的投资避开了资源租金占比较高和高技术产品出口额较高的国家。前者可能由于那些自然资源丰富的国家金融体系尚不完善（如蒙古国），或与美国等其他强权的联系比较紧密（如沙特、科威特、阿联酋、卡塔尔等）而对于吸纳中国投资的意愿不强；后者可能由于中资企业的技术输出能力仍然不强。对于非亚投行国家，影响中国对其投资的主要制度因素是该国家是否在“一带一路”沿线——中国对“一带一路”沿线国家的投资数量远小于非“一带一路”国家。这说明，亚投行不仅是对“一带一路”的支撑和扩展，同时也对投资区位进行了重新选择——那些虽然在“一带一路”沿线但是投资条件很差的国家往往没有成为亚投行国家，中国对其投资很少也就理所当然了。类似于非“一带一路”国家，非亚投行国家的劳动力数量也是吸引中国海外投资的一个重要因素，再次体现了中国对外投资企业降低生产成本的需求。

除了“一带一路”和亚投行这两个双边制度因素的影响外，其他控制变量对中国对外投资的效应也值得关注。首先，地理距离并非阻碍中国对外投资的一个显著因素，即在全球化背景下中资企业并没有更倾向于投资到邻近国家，而制度环境和要素水平等对于中国对外投资的区位选择更为重要。其次，东道国外贸依存度和劳动力数量是吸引中国对外投资的核心要素，而东道国的市场规模、自然资源丰裕度和技术创新水平等影响不大。可见中国对外投资仍以服务贸易和降低劳动力成本为主导，在相对经济开放的国家建立制造工厂从而降低生产成本、促进出口是当前中国对外投资的主要原因。这一结论与已有部分研究的发现不一致——如 Kolstad 和 Wiig（2012）发现中国对外投资更容易流向自然资源丰富而制度环境较差的国家。这可能由于中国与东道国的双边制度联系比东道国本身的投资条件更为重要；这也暗示目前中国为了掌控石油和铁矿石等战略资源的投资以国有企业为主，不代表所有企业对外投资的偏好。最后，经典区位因素的影响因不同类型国家而异，如尽管 GDP 一般被认为是对外投资的最主要影响因素之一，但是在本章研究中仅适用于“一带一路”国家和亚投行国家，这说明 GDP 的影响可能存在一定的制度门槛效应——只有进入制度框架内的国家其 GDP 规模才对中资企业的对外投资有吸引力。类似地，尽管一般认为签订双边投资协定对于对外直接投资的影响很大，但是在本章研究中仅对非“一带一路”国家有显著影响——这表明“一带一路”和亚投行两个制度因素对中国对外投资的影响更为显著，这也论证了本章将这两类政策作为主要制度联系变量的合理性，也提醒对中国对外投资的研究应考虑国家层面的制度框架与微观的投资环境的交互影响。

第三节 中国对外直接投资的国别差异

一、总体特征

2019 年，世界经济增速 2.9%，为 2008 年金融危机以来最低增长，货物贸易则由 2018 年的 3.8%降至 0.9%。在全球对外直接投资连续三年下滑后，2019 年流出流量高达 1.31 万亿美元，同比增长 33.2%。其中，发达经济体对外投资增长 71.1%，发展中经济体下降 10%。2019 年，中国对外直接投资 1369.1 亿美元，同比下降 4.3%，流量规模低于日本（2266.5 亿美元），全球排名继续列第二位，占全球份额的 10.4%。图 4－1 为 2002～2019 年中国对外投资流量情况，从图 4－1 可以看出，2002 年以来中国对外投资流量快速增长，到 2016 年达到近年来的顶峰，对外投资总流量额高达 1961.5 亿美元。进一步结合中国对外直接投资流量全球排名情况（图 4－2）可以发现，中国对外直接投资流量在全球份额中的排名由 2002 年的第 26 位上升至 2019 年的第 2 位，自 2012 年起长期保持在全球前三；与此同时，中国对外直接投资流量在全球份额中的比重总体呈现快速增长的趋势，从 2002 年的 5.2% 增加到 2019 年的 10.4%，但在 2016 年以后，中国对外投资流量总额有所减少，但在全球份额中的比重在上下跌宕（见图 4－2 与图 4－3）。

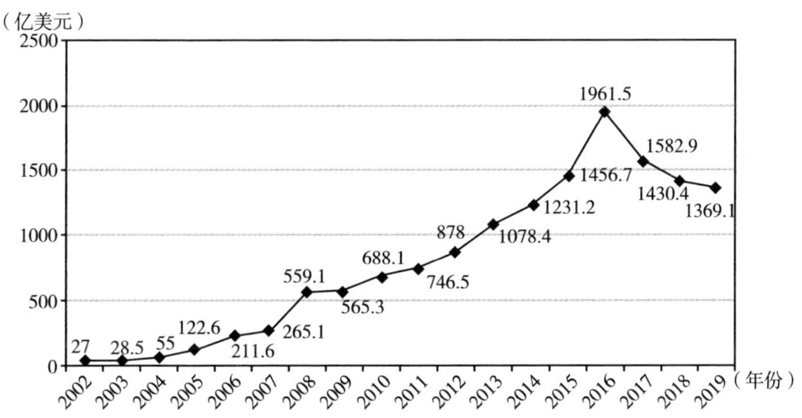

图 4－1　2002～2019 年中国对外投资流量情况

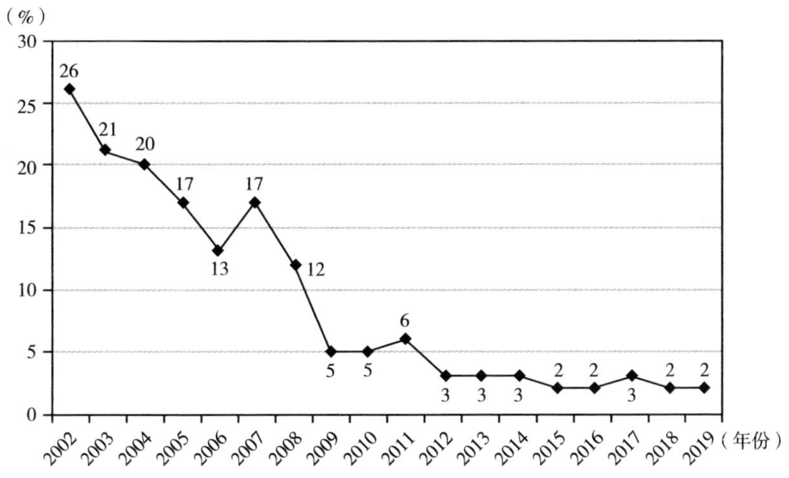

图 4－2　2002～2019 年中国对外直接投资流量全球排名情况

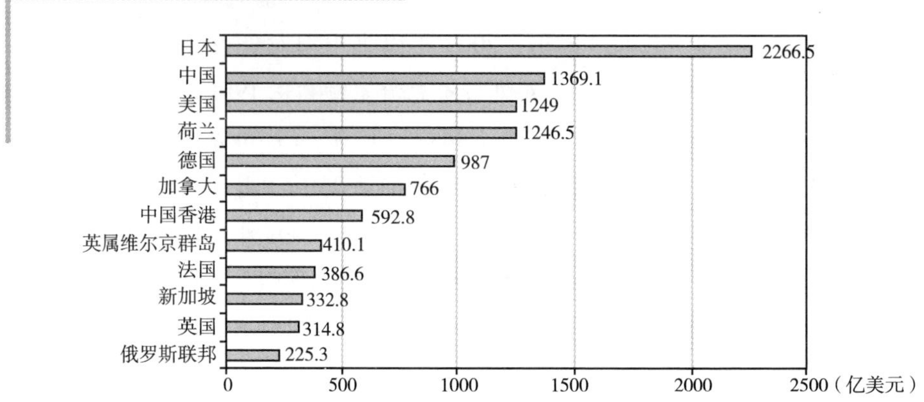

图 4－3　2019 年中国与主要国家（地区）流量对比

数据来源：《2019 年中国对外直接投资统计公报》。

从对外直接投资流量构成上看（见图 4－4），2019 年，新增股权投资 483.5 亿美元，同比下降 31.3%，占流量总额的 35.3%；债务工具投资（仅涉及对外非金融类企业）为 279.4 亿美元，占 20.4%；2019 年，中国境外企业的经营情况良好，超七成企业盈利或持平，当年收益再投资（即新增留存收益）606.2 亿美元，占同期中国对外直接投资流量的 44.3%，投资占比创历史最高值。

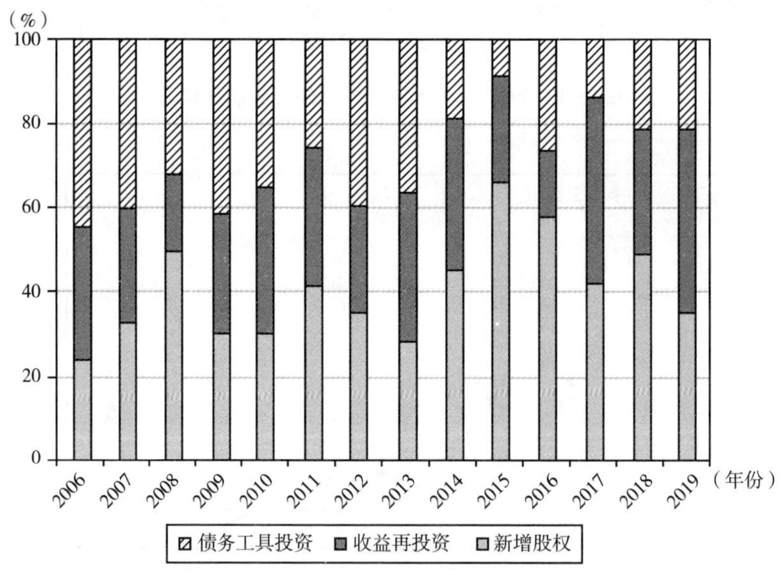

图 4－4　2006～2019 年中国对外直接投资流量构成

数据来源：《2019 年中国对外直接投资统计公报》。

2019 年，中国对外直接投资涵盖了国民经济的 18 个行业大类。其中，流向传统租赁和商务服务、制造、金融、批发和零售业的投资均超过百亿美元；租赁和商务服务业保持第一位，制造业位列第二。流向租赁和商务服务业的投资 418.8 亿美元，同比下降 17.6%，占当年流量总额的 30.6%；投资主要分布在中国香港、英属维尔京群岛、新加坡、英国、澳大利亚等国家（地区）。流向制造业 202.4 亿美元，同比增长 6%，占 14.8%；主要流向汽车制造、化学纤维制造、有色金属冶炼和压延加工、医药制造、化学原料和化学制品等。流向金融业 199.5 亿美元，同比下降 8.1%，占 14.6%。2019 年，中国金融业境内投资者对境外金融类企业的直接投资 186 亿美元，占 93.2%；中国非金融业境内投资者投向境外金融企业的投资 13.5 亿美元，占 6.8%。流向批发和零售业 194.7 亿美元，同比增长 59.1%，占 14.2%；主要流向中国香港、新加坡、英属维尔京群岛、美国、日本、英国、德国等。超七成投资流向租赁和商务服务、制造、金融、批发和零售领域（见表 4－3）。

表 4－3　2019 年末中国对外直接投资流量行业分布

行业	流量	同比（%）	比重（%）
合计	1369.1	－4.3	100
租赁和商业服务业	418.8	－17.6	30.6
制造业	202.4	6	14.8
金融业	199.5	－8.1	14.6
批发和零售业	194.7	59.1	14.2
信息传输/软件和信息技术服务业	54.8	－2.7	4
采矿业	51.3	10.8	3.7
交通运输/仓储和邮政业	38.8	－24.8	2.8
电力/热力/燃气及水的生产和供应业	38.7	－17.7	2.8
建筑业	37.8	4.5	2.8
科学研究和技术服务业	34.3	－9.7	2.5
房地产业	34.2	11.5	2.5
农/林/牧/渔业	24.4	－4.8	1.8
居民服务/修理和其他服务业	16.7	－27.8	1.2
教育	6.5	13.2	0.5
住宿和餐饮业	6	－55.4	0.4

续表

行业	流量	同比（%）	比重（%）
文化/体育和娱乐业	5.2	-55.1	0.4
水利、环境和公共设施管理业	2.7	51.1	0.2
卫生和社会工作	2.3	-56.7	0.2

数据来源：《2019 年中国对外直接投资统计公报》。

中国对外直接投资的存量数据能较好地反映我国对外直接投资的总体情况，因此本节将基于对外直接投资的存量描述中国对外直接投资的基本特征。根据联合国贸发组织发布的《2020 世界投资报告》显示，2019 年中国对外直接投资存量 34.57 万亿美元，占全球存量的 6.4%，位居全球第三。2019 年末，中国对外直接投资覆盖了国民经济所有行业类别，存量规模上千亿美元的行业有 6 个。从行业上看，近 1/3 的存量在租赁和商务服务业，租赁和商务服务业以 7340.8 亿美元高居榜首，占中国对外直接投资存量的 33.4%。对上述行业的投资包括以投资控股为主的对外投资活动，主要分布在中国香港、英属维尔京群岛、开曼群岛、新加坡、美国、澳大利亚、英国等国家（地区）。之后依次是批发和零售业、金融服务业、信息传输/软件和信息技术服务业，制造业只有 2001.4 亿美元，位居第五位（见图 4-5）。

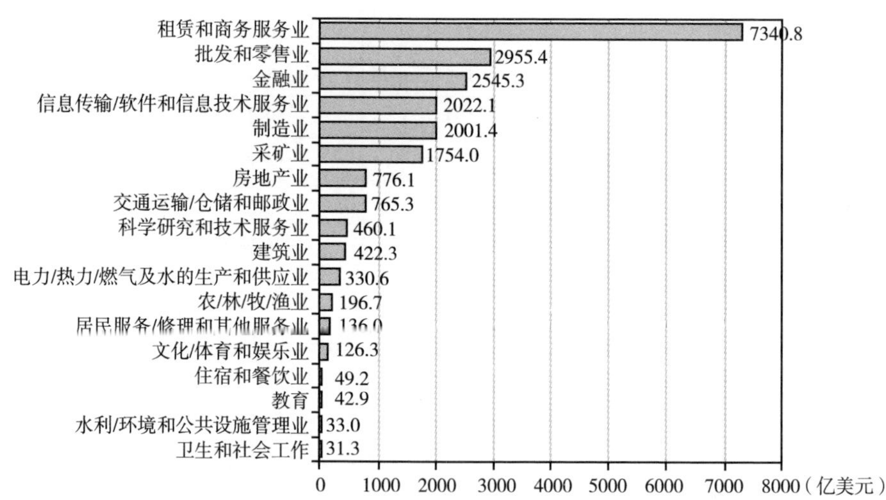

图 4-5　2019 年末中国对外直接投资存量行业分布

数据来源：《2019 年中国对外直接投资统计公报》。

二、国别（地区）特征

2019年末，中国对外直接投资覆盖全球188个国家和地区，占全球国家总数的80%强。表4－4展示了不同时间段中国对外直接投资流量的空间分布特征。2003～2005年，中国初入世贸组织，在“走出去与引进来”对外发展战略下，中国对外投资活动迅猛发展，从对外投资流量来看，中国对外直接投资活动主要集中在北美、东北亚、大洋洲地区，对邻近国家地区的投资活动也较多，同时对北欧、南美洲和东南亚等地区的投资也呈现出异军突起的态势；2006～2012年，受国际金融危机的影响，中国对外投资虽仍然聚集在北美、大洋洲等地，但其聚集程度并不突出，反而呈现向世界其他地区（特别是东南亚、南美、非洲等新兴市场地区）扩散的趋势，这表明中国对外投资进入了一个多元区域选择的阶段；2013～2018年，随着“一带一路”倡议的提出，中国对外投资流量不论是金额还是空间分布上都有飞跃式的发展，对外投资活动在空间上却表现出更为活跃的势态，几乎对世界所有国家（地区）均有一定程度的投资。从海外投资的区域分布来看，2019年中资企业海外投资主要集中在亚洲、欧洲及北美地区，比重分别为30%、29%和25%。其中在亚洲投资180起，涉及投资金额3865.75亿美元；在欧洲投资177起，投资金额1769.14亿美元；在北美投资152起，投资金额为503.71亿美元。综上所述，中国对外投资活动的地理分布由一开始的集聚于某一特定区域演变为全球化投资。

表4－4　2005～2019年中国对外直接投资流量的空间分布

年份	中国香港、英属维尔京群岛和开曼群岛	其他	发达经济体		发展中经济体	
	总金额（10亿美元）	总金额（10亿美元）	总金额（10亿美元）	占比（%）	总金额（10亿美元）	占比（%）
2005	6.7	5.5	0.7	12.7	4.8	87.3
2006	15.3	2.4	0.6	25.0	1.8	75.0
2007	18.2	8.3	2.7	32.5	5.6	67.5
2008	42.2	13.7	2.8	20.4	10.9	79.6
2009	42.6	13.9	7.0	50.4	6.9	49.6

续表

年份	中国香港、英属维尔京群岛和开曼群岛	其他	发达经济体		发展中经济体	
	总金额（10 亿美元）	总金额（10 亿美元）	总金额（10 亿美元）	占比（%）	总金额（10 亿美元）	占比（%）
2010	48.1	20.8	10.9	52.4	9.9	47.6
2011	46.8	27.9	13.4	48.2	14.4	51.8
2012	54.3	33.5	13.5	40.3	20.0	59.7
2013	75.3	32.5	13.8	42.5	18.7	57.5
2014	76.9	46.2	23.8	51.6	22.4	48.4
2015	112.3	33.4	19.0	56.9	14.4	43.1
2016	140.0	56.1	36.8	65.7	19.3	34.3
2017	103.8	54.4	29.2	53.6	25.3	46.4
2018	99.5	43.5	17.5	40.1	26.1	59.9
2019	94.9	42.0	18.0	42.7	24.1	57.3

数据来源：《2019 年度中国对外直接投资统计公报》。

从投资的目的地看，中国对外投资的主要目的地既包括东南亚等周边地区，也包括北美、西欧和大洋洲等距离较远的国家或地区。进一步结合 2019 年中国对外直接投资流量前 20 的国家（地区）可以发现，2019 年，流向欧洲的投资 105.2 亿美元，占当年对外直接投资流量的 7.7%，较上年提升 3.1 个百分点，主要流向荷兰（38.9 亿美元）、瑞典（19.2 亿美元）、德国（14.6 亿美元）、英国（11 亿美元）、卢森堡（6.9 亿美元）、瑞士（6.8 亿美元）、意大利（6.5 亿美元）等国家。流向亚洲的投资 1108.4 亿美元，同比增长 5.1%，占当年对外直接投资流量的 80.9%；其中，对中国香港投资 905.5 亿美元，同比增长 1.2%，占对亚洲投资的 81.7%；对东盟 10 国投资 130.2 亿美元，同比下降 4.9%，占对亚洲投资的 11.8%。流向拉丁美洲的投资 63.9 亿美元，同比下降 56.3%，占当年对外直接投资流量的 4.7%，主要流向英属维尔京群岛（86.8 亿美元）、巴西（8.6 亿美元）、智利（6.1 亿美元）、阿根廷（3.5 亿美元）、秘鲁（3.5 亿美元）、墨西哥（1.6 亿美元）等。对开曼群岛和委内瑞拉的投资呈负流量，分别为 -43.6 亿美元和 -2.2 亿美元。流向北美洲的投资 43.7 亿美元，同比下降 49.9%，占当年对外直接投资流量的

3.2%。其中，对美国投资38.1亿美元，同比下降49.1%；对加拿大投资4.7亿美元，同比下降69.7%。流向非洲的投资27.1亿美元，同比下降49.9%，占当年对外直接投资流量的2%，主要流向刚果（金）、安哥拉、埃塞俄比亚、南非、毛里求斯、尼日尔、赞比亚、乌干达、尼日利亚等国家。流向大洋洲的投资20.8亿美元，同比下降6.3%，占当年对外直接投资流量的1.5%，主要流向澳大利亚、新西兰、马绍尔群岛、瓦努阿图等国家。

表4-5 2019年中国对外直接投资流量前20的国家（地区）

序号	国家（地区）	流量	占总额比重（56）
1	中国香港	905.5	66.1
2	英属维尔京群岛	86.8	6.3
3	新加坡	48.3	3.5
4	荷兰	38.9	2.8
5	美国	38.1	2.8
6	印度尼西亚	22.2	1.6
7	澳大利亚	20.9	1.5
8	瑞典	19.2	1.4
9	越南	16.5	1.2
10	德国	14.6	1.1
11	泰国	13.7	1.0
12	阿拉伯联合酋长国	12.1	0.9
13	老挝	11.5	0.8
14	马来西亚	11.1	0.8
15	开曼群岛	11	0.8
16	刚果（金）	9.3	0.7
17	伊拉克	8	0.7
18	巴西	8.6	0.6
19	哈萨克斯坦	7.9	0.6
20	柬埔寨	7.5	0.6
	合计	1312.6	98.5

数据来源：《2019年中国对外直接投资统计公报》。

进一步分析2005~2019年中国对外直接投资流量情况分布可以发现，发达经济体作为东道国的比重在不断增加，从2005年占比12.7%到2014年占比

65.7%，超过了发展中国家，达到了近些年来的峰值。另外，中国对外直接投资流入发达国家的总金额也在快速增长，从2005年的7亿美元增加到2019年的180亿美元。与此同时，发展中经济体吸引中国对外直接投资总量所占的比重仍然较大，2005年中国对外直接投资流入发展中经济体的总金额为115亿美元，占比87.3%，到2019年总金额达到了1189亿美元，占比57.3%。此外，香港特别行政区作为中国内地的门户，由于其与中国内地的联系便利，加上成熟的金融市场和商业服务标准，是中资企业最重要的投资地。例如，联想控股有限公司已在香港特区注册上市，它持有联想集团有限公司25%的股份，并积极收购IBM的PC部门。中国与香港特区、英属维尔京群岛和开曼群岛等“避税天堂”之间存在跳闸的外国直接投资，近些年来，减去香港特区、英属维尔京群岛和开曼群岛的对外直接投资份额，剩余的对外直接投资就有一半流向发达经济体，另一半流入发展中经济体，它们都被中国的跨国公司视为重要的投资地。

三、国家（地区）间产业差异

为了了解中国不同行业的对外直接投资选择偏好，我们选取了美国、俄罗斯、欧盟、东盟分别代表发达国家、发展中国家、发达地区和发展中地区，这四个地区都是中国外国直接投资的重要目的地。进一步通过区位熵分析中国行业的对外直接投资选择偏好。区位熵（LQ）分析是确定跨空间的经济结构差异的一个常用方法。其计算公式如下：

$$LQ_{ij} = (X_{i,j}/X_j)/(X_i/X) \quad (4-2)$$

其中，LQ_{ij}为某一行业在某一国家（地区）的区位商，$X_{i,j}$是从中国到i行业j地点的FDI存量价值；X_j是指从中国到j地点的FDI存量价值；X_i是来自中国的对外直接投资在行业i中的总存量价值；X是来自中国的对外直接投资存量总值。

表4-6为2010年美国、俄罗斯、欧盟、东盟区位熵指数计算结果，结果显示，科学研究、服务和地理调查和IT行业在美国非常突出，而科学研究和技术服务业也显示出对欧盟的偏好。这意味着中国对发达国家存在更多的知识密集型投资。与此同时，资本和劳动密集型产业更倾向于投资发展中经济体，例如，俄罗斯房地产业和东盟电力行业LQ指数在10以上，俄罗斯和东盟建筑业LQ指数也较高。

表 4－6　　2010 年美国、俄罗斯、欧盟、东盟区位熵指数

	美国	俄罗斯	欧盟	东盟
科学研究和技术服务业	5.73	0.34	1.45	1.20
信息技术（IT）	4.37	*	*	*
房地产业	0.64	14.76	0.64	0.28
建筑业	1.08	3.30	1.01	5.11
电力/热力/燃气及水的生产和供应业	*	*	*	21.14
农/林/牧/渔业	1.09	29.80	3.76	4.36

数据来源：《2010 年度中国对外直接投资统计公报》。
注：* 表示该行业在该国家对外直接投资存量金额较少，无法统计。

表 4－7 为 2019 年美国、俄罗斯、欧盟、东盟区位熵指数计算结果，从表 4－7 可以看出，制造业、科学研究和技术服务业在美国较为突出，同时制造业、采矿业和科学研究和技术服务业在欧盟中也较为突出。采矿业表现出对俄罗斯的偏好，其 LQ 指数高达 6.38，农/林/牧/渔业和房地产业也表现出对俄罗斯的偏好。电力/热力/燃气及水的生产和供应业和农/林/牧/渔业在东盟中也较为突出，其 LQ 指数均在 5 以上。这些结果表明，知识密集型投资仍倾向发达经济体，但与 2009 年相比这种倾向已经减弱。资本和劳动密集型产业仍以发展中经济体为主，但逐渐向发达经济体过渡。

表 4－7　　2019 年美国、俄罗斯、欧盟、东盟区位熵指数

	美国	俄罗斯	欧盟	东盟
采矿业	0.92	6.38	1.98	0.88
电力/热力/燃气及水的生产和供应业	0.43	1.12	1.54	5.75
房地产业	1.37	2.63	0.38	0.41
建筑业	1.28	0.60	0.10	3.75
交通运输/仓储和邮政业	0.21	0.68	0.54	0.99
金融业	1.32	0.95	1.52	0.54
科学研究和技术服务业	2.07	0.22	1.55	0.53
农/林/牧/渔业	0.44	3.10	0.94	5.45
批发和零售业	0.56	0.18	0.42	1.21
制造业	2.72	0.60	3.61	2.66
租赁和商务服务业	0.36	0.31	0.36	0.51

数据来源：《2019 年度中国对外直接投资统计公报》。

四、国家间功能差异

利用中国贸促会开展的中国企业对外投资现状及意向调查的有关数据来解释中国跨国企业活动的动机（见图4－6）。在2010年受访参与境外投资的企业中，参与产品销售合作企业205家，资源合作企业62家，技术引进合作企业63家。共有60%的企业雇用的员工少于200人，其中2/3在国外投资少于500万美元。被调查的企业拥有相似的规模、员工的数量和投资量，这是目前吸引中国企业海外投资最多的三类类别。销售合作的巨大进步与中国企业海外分支机构的产业和功能构成一致，再次证明中资企业的海外投资主要是开拓海外市场。然而，资本股权合作赋予中国公司经营权，对他们来说不是一个有趣的选择。图4－6还显示了两个结构上的差异。资源开发合作方面，海外投资企业占22%，发达经济体比例仅占10%；在技术引进合作方面，在发展中经济体从事海外投资的企业占11%，发达经济体占21%，表明中国企业在发展中经济体投资中优先利用地方资源，在发达经济体投资中更注重引进先进技术。

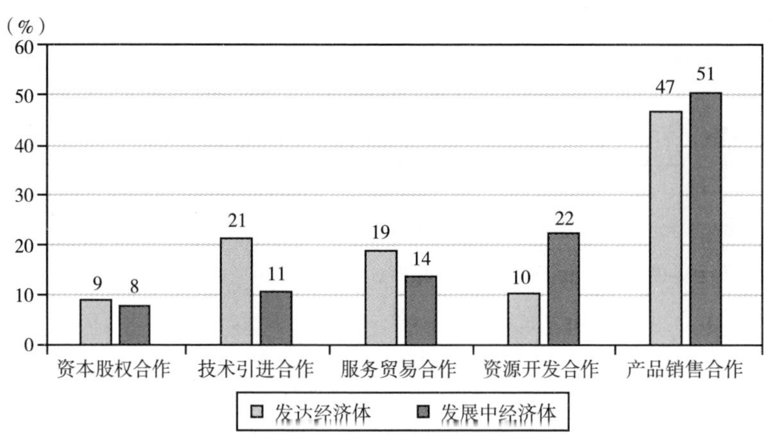

图4－6　中国对外直接投资对发达经济体和发展中经济体的动力结构

数据来源：2010年中国企业对外投资现状及意向调查。

表4－8列出了东道国影响海外投资的重要因素。市场潜力和自然资源整体上非常重要，其他因素因目的地地区的不同而异。其有两个因素，即获得先进技术和研发以及收购现有品牌，这是发达经济体被选为中国分公司的重要原

因。这些公司摆脱“中国制造”的负面形象。此外，获得低成本劳动力只是选择发展中经济体的一个重要因素。

表 4-8 东道国的重要拉动因素

	发达经济体	发展中经济体
重要因素	市场潜力	市场潜力
	获得先进技术和研发	获得自然资源
	收购知名品牌	获得低成本劳动力
	获得自然资源	
不相关	获得国际管理实践	获得成熟的劳动力资源
	规避运输成本和东道国优惠投资政策	获得先进技术和研发
		收购知名品牌

五、企业案例

此外，我们以三一重工为例进行案例研究，了解中国对外投资的过程和内在机制（见图 4-7）。三一重工成立于 1989 年，是中国最大的重型建筑设备制造商，在 2011 年的世界 500 强企业中排第 431 位。因为中国是重型建筑设备最大的市场，因此它的主要竞争对手大多都是中资企业和国外跨国公司在华子公司。虽然该公司自 2002 年以来就开始在国外进行跨国直接投资，但它的主要投资都是在近 5 年涌现的。因此它是研究中资跨国公司进行早期跨国投资的一个很好的案例（Si et al.，2013）。

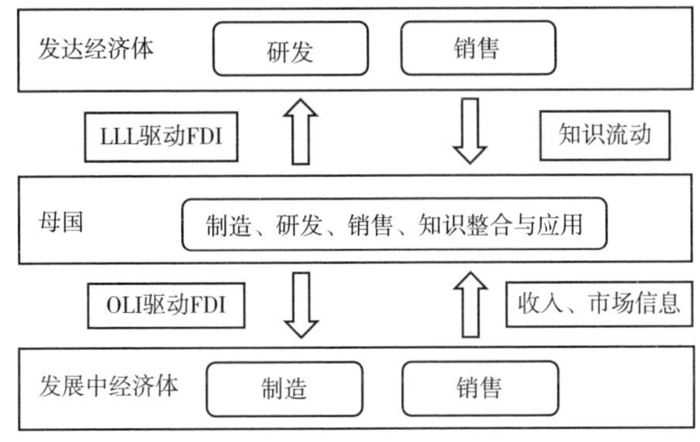

图 4-7 三一重工对外投资战略策略

案例研究所涉及的数据是通过多种途径收集的。就本章而言，部分数据来源于存档文件，如企业报告（包括网站）、出版的书籍、杂志等800页文档，提供了关于三一重工国际化过程相对比较完整的描绘，包括动机、区位选择和能力。同时，为了更加正式、直接地理解文章主要研究的问题，2011年4月到2012年2月，我们对三一重工德国公司副总经理和人事经理开展了9次面对面的访谈。具体包括：（1）一个公司为什么要进行外国直接投资；（2）公司的竞争优势来自哪里；（3）对于整个企业团体来说，国际化有什么益处。这些访谈是半结构化的，访谈时间在30分钟到2小时之间。这些访谈证实、补充或纠正了来自这些文件的信息，提供给我们一个比现有研究更好的基础（Child and Rodrigues，2005）。

研究发现，三一重工在三要素方面具有以下优势。

第一，能力优势：三一重工的主要市场仍然是国内，尽管它已经有意向进军国际市场。在国内市场上，它的优势主要来源于国内资源的优化，如低成本、接近快速成长的巨大市场和金融支持。它并没有遭受严重的金融问题，而它来自发达经济体的竞争对手则深陷于全球金融危机之中，如普茨迈斯特机械。在海外市场，它并没有技术和管理优势，这也是三一重工的首席执行官所承认的：

我们所拥有的就是中国大部分市场以及控制过高的生产成本。我们所缺乏是技术和国际管理经验，如全球金融管理。我们在制定金融预算以及与海外超过20家子公司之间保持资本流动方面仍然存在问题。

第二，区位优势：三一重工在全球建立了30个销售服务公司，大部分位于发展中经济体，因为这些地方会有更多的建设项目，并且与发达经济体相比，发展中经济体的竞争激烈程度要低一些。此外，三一重工在巴西和印度各有一个区域中心，开发适合于当地需求的产品，以及为主要客户提供相关应用解决方案，发挥生产、销售和服务功能，这些都是为了寻求补充性资源。自从2008年以来，三一重工已经开始热衷于寻求互补性资源，如在欧洲寻求技术和品牌。2012年，它兼并了普茨迈斯特机械，成为有史以来德中最大的一笔交易。三一重工德国公司副总经理解释了这两种外国直接投资的不同动机：

我们的产品在亚洲、南美和非洲非常畅销，因为它们与中国的市场非常相似。这些市场青睐三一重工的产品，是因为它的产品供货快，容易操作以及价格便宜。在德国市场，我们的产品不具备竞争力。我们正在寻求在国内市场无法获得的资源。首先就是技术和研发能力。有人说三一重工在德国的投资是疯狂的，这比在国内还要昂贵。但事实不是这样的。德国拥有重视人性化设计的最好的技术。它拥有高端市场需求、高产业标准和富有经验的工程师，而这些对于设计出高质量的产品是非常重要的。如果我们要设计相同质量的产品，那么在德国的成本要比在国内高。因此，我们在德国的投资是一种战略投资而不是一项简单的投资（开拓市场的投资）。德国拥有比较好的品牌声誉，“德国制造”听起来要比“中国制造”更好。最后，德国的商业环境也是吸引我们的重要方面。大企业只有在成熟的商业环境下才能成长，而国内的商业环境并不具备这一点。

第三，内部化优势：跨国投资，尤其是并购使三一重工内部的知识学习更加容易，这也节约了技术开发时间和成本。三一重工首席执行官认为用于收购普茨迈斯特机械的资金即使只是为了它的技术那也是值得的：

普茨迈斯特机械的技术要比三一重工领先 5 年。三一重工每年花费 17.5 亿元人民币用于研发，而兼并普茨迈斯特机械公司只花了我们 26 亿元人民币。这意味着只需要花我们两年的研发费用而获得 5 年的技术。兼并之后，我们比过去依靠外部模仿学习得更快。

三一重工正热衷于对不同区位的资源进行新的组合，以生产高质量、低成本的具有竞争力的产品。当谈及在德国的投资时，三一重工的梁先生指出：

如果我们能够将德国的品质和中国的成本优势结合起来，我们将在全球市场获得竞争优势。

这也同样被三一重工德国公司的副总经理所证实：

在三一重工内部，我们有一个“煮米饭理论”。煮米饭需要水、米。只要有一个锅，人们就可以煮饭。我们想要煮出最好的米饭；因此我们需要质量最好的材料，例如元件，来自国内的巨大市场需求，来自德国和日本的研发能力，以及将这些过程在我们公司内部实现。

总之，中国对外直接投资的基本模式和意图与三一重工有很大的相似性。追求市场是最重要的动力，销售办公室职能是中国公司重要的功能选择。这证明了在改进的 OLI 模型中，资产增加的重要性和知识在 LLL 模型中的关键作用被夸大了。资产开发仍然是中国海外业务的最重要原因，也许是因为中国产品在全球范围内具有成本优势。寻求效率在中国对发展中国家的投资中相对重要，寻求战略资产在中国对发达国家的投资中至关重要。这些就是为什么更多的研发行业和相关职能流向发达经济体，而制造业、建筑行业和相关职能流向发展中经济体的原因。这也证明了 LLL 模型中发达经济体是中国对外直接投资的重要目的地的原因。

第四节 结论与讨论

本章基于国家层面的数据和企业案例分析了中国对外投资区位选择的影响。结果表明，首先，不同维度邻近性之间呈正相关，但各邻近性彼此间相关程度不高。其次，不同维度邻近性与中国对外直接投资有着密切关联，然而不同邻近指标在影响中国的对外投资上有所差异。与中国对外投资自身的特殊性有关，地理邻近性并不必然影响中国的对外投资，特别是地理邻近中的空间物理邻近对投资区位的选择出现逆“地理邻近性”的特点；而经济邻近性通过市场、信息、技术联系等要素与中国的对外投资之间呈现更为显著的正相关；此外，制度邻近性和文化邻近性虽然与对外直接投资具有正相关关系，但是其影响作用并不显著。

深化了对中国对外投资影响因素的分析，发现了一系列中国与西方跨国公司对外投资行为影响因素的差异。总的来说，中国对外投资受制度和政府的影响更大，且不同的制度发挥的影响机制也有所不同。中国对“一带一路”沿线国家的投资主要是政府驱动型投资，制度因素作用明显，其投资主体可能主要是国有企业，其投资领域主要是基础设施和战略资源，其动机主要是消化过剩产能和增强对亚洲地区的地缘控制能力。而对亚投行国家的投资主要基于已有合作基础和共同盈利，因此是市场化和合作型投资，其投资主体更多的是企业和金融机构。对“一带一路”和亚投行框架之外国家的投资则基本完全以企业为主导，因此受生产要素和双边投资协议的影响更大，其动机主要是通过海外投资降低生产成本。当然，受数据限制，本章对制度因素的具体影响机制的分析很多基于推断，未来可以根据企业级数据做进一步确证。

第五章

中国对欧直接投资概况

近年来，中国与欧洲国家政治互信不断增强，为双边经贸合作创造了良好氛围。但随着欧盟及其部分成员国的外资审查政策收紧加严，中国对欧投资并购活动不确定性增加。2020 年，世界经济经历了 20 世纪 30 年代以来最严重的衰退，中国成为全球唯一保持正增长的主要经济体，持续释放对世界经济的拉动效应。中国对外投资有序发展，维护全球产业链、供应链安全顺畅运转，逐步形成对外开放新格局。中资跨国公司日益提高在全球配置资源的能力，参与国际经济合作和竞争新优势明显增强。

本章以中国制造业 500 强企业（2019 年排名）为研究对象，研究中国企业对欧洲投资的空间分布及影响因素。相对小公司而言，大公司无论是在跨国投资的时间跨度还是涉及的产业、地区都具有小公司不具备的优势，同时大公司的资金和实力使其更可能具有相对完整稳定的投资体系。因此，以大公司为研究对象，更可能发现中资跨国公司的投资规律，而且从成功案例分析所得的经验可能更具有实际意义。

从投资东道国上看，中国主要对“一带一路”沿线国家和地区进行投资，多属于南南投资（王丰龙和司月芳，2019）。然而，中国对美国和欧盟的投资总量虽少，却关乎中资跨国企业创新能力和全球话语权的提升，此类南北投资在中国对外投资中占有至关重要的战略地位。其中，欧洲作为全球最热门的投资地，不仅有相对发达的技术、管理和品牌，还有相对开放、友好的商业环境，对欧投资有利于提升中国企业在全球价值链中的地位。自 2003 年中国与欧盟全面战略伙伴关系确立以来，中国对欧盟的直接投资额逐年增加。从双边数据来看，自 21 世纪开始至今，我国对欧盟国家的直接投资规模扩大，与欧盟各国的国际间贸易合作也在一步步加深。在对欧盟投资发展的过程中，中资企业开始逐步了解欧盟地区产业、政策、人口等方面的特征及优势，快速开展了互补性的产业合作，越来越多的投资领域也在这一过程中被逐步开发，投资多元化发展明显。因此，中资跨国企业对欧投资意愿增强，越来越倾向于将欧洲作为首选投资目的地。随着中国对欧投资的发展，中资跨国企业不仅扩大对欧投资规模，同时也提升深度和广度。截至 2019 年年底，中国对欧洲 28 国直接投资存量已达 939.1 亿美元，占中国对发达经济体海外直接投资存量的 37.6%。

由于中国对外直接投资的迅速崛起和中资企业及制度等方面的特殊性，中国对外直接投资的区位选择一直受到海内外学者的重点关注。然而这些研究多关注东道国因素对中国对外直接投资区位选择的影响，只有部分学者考虑从制度关系视角探讨我国对外投资的区位选择（贺灿飞，2013），鲜有研究尝试深入探讨我国与东道国之间的制度、经济、文化等邻近性问题。因此，基于多维邻近性视角进行研究，可能为解释中资企业对外直接投资的空间布局及影响因素丰富分析思路。

第一节 研究数据和方法

一、指标选取

Ghemawat（2001）在美国对外直接投资的研究中采用了“文化—制度—地理—经济”的多维度框架模型，将邻近性效应划分为四个主要维度：文化邻近性、制度邻近性、地理邻近性以及经济邻近性，由于国内现存的运用多维邻近性理论对中资跨国企业对外投资区位选择的研究较少，故本章在参考国内学者对创新网络的多维邻近性研究的同时，引用 Ghemawat 教授在研究对外投资时的理念，构建本章对跨国企业对外投资的研究框架。实证模型中主要包括以下指标。

（1）地理邻近性。本章选用直线距离作为地理邻近性的指标，地理学第一定义认为距离相近的事物之间联系更强。但唐宜红（2009）等前人研究中也从中国双边直接投资流量的截面数据中发现，距离在双边直接投资中的摩擦阻碍作用呈现随时间推移逐步减弱的趋势，因此地理邻近性是多维邻近性模型中的主要维度之一，同时距离邻近性影响效果还有待实证研究和讨论。这一数据通过 Arcmap10.2 软件结合 Python 处理实现，使用的欧盟区域矢量数据源自欧盟统计局（Eurostat），距离在等距圆锥投影（Equidistant conic）下计算获得。

（2）经济邻近性。从前人的研究中我们可知东道国地区与总部所在地区的经济距离也是投资方在进行对外直接投资区位选择时考虑的重要因素，故本章在模型中加入了经济邻近性这一维度，选用引力模型为量化方法。由于模型中已存在距离指标，故经济邻近性由总部所在地与子公司所在地的 GDP 乘积代表。GDP 数据来源自各城市统计局、EUROSTAT，部分源自聚汇数据库。

（3）制度邻近性。制度差异及制度距离也是影响投资区位选择的重要因素，故制度邻近性也是研究中资跨国企业对欧投资区位选择中不可或缺的一部分。本章原本拟采用双边协定来衡量制度邻近性这一指标，但研究对象欧盟 28 国中 27 国都有签订双边协定，同时这一指标也无法向下精确到城市这一尺度，故无法成为本章研究的指标。公司所在城市的背景，即制度政策对投资行为有影响作用，相同的城市等级对企业而言意味着相近的运营环境，故本章最终采用母公司与子公司所在城市是否为同一等级这一指标来衡量制度邻近性。这里的同一等级是指中国城市是否为省会城市，欧洲 NUTS 2 区域是否是首都所在区域，若两者皆为是或否，则为同一等级，否则则不是同一等级城市，该数据来源于城市官网公报。

（4）文化邻近性。文化契合度、文化认同和归属感等因素也可能影响投资时的区位选择（綦建红和杨丽，2012；姚辉斌和张亚斌，2021），因此本章纳入文化邻近性这一维度，采用母公司城市与子公司城市是否为姐妹城市对其进行衡量。根据中国外交部网站的记录，建立姐妹城市关系的地区，文化建交频繁，存在投资、文化上的支持政策。这一数据源自城市官网公报。

除了本章选择的邻近性维度外，影响跨国投资区位选择的因素还有很多，因此本章加入了其他变量来控制回归结果。这种控制变量包括子公司地区市场规模 GDP、自然资源、高新技术及研发水平、生产、人力成本等方面。除子公司地区的专利数据来自 PATSTAT 外，其他数据均源自 EUROSTAT。所有指标的界定和数据来源如表 5－1 所示。

表 5－1　　指标与数据来源

变量		含义	数据来源
因变量	投资子公司数量	母公司某年在该地区投资的子公司数量	Orbis 数据库
多维邻近性变量	经济邻近性	引力模型	Eurostat 统计局，汇聚数据，各市统计局官网
	制度邻近性	子公司母公司所在城市是否为同一等级（capital/省会）	Eurostat 统计局
	文化邻近性	子公司母公司所在城市是否为姐妹城市	城市官网公报
	地理邻近性	子公司母公司所在城市中心直线距离	Eurostat 统计局，利用 arcgis 算出
控制变量	子公司地区劳动力成本	该区域平均薪资	Eurostat 统计局
	子公司地区自然资源	从事资源行业的员工数	Eurostat 统计局
	子公司地区高新技术及研发水平	子公司地区专利数	PATSTAT
	子公司地区经济/市场水平	子公司地区 GDP	Eurostat 统计局
	时间	年份	/

二、数据来源

本章主要从 BVD－ORBIS 全球企业数据库检索中国制造业 500 强企业对欧投资的情况，如投资子公司所在地、投资年份等信息。BVD－ORBIS 数据库是包含中国 6800 万家企业的大型企业数据库，包括企业各分支机构所在国家、所在城市、所在行业、产品类别、雇员人数、企业资产规模和企业盈利状况。根据研究目的并结合考虑数据的可得性，本章收集了 2000～2019 年中国制造业 500 强企业对欧盟 NUTS 2 区域尺度的投资情况。NUTS 是欧盟空间规划的基本地域单元，是欧盟空间规划中区域社会经济状况分析和区域政策制定的基础（刘慧等，2008）。NUTS 的划分依据主要包括以下几方面：（1）以行政单元为基础；（2）考虑功能区域单元；（3）以人口规模为主导划分单元（蔡玉梅等，2015）。NUTS 共分为三级：第一，将所有成员国按照 NUTS 1 进行划分；第二，将 NUTS 1 细分为 NUTS 2；第三，将 NUTS 2 细分为 NUTS 3。因为 NUTS 2 区域往往与欧盟的区域发展基金（凝聚力政策）目标的行政区域一致，所以本章选取这一尺度作为研究尺度。

原始数据的处理步骤（见图 5－1）如下：首先，从 BVD－ORBIS 全球企业数据库检索有投资欧洲 28 国记录的中国制造企业名单（即中资跨国公司）。其次，在该数据库逐一搜索中国制造企业在欧洲 28 国投资的子公司情况。参考 Wall 等（2011）的做法，在搜索过程中将子公司的层级限定在 4 级内。获取所有子公司数据后，将中国制造企业拥有 50% 或以上股权、2000 年以后新建或并购的、位于欧洲 28 国的子公司筛选出来，并剔除不含地址信息的子公司，所获子公司信息为在欧中资企业情况。最后，将在欧中资企业的地址信息与 NUTS 2 区域匹配。

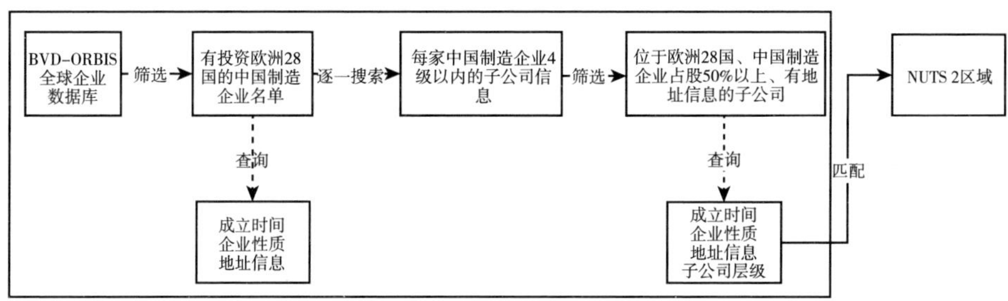

图 5－1　原始数据处理过程

三、研究方法

本章主要研究多维邻近性对中国制造业 500 强（2019 年排名）企业对欧盟 2000～2019 年投资区位的影响。面板数据的分析过程通常包括随机效应、固定效应以及空间面板模型等统计模型。由于本章中地理邻近性采用的距离数据是不随时间变化的变量，因此固定效应模型不适用，而使用随机效应模型又会导致所得结果稳定性较差，故本章采用考虑时间固定效应的面板回归模型。由于中国企业对外直接投资存在选择性行为，即模型中因变量 Y_{cit} 的数值是缺失的（Censored），代表投资行为未发生的零变量也需要考虑，选用常规的回归模式零变量会被模型剔除，因此使用 Tobit 面板回归模型较为合适。研究所使用的模型界定如下：

$$Y_{cit} = \alpha_t + \beta_1 \times P_{cit} + \beta_2 \times Z_{cit} + \varepsilon_{cit} \tag{5-1}$$

其中，Y_{cit} 为因变量，代表 t 年当年内中国国内城市 c 中资企业对欧盟 i

NUTS 2 区域投资的子公司数量；P_{cit}为国内 c 城市和欧盟 i NUTS 2 区域第 t 年与的邻近性变量；Z_{cit}为模型中的控制变量；α_t 为时间固定效应；β_1、β_2 分别为邻近性变量及控制变量的系数；ε_{cit}为随机误差项。

第二节 历史发展阶段

中国对外直接投资于1999 年“走出去”发展战略实施以后正式起步，因此，本章将回顾2000 年以来中国对欧洲投资的发展历程。截至 2019 年 12 月 31 日，共有 2068 家在欧中资企业，本章将从所有制结构、来源地分布、功能类别和行业从属四个维度分别分析在欧中资企业的特征。

经贸关系是影响中欧关系发展的基础和最重要推动力。然而，与中欧贸易的发展情况和欧洲 28 国对中国投资的发展情况相比，中国对欧洲 28 国投资发展较为缓慢和曲折。为了进一步理清中国对欧洲 28 国投资的发展情况，本章根据中欧投资关系的发展和中国对外投资政策的转变特征将 2000 ~2019 年中国对欧洲投资发展历程大致分为探索阶段、增长阶段、波动阶段、放缓阶段四个阶段（见图 5 -2）。

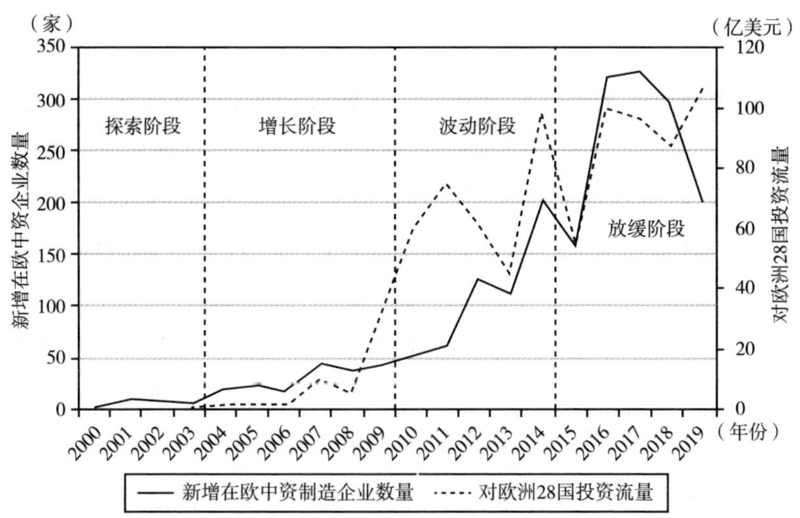

图 5 -2　2000 ~2019 年新增在欧中资企业数量和中国对欧洲 28 国直接投资流量

数据来源：《中国对外直接投资公报》（2003 ~2020 年）和 BVD - ORBIS 全球企业数据库。

一、探索阶段（2000～2005年）

2000～2005年，中欧经贸关系的发展日趋制度化，由于中国整体经济实力较弱，外加中国政府对对外直接投资的限制，因此中资跨国公司对欧洲28国投资能力较弱，中国对欧洲28国投资流量和新增在欧中资企业数量都少。

在中欧经贸关系发展上，中欧经贸关系步入健康、稳定的发展阶段，发展日趋制度化。2000年，中国加入世界贸易组织，欧盟与中国就中国加入世界贸易组织达成双边协议。2001年，欧盟委员会发布《欧盟对华战略》，同年，中国与欧盟建立全面伙伴关系。2003年，中欧关系进一步发展，9月欧盟委员会发布《走向成熟的伙伴关系》，这份文件明确表示支持中国和欧盟进一步发展经济和贸易关系，提出欧盟应当成为“中国最大的贸易和投资伙伴”的战略目标；这份文件还指出，双方加强投资对话，推动建立双边投资促进机构，积极引导双方企业相互投资。为积极回应欧盟制定的一系列对话政策文件，10月中国政府发布第一份针对欧盟的对外政策文件《中国对欧盟的政策文件》①。2003年底，中欧正式建立“中欧全面战略伙伴关系”。2004年完成史上最大规模的一次扩张后，欧盟取代美国和日本成为中国最大的贸易伙伴，与此同时，中国也成为欧盟增长最快的产品出口市场和原材料进口来源地。然而，本阶段中国对欧盟的投资步伐仍较为缓慢。

在中国对外投资政策上，中国政府在21世纪初对对外直接投资仍持较为保守的态度，在管理上实行较为严格的审批制，投资项目要经过商务管理部门对经济效益的评估审批后才能通过。直至2003年，为了鼓励企业从事对外直接投资，中国对外直接投资管理才开始放宽，逐渐由审批制转变为核准制。2003年5月，商务部发布《关于做好境外投资审批试点工作有关问题的通知》，提出开展下放境外投资审批权限、简化审批手续的改革试点，并率先在北京等12个省市试点。2004年8月至10月，国务院、国家发展改革委、商务部也相继发布一系列改革文件，着手简化投资管理。

伴随着中欧关系的进一步发展和中国对外投资政策的转变，2004年以后中国制造企业对欧洲投资数量稍有增长。然而这一阶段中国整体经济实力较

① 参考资料：《中国对外关系（1978～2018年）》。

弱，中资跨国公司对欧洲28国直接投资能力也较弱，中国对欧投资流量也较小。这一阶段，除华为、中兴、联想、TCL等少数几家中国制造企业在欧洲28国投资了较多子公司外，大部分中国制造企业在欧洲仅投资了一家子公司。大部分公司以绿地投资的方式进入欧洲市场，如2000年华为在瑞典首都斯德哥尔摩设立研发中心；中兴在2001年进入英国市场，注册子公司。另外，也有一些中国制造企业通过收购的方式快速进入欧洲市场，较为引人注目的中国制造企业是TCL。2002年TCL以820万欧元收购施耐德电器（Scheider Electronic AG）；2004年TCL加盟法国汤姆逊公司（Thomson Co），并成立了TCL-汤姆逊电子有限公司（TTE）；同年，TCL还与法国电信公司阿尔卡特（Alcatel）合作，在新成立的移动手持设备合资企业（TAMP）中持有多数股份。通过收购及合资成立新公司的方式，TCL获得了法国多家公司的客户网络、知识产权、固定资产、研发专业人才以及经验丰富的销售与营销管理团队，从而加快了其国际化进程。

二、增长阶段（2006~2011年）

2006~2011年，伴随着中国经济的高速发展，外加欧盟委员会对中欧经贸关系的关切和重视以及中国政府对对外直接投资的鼓励态度，中国对欧洲28国投资流量和在欧中资企业数量较上一阶段有明显增长。

在中欧经贸关系发展上，虽然随着中国经济的崛起，中欧双方关系出现一些问题，但是在共同抵御世界金融危机的过程中，中欧关系开始回暖，中欧经贸关系总体上呈现良好发展的态势。2006年10月，欧盟委员会通过发布文件《中国—欧洲更紧密的伙伴，更多的责任》并发表对华贸易战略文件《竞争与伙伴关系：欧盟—中国贸易和投资政策》，认为随着中国国际地位的提高，中欧之间的伙伴关系需要进一步“深入”，中国需要承担义务，但与此同时还认为中国对欧盟对外贸易政策而言是一个重大的挑战[①]。2008年全球金融危机爆发，中欧双方的经济发展都受到金融危机的波及，但欧洲受金融危机影响更大，以致出现欧债危机。2008年4月，中欧经贸高层对话机制建立，这一对话机制是中国和欧盟委员会在经贸领域最高级别的定期磋商机制，旨在

① 参考资料：《欧洲发展报告》（2008~2009年）。

讨论中欧贸易、投资和经济合作战略，协调双方在重点领域的项目与研究并制订规划，自此，每年举行一次中欧经贸高层对话。同年10月欧盟政要访华期间发表专题演讲，表现出积极的姿态，肯定了中国对世界经济活动的关键性作用①。然而，与此同时，欧洲议会在人权等问题上不断干扰中国内政，造成双方关系的动荡。2010年是中欧建交35周年，借此契机，中欧双方通过多次高层对话，推动战略合作，并取得了稳定的发展②。2010年5月中葡签署设立“葡萄牙—中国经贸合作区”合作文本，标志着中欧经贸合作迈上新的台阶③。

在中国对外投资政策上，中国政府鼓励中国企业对外投资。2006年7月，国家发展改革委、商务部会同有关部门发布了《境外投资产业指导政策》和《境外投资产业指导目录》，明确规定了境外投资的鼓励类项目和禁止类项目，对鼓励类项目给予更大的政策支持。2009年3月，商务部发布《境外投资管理办法》，该办法在进一步确认核准制的基础上完善了核准方式，细化了核准的具体措施，简化了企业对外直接投资的手续，增加了企业进行对外直接投资的意愿，推动了企业对外直接投资项目的快速增长。2010年10月，国务院发布《关于加快培育和发展战略性新兴产业的决定》，明确了节能环保、新兴信息产业、生物产业、新能源、新能源汽车、高端装备制造业和新材料七大战略新兴行业，并表明大力支持相关企业跨国经营。2011年3月，中国政府发布《“十二五”规划纲要》，明确指出中国应提高对外开放水平，适应由出口和吸收外资为主转向进口和出口、吸收外资和对外投资并重的新形势，实行更加积极主动的开放战略。

中国政府对对外直接投资的鼓励态度和欧盟委员会对中欧经贸关系的关切和重视促使中资跨国制造企业在2007年以后对欧洲28国新增投资的子公司数量较上一阶段有明显增长。中国对欧洲28国的投资流量从2006年的1.29亿美元增长至2011年的74.71亿美元，在欧中资企业从2006年的16家增长至2011年的61家。其中，较大的并购事件有2007年中集集团间接收购荷兰的博格工业公司80%权益的交易和2010年吉利收购瑞典沃尔沃。

---

① 参考资料：《欧洲发展报告》（2009～2010年）。

② 参考资料：《欧洲发展报告》（2010～2011年）。

③ 参考资料：《欧洲发展报告》（2010～2011年）。

三、波动阶段（2012～2016年）

虽然这一阶段欧洲政府表明欢迎中国投资态度及中国政府对外投资政策明显利好，但受欧洲债务危机和中国企业对外投资策略调整影响，中国对欧洲28国投资的总体表现为波动增长。

在中欧经贸关系发展上，中欧双方进一步扩大合作和共同发展。欧洲经济受到债务危机困扰，自2008年世界金融危机后一直复苏乏力，投资乏力是主要原因①。中国对欧洲的投资有利于缓解欧洲企业因欧洲债务危机造成的资金困难，促进当地就业和经济发展，受到欧洲政府的欢迎和肯定。2012年4月，中国—中东欧国家合作（“16+1合作”）正式启动。2013年11月，中国与欧盟共同制定《中欧合作2020战略规划》，为中国企业在欧盟的发展明确了贸易与投资、工业与信息化机制等内容。2014年4月，中国政府发布第二个《中国对欧盟的政策文件》，积极推动中欧投资协定谈判，促进双向投资增长，并倡议尽早启动中欧自由贸易区联合可行性研究。2015年中欧通过高层交往进一步明确双方关系定位，增强互信，提升中欧相互理解程度②。2016年6月，欧盟委员会向欧洲理事会和欧洲议会提交了两份对外战略报告：一份是欧盟外交与安全政策的全球战略，即《共同愿景，共同行动：一个更强大的欧洲》，报告认为，当今世界是欧、美、中并立的格局，欧盟对华决策应当充分考虑欧盟与美国和其他伙伴的紧密关系等；另一份为《欧盟对华新战略要素》，旨在进一步深化欧盟同中国的关系，挖掘中欧在经贸、外交与安全及国际事务等方面的潜力，指导欧中关系未来5年的发展。这两份战略报告将对欧盟未来外交政策和对华政策产生纲领性的指导作用③。与此同时，欧洲债务危机的加深和中国对欧投资力度的加大在欧洲引发中国到底是“拯救欧元”还是“争夺欧洲”的争议④。

在中国对外直接投资政策上，中国政府为鼓励中国企业加大对外投资力度，进一步放宽对外直接投资的管理。2013年9月和10月，中国国家主席习

---

① 参考资料：《欧洲发展报告》（2015～2016年）。

② 参考资料：《欧洲发展报告》（2015～2016年）。

③ 参考资料：《欧洲发展报告》（2016～2017年）。

④ 参考资料：《争夺欧洲》，欧洲对外关系委员会，2016年10月。

近平提出“一带一路”倡议，这一倡议旨在推动沿线各国共同打造开放、包容、均衡、普惠的区域经济合作架构，同时也为中国企业深入推进“引进来、走出去”战略提供了大量机会。2014 年 4 月，国家发展改革委发布《境外投资项目核准和备案管理办法》，商务部更新《境外投资管理办法》，进一步放宽对中国企业对外直接投资的限制，鼓励中国企业“走出去”。自此，中国政府开始采用备案制管理对外直接投资。

虽然欧洲政府表明欢迎中国投资及中国政府对外投资政策明显利好，但从中国对欧洲 28 国投资流量和新增在欧中资企业数量看，此阶段中国对欧投资呈波动增长趋势。这一阶段有两个明显的下降节点，其中一个节点是 2013 年，究其原因，欧洲债务危机发生以后直接影响了欧洲各国的经济发展指数，尤其是 2012 年欧洲各国的制造业都陷于停滞或衰退状态，因此中国制造业投资者根据前一年（2012 年）的状况做出较为保守的投资计划。另一个节点是 2015 年，这是因为这一阶段部分中国境外企业在海外调整其区域总部[①]。

四、放缓阶段（2017 年至今）

2017 年以后，受欧洲各国完善投资监管机制和中国加大对外直接投资监管力度等因素影响，中国对欧洲 28 国的直接投资有所放缓。

在中欧经贸往来发展过程中，中欧全面战略伙伴关系更加成熟，中欧经贸关系进一步深化，但同时也面临“一带一路”危险论、保护主义加剧等不利于投资发展的问题。2017 年中欧之间高层互访频繁，保持和加强战略沟通，中欧全面战略伙伴关系更加成熟，但与此同时，欧方仍然担忧未来中欧竞争力的差距。2017 年 3 月中国欧盟商会就“中国制造 2025”发布报告，批评了中国的产业政策，并称其将引发欧洲保护主义的反弹[②]。2017 年 9 月，欧盟委员会颁布了《有关外国投资者对欧盟直接投资的法规草案》（下称《法规草案》），《法规草案》明确确立了外商直接投资审查框架。根据该框架，欧盟成员国可选择基于安全或公共秩序等各种原因对外商直接投资进行审查，而且

① 参考资料：《2015 年中国对外直接投资流量跃居世界第二》https：//www. sohu. com/a/114909563_157514.

② 《欧洲发展报告：法、德大选与欧洲一体化的走向》（2017～2018 年）。

《法规草案》的适用范围不仅限于取得控制权的外商投资，还包括更广泛意义上的外商投资。根据《法规草案》，对于“关乎欧盟利益”的投资，欧盟委员会都有权审查并发表意见。欧洲政府以维护本国安全为由加大了对外国企业的投资审批难度，同时对高技术行业以及资源行业的投资实行更加严格的限制性措施。2018 年 12 月，中国政府发布第三个《中国对欧盟的政策文件》，旨在推动中欧关系取得更大发展。2020 年 12 月，《中欧全面投资协定》签订，这一协定有助于促进中欧经济发展，为区域合作、全球化发展与经济复苏提供更强动力。

在中国对外直接投资政策上，中国对外直接投资备案制管理方式变得更加规范，中国监管部门注意到中国对外投资出现并购泡沫化和资本投机性外流等异常动态。为引导中国企业理性对外直接投资，保证对外直接投资的可持续发展，中国于 2016 年末加强了对外投资的监管。中国外汇管理局于 2017 年 1 月发布了《进一步推进外汇管理改革完善真实合规性审核的通知》，强调要加强境外直接投资真实性、合规性审核。

在欧洲加大外资投资审查力度、我国加紧对外资流出的监管大背景下，中国对欧洲 28 国投资流量和新增在欧中资企业数量自 2017 年开始有所减少，但随着中欧投资关系的深化，未来中国制造企业可能在欧洲市场投资更多子公司，其全球化布局也将更加完善。

第三节 在欧中资企业特征

一、企业所有制结构：以民营企业为主

从企业所有制结构来看，如图 5 - 3 所示，在欧中资企业以民营企业为主，共有 1456 家，占比 70.4%，国有企业有 612 家，占比 29.6%。与国有企业相比，民营企业在体制机制上更加市场化，能够更灵活、高效地进行海外投资。随着中国对外开放的进一步深化和民营企业整体实力的增强，民营企业出于提升品牌、开拓海外市场、获取高新技术等各种动机，已陆续走出国门开展跨国经营，目前已经成为中国对欧洲 28 国直接投资中的生力军。此外，民营企业

比国有企业“走出去”的数量更多还在于相比于民营企业，国有企业因国有企业身份在外国投资时遭受更加严格的审查和在日常经营中面临更加严格的监管[①]。

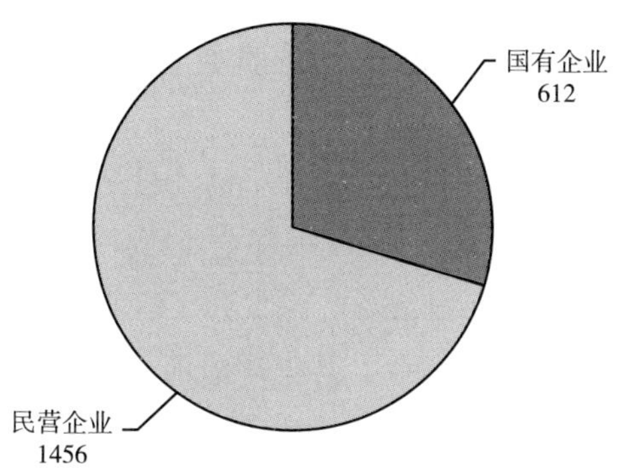

图5－3　不同所有制在欧中资企业及数量分布

数据来源：BVD－ORBIS全球企业数据库。

现阶段对欧投资规模较大的国有企业有中国化工集团有限公司、中国国际海运集装箱（集团）股份有限公司、中兴通讯股份有限公司等，对欧投资规模较大的民营企业有联想集团有限公司、浙江正泰新能源开发有限公司、宁波均胜电子股份有限公司、华为技术有限公司等。

二、企业来源地分布：以东部沿海城市为主

本章根据《中共中央、国务院关于促进中部地区崛起的若干意见》《国务院发布关于西部大开发若干政策措施的实施意见》以及党的十六大报告的精神中四大经济区域的划分，将在欧中资研发中心的来源地分为东部地区、中部地区、西部地区和东北地区。从来源地看，在欧中资企业主要来自上海（248家，占比11.99%）、北京（209家，占比10.11%）、深圳（204家，占比9.86%）、杭州（118家，占比5.71%）、苏州（113家，占比5.46%）和宁波（106家，占比5.12%）等经济、科技发达的东部沿海大城市，而较少来自中部、西部、东北城市。究其原因，东部沿海城市经济发展水平较高，规模较

① 参考资料：中国贸促会研究院《欧盟营商环境报告（2019～2020年）》。

大、经济实力较雄厚、投资能力较强的中资跨国公司集中分布在上海、北京等城市，根据投资发展阶段理论，东部沿海城市的企业具备了基本条件和实力，同时东部沿海城市开放的商业环境更有利于企业对外直接投资。

三、企业功能类别：以市场开拓和销售服务业务为主

本章依据《所有经济活动的国际标准行业分类》（2006 年，修订第四版，ISIC Rev. 4）的四位数行业标准对在欧中资企业行业进行分类。在欧中资企业除涉及制造业外，还涉及包括金融业、批发和零售业、科学研究和技术服务业等行业，共计涉及 223 个具体行业。其中排名前 10 位的具体行业是控股公司的活动（160 家）、电力的生产、输送和分配（126 家）、其他家庭用品的批发（109 家）、其他机械和设备的批发（88 家）、汽车及其发动机零件和附件的制造（75 家）、建筑和工程活动及相关技术咨询（72 家）、总公司的活动（68 家）、自然科学和工程学的研究及试验发展（59 家）、电子和电信设备与零件的批发（57 家）、未另分类的其他商务辅助服务活动（52 家）。这一数据表明，在欧中资企业主要承担中资跨国公司在欧洲市场的市场开拓和销售服务业务，这种投资行业布局也在一定程度上解释了为何现阶段中低和中高技术产业的产业升级不受中资跨国公司的对外直接投资逆向技术溢出的影响，而高技术产业的产业升级却受负向影响（刘雪娇，2017）。如果中资跨国公司想通过对外直接投资获得逆向技术溢出，实现产业升级，需要对其投资的行业进行适当调整。

四、企业行业从属：以中高端制造业为主

尽管在欧中资企业在欧洲市场主要承担市场开拓和销售服务业务，但从具体行业类别看，在欧中资企业母公司以中高端制造业为主。其中，在欧中资企业母公司共涉及 86 个具体行业。本章按照欧盟统计局关于高技术行业的分类标准将 86 个行业划分为高技术制造业、中高技术制造业、中低技术制造业和低技术制造（具体行业代码和行业分类见附录中附表 3）。其中，高技术制造业包括 7 个行业，中高技术制造业包括 35 个行业，中低技术制造业包括 16 个行业，低技术制造业包括 28 个行业。如图 5 - 4 所示，在欧中资企业母公司集

中分布在中高技术制造业和高技术制造业领域。这一数据反映随着我国产业的升级，制造业企业为响应国家的制造业强国战略与“走出去”战略，积极奔赴欧洲投资，试图通过对外直接投资获得技术的“逆向溢出”，从而实现价值链升级。

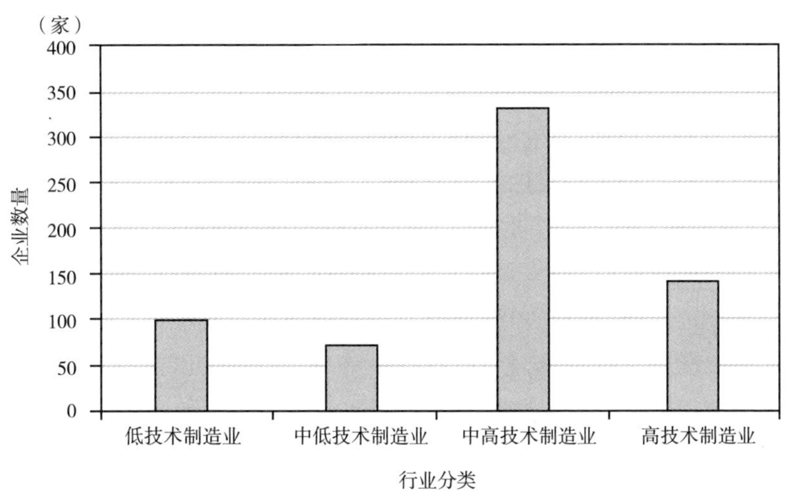

图 5－4　在欧中资企业母公司行业分类及数量分布

数据来源：BVD－ORBIS 全球企业数据库。

第四节

在欧中资企业的空间分布

截至 2019 年底，中国在欧洲地区投资存量为 1143.8 亿美元，占中国对外直接投资存量的 5.2%，主要分布在荷兰、英国、德国、卢森堡、俄罗斯、瑞典、法国、瑞士、意大利、挪威等国家。其中，对中东欧 16 国投资存量为 22.7 亿美元，占对欧洲投资存量的 2%。

从投资流量看，2019 年，中国对欧洲地区投资流量在 10 亿美元以上的国家有 4 个，分别是荷兰（38.9 亿美元）、瑞典（19.2 亿美元）、德国（14.6 亿美元）、英国（11.0 亿美元）。从空间分布来看，投资流量前 10 名在西欧、北欧、东欧、南欧、中欧均有分布，但对中欧和西欧国家的直接投资相较于欧洲其他地区而言更为集中（见图 5－5）。

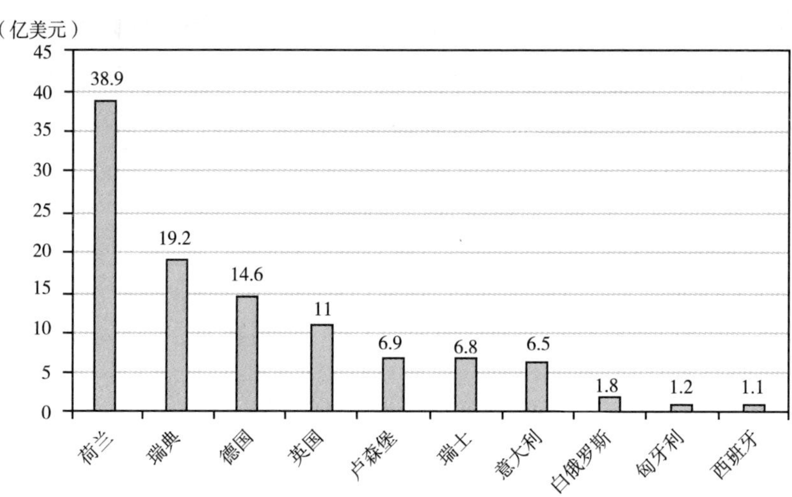

图 5－5　2019 年中国对欧投资流量前 10 位国家

数据来源：《2019 年度中国对外直接投资统计公报》。

截至 2019 年底，中国企业在欧洲 43 个国家和地区设立了境外企业，覆盖率达 87.8%，仅次于亚洲。在欧洲设立的境外企业超过 4800 家，占境外企业总数的 11%，主要分布在德国、俄罗斯、英国、荷兰、法国、意大利、西班牙、白俄罗斯等国家（见图 5－6）。

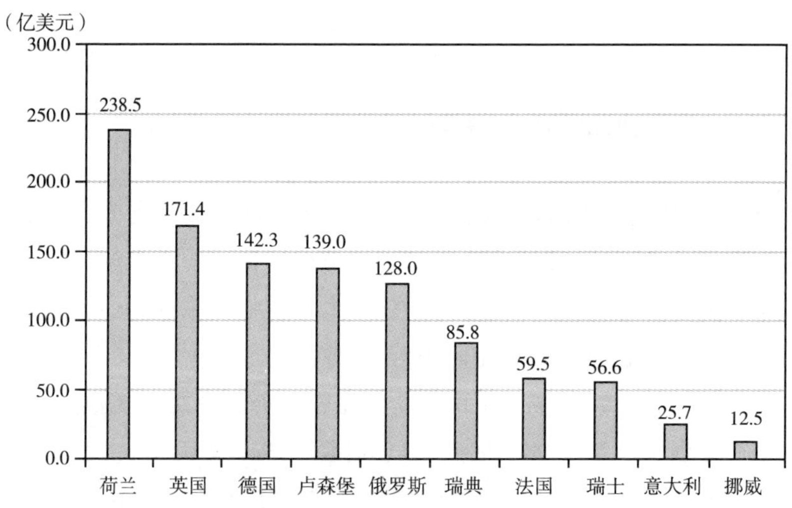

图 5－6　2019 年末中国对欧投资存量前 10 位国家

数据来源：《2019 年度中国对外直接投资统计公报》。

一、中资制造业企业对欧投资的空间分布

从 BVD - ORBIS 全球企业数据库检索的数据来看，94 家中国制造业 500 强企业一共在欧盟投资了 348 家子公司，遍布欧盟 26 个国家，共计涉及 99 个 NUTS 2 区域。中国制造业 500 强企业在欧盟各国子公司分布情况如表 5 - 2 所示。不难发现，中国制造业 500 强企业对欧盟的投资主要集中在欧洲蓝香蕉地带的 NUTS 2 区域，如德国的达姆斯塔特行政区（DE71）、杜塞尔多夫行政区（DEA1 区域）、卢森堡（LU00 区域）、意大利的伦巴第大区（ITC4 区域）、荷兰的南荷兰省（NL33 区域）等地理位置优越、经济实力雄厚、创新能力强、制造业发达的区域。蓝香蕉地带，又名欧洲大都市带或欧洲的骨干，指欧洲中西部人口较为密集的地带，占欧洲总人口的 1/7 以上。这一地带包括欧洲甚至世界人口、金钱或工业最集中的地区。从国家尺度（见表 5 - 3）看，中国制造业 500 强企业对欧盟投资子公司数量排名前六的国家依次是德国（80 家）、英国（55 家）、荷兰（40 家）、意大利（30 家）、卢森堡（24 家）、法国（18 家）。德国是欧洲最大经济体，其高度发达的工业、开放的商业环境和稳定的投资环境吸引了大量中国企业的投资，以宝钢、鞍钢等钢铁企业和潍柴动力、中联重科等机械设备制造企业为主的国有企业与华为、三一重工等知名民企均在德国建立区域总部，协调其欧洲的经济活动。卢森堡虽然经济体量小，但因其特殊的地理位置和政策优势成为中资企业在欧投资的重要节点，企业数量排名第 5 位。根据图表中的信息可以推断，中国制造业 500 强企业在对欧盟进行投资时不只是考虑到地理邻近性（距离）的影响，同时也会兼顾其他维度的邻近性的影响。在投资分布上，中国企业在西欧国家的投资明显多于在中东欧各国的投资，尤其是德国、英国的子公司数量远远超过中东欧国家的子公司数量。由此可以看出，国家的经济水平、制度水平都有可能影响中国企业对外投资时的区位选择，因此值得进一步讨论分析。

表 5 - 2　中国制造业 500 强对欧盟 NUTS 2 区域投资的子公司数量（按数量排序）

区域名称（代码）	子公司数量	区域名称（代码）	子公司数量
达姆施塔特行政区（DE71）	24	内伦敦东部（UKI4）	8
卢森堡（LU00）	24	维也纳（AT13）	6

续表

区域名称（代码）	子公司数量	区域名称（代码）	子公司数量
伦巴第大区（ITC4）	17	布拉格（CZ01）	6
杜塞尔多夫行政区（DEA1）	15	上巴伐利亚行政区（DE21）	6
南荷兰省（NL33）	14	下弗兰肯行政区（DE26）	6
北荷兰省（NL32）	12	苏格兰东部（UKM7）	6
马德里自治区（ES30）	11	布鲁塞尔（BE10）	5
法兰西岛大区（FR10）	11	爱尔兰东部和中部（IE06）	5
内伦敦西部（UKI3）	11	艾米利亚－罗马涅大区（ITH5）	5
华沙省（PL91）	9	赫里福德郡、伍斯特郡与瓦立克郡（UKG1）	5

数据来源：BVD－ORBIS 全球企业数据库。

表 5－3　　　　欧盟各国子公司数量（按数量排序）

国家（国家代码）	子公司数量（个）	国家（国家代码）	子公司数量（个）
德国（DE）	80	丹麦（DK）	5
英国（UK）	55	匈牙利（HU）	4
荷兰（NL）	40	爱尔兰（IE）	4
意大利（IT）	30	斯洛伐克（SK）	4
卢森堡（LU）	24	保加利亚（BG）	3
法国（FR）	18	葡萄牙（PT）	3
西班牙（ES）	16	塞浦路斯（CY）	2
奥地利（AT）	12	希腊（EL）	2
比利时（BE）	9	克罗地亚（HR）	2
波兰（PL）	8	拉脱维亚（LV）	2
瑞典（SE）	8	芬兰（FI）	1
捷克（CZ）	7	立陶宛（LT）	1
罗马尼亚（RO）	7	斯洛文尼亚（SI）	1
总计			348

数据来源：BVD－ORBIS 全球企业数据库。

二、企业总部在华空间分布

由 BVD－ORBIS 全球企业数据库可知，中国制造业 500 强企业中有对欧盟投资的企业共有 94 家，其公司总部所在地级市的分布情况如表 5－4 所示。对欧盟投资的中国制造业500强公司总部主要分布在长三角地区、珠三角地区以及京津冀等区域。其中，总部数量排名前5位的城市分别是北京（9家）、杭州（9家）、深圳（7家）、上海（6家）、宁波（4家）。这些城市均是我国经济、科技发达的东部沿海大城市，中国石油化工集团有限公司（北京）、中国化工集团有限公司（北京）、浙江吉利控股集团有限公司（杭州）、浙江荣盛控股集团有限公司（杭州）、华为投资控股有限公司（深圳）、比亚迪股份有限公司（深圳）、上海汽车集团股份有限公司（上海）、宝山钢铁股份有限公司（上海）、宁波金田投资控股有限公司（宁波）等规模大、经济实力雄厚、投资能力强的公司总部均位于这些城市，城市的开放商业环境也进一步促进了企业的对欧投资。

表5-4　对欧投资的制造业500强企业（2019年排名）总部分布城市

总部数量	城市
大于5家	北京、杭州、深圳、上海
大于1家	宁波、绍兴、青岛、温州、福州、马鞍山、苏州、潍坊、西安、香港、烟台、长沙、重庆
1家	鞍山、保定、本溪、成都、东莞、佛山、广州、合肥、呼和浩特、惠州、济南、嘉兴、焦作、聊城、洛阳、绵阳、南昌、沈阳、泰州、武汉、徐州、宣州、宜昌、玉林、红河州、镇江、郑州、珠海、遵义

数据来源：BVD-ORBIS全球企业数据库。

三、来源地-投资地分析

为了进一步分析中国制造业500强企业总部所在城市与欧盟子公司所在NUTS 2区域的联系，本章绘制了来源地—投资地桑基图（见图5-7）。不难发现，从城市层面看，中国对欧直接投资的资金来源地主要是深圳、香港、杭州、上海、北京等经济实力强的中国城市，被投资的欧洲NUTS 2区域主要是德国的达姆斯塔特行政区（DE71）、杜塞尔多夫行政区（DEA1区域）、卢森堡（LU00区域）、意大利的伦巴第大区（ITC4区域）、荷兰的南荷兰省（NL33区域）等地理位置优越、经济实力雄厚、创新能力强、制造业发达的区域。另外，中国城市对欧盟各区域的投资较为分散。其中，深圳投资的欧盟NUTS 2区域数量最多，高达42个NUTS 2区域。然而除深圳、香港、杭州、上海、北京等经济实力强的中国城市投资了多个欧盟NUTS 2区域外，大部分中国城市仅投资了一个或两个欧盟NUTS 2区域。

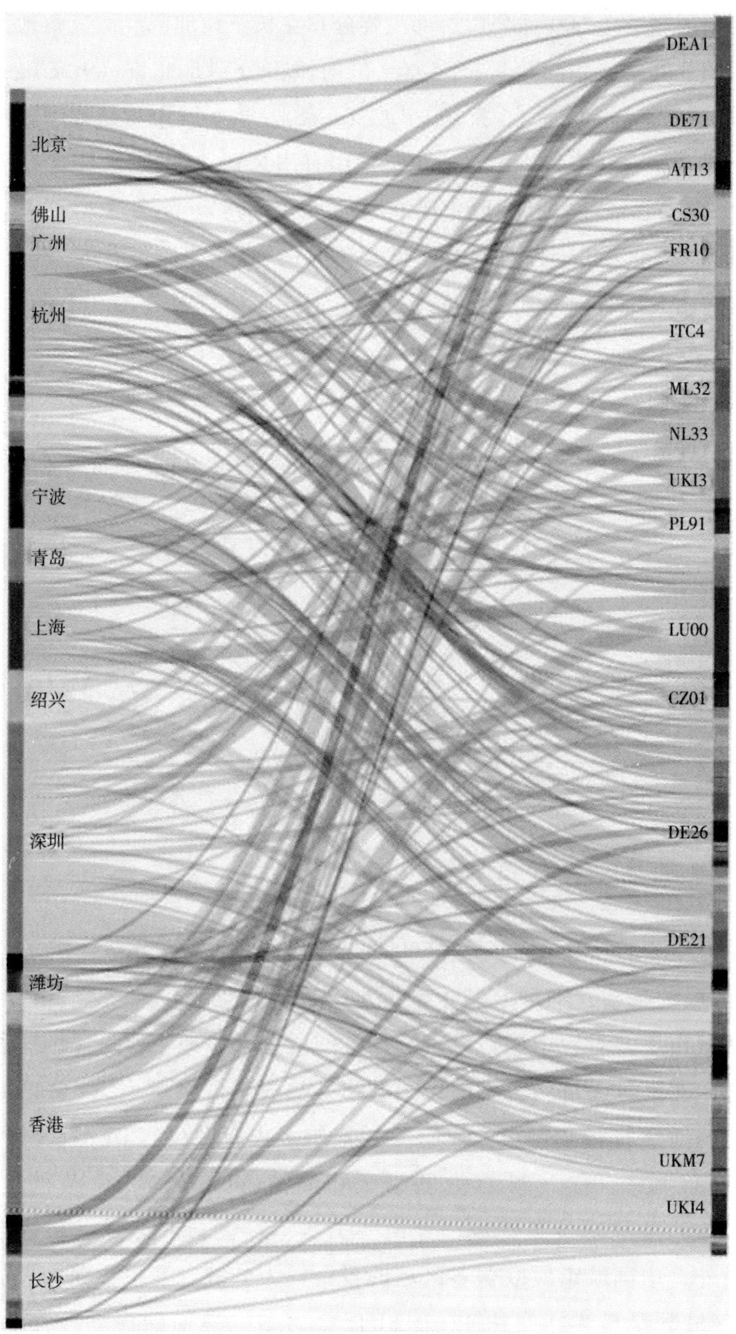

图 5－7　来源地—投资地桑基图

数据来源：BVD－ORBIS 全球企业数据库。

第五节

多维邻近性对欧盟投资区位的影响

地理邻近性/距离的重要性是经济地理领域中的关键问题之一。很多经济地理学者都强调地理邻近性的优势，但随着“邻近的脱地理性”概念的提出（Bunnell and Coe，2001），一些地理学者也指出地理邻近性本身是学习的非充分非必要条件。然而地理邻近性有可能通过加强组织、社会、体制和认知等其他尺度的邻近性来促进互动学习（Boschma，2005）。与网络理论和国际投资过程模型中的心理距离概念不同，地理学家声称邻近性也可能因为自我锁定和过度植入性而产生负面的影响（Hess，2004）。因此太大或太小的邻近性都可能阻碍互动学习和创新。在所有的邻近性中，认知接近/认知距离与互动知识交流和学习有最强的连接。认知距离被定义为机构网络中不同参与者之间知识的差异（Nooteboom，2000）。Nooteboom 认为认知距离和学习存在着倒“U”形关系，随着认知距离的增加，资源异质性带来的积极作用增加，从而创造了互补资源的新组合的机会。然而，随着认知距离的增加，资源均匀性的积极作用也在降低，从而阻碍了参与者之间的相互了解和协作（Nooteboom et al.，2007）。地理和知识共享领域内关于邻近性/距离的更加深入和全面的研究提供了更好的角度来理解来自发展中国家的跨国公司在发达国家的投资，巨大的认知距离带来的困难以及主动知识学习的进程。

多维邻近性对中国制造企业 500 强企业对欧盟投资区位的影响的回归分析结果如表 5 - 5 所示。首先，本章在控制东道国自然资源、市场、高科技产业发展状况、生产成本的基础上分析了各种维度邻近性对所有欧盟子公司区位选择的影响。其次，本章根据时间进行分段回归，主要呈现 2008 年金融危机之前及金融危机之后的回归结果。此外，本章还对欧盟子公司进行了分地区回归，主要呈现中东欧国家和西欧国家的回归结果。

表 5 - 5　　　　Tobit 回归模型结果

变量		系数	P 值
多维邻近性变量 β_1	制度邻近性	0.47***	0.004
	地理邻近性	-0.846	0.332

续表

变量		系数	P 值
多维邻近性变量 β_1	文化邻近性	0.956***	0.006
	经济邻近性	1.349***	0.000
控制变量 β_2	子公司地区劳动力成本	0.031	0.689
	子公司地区自然资源	0.099	0.282
	子公司地区高新技术及研发水平	0.039	0.647
	子公司地区经济水平	-0.137*	0.061
年份虚拟变量 α_t	2001	0	.
	2002	-1.422	0.121
	2003	-2.166**	0.048
	2004	-0.59	0.386
	2005	0.017	0.978
	2006	-1.141*	0.092
	2007	-0.799	0.195
	2008	-1.421**	0.028
	2009	-1.59**	0.01
	2010	-1.393**	0.021
	2011	-2.389***	0
	2012	-1.687***	0.005
	2013	-1.736***	0.003
	2014	-1.767***	0.003
	2015	-1.327**	0.019
	2016	-1.375**	0.015
	2017	-1.9***	0.001
	2018	-2.075***	0
	Constant	-22.169	0.113
	var	13.683	.b

注：*、**、*** 分别表示系数在 10%、5%、1% 的水平上显著。

一、整体回归结果

从整体回归结果来看，经济邻近性、制度邻近性和文化邻近性都对中国企业对欧盟投资的区位选择存在显著的正向影响作用，且这三项邻近性的指标与中国企业对欧盟投资子公司数量的相关度均在 1% 水平上呈现显著。由此可知，中国企业总部所在城市与东道国 NUTS 2 区域经济的相似性、经济“引力”有利于促进中国企业对其进行投资，即经济邻近性有正向效应。与此同时，制度的相近性也能促进中资企业对该 NUTS 2 区域进行投资，相近的城市行政等级意味着总部对投资环境更加熟悉，意味着总部对在投资的 NUTS 2 区域建立分部、建立市场、建立信息乃至技术联系时会更有经验，因此中国企业更愿意在与总部所在城市等级相同的 NUTS 2 区域进行跨国投资，制度邻近性起着推动性作用。此外，文化相近带来的文化认同感使中国企业在海外投资时所受的异国文化阻碍相对较小，从而促进中国企业的投资。

关于地理邻近性，回归分析结果显示其对中国企业在欧盟投资的区位选择无显著影响，即距离这一要素对中国企业在欧盟进行投资的区位选择时影响十分有限。对此，本章认为原因可能是以下两点：一是随着技术的进步、全球化和信息化的发展，距离对投资的摩擦作用越来越小。有部分学者研究指出，以往基于地理邻近性的主要问题如运输费用等正在因为日益发展的交通方式和信息技术手段而逐渐消散。二是本章的研究对象为中国制造业 500 强企业，这些企业规模大、投资实力强、投资经验丰富，因此距离并不影响企业的投资战略决策。

从控制变量来看，代表东道地区市场的 GDP 指标对中国企业对欧盟投资存在负向影响，并且在 10% 水平上呈现显著；而劳动力成本、东道地区科学技术水平、东道地区资源等控制变量对其则无显著效应。在控制经济邻近性指标的情况下，子公司地区 GDP 对中国企业对欧盟投资起反向作用，这说明在母公司与子公司所在地经济相近程度相同时，母公司更倾向于将投资投向 GDP 更低的地区，即经济水平不那么发达的城市。另外，本章还采取了时间固定效应，并发现时间这一控制变量在 2008 年之后全部呈现显著。在注意到模型结果中的这一特点后，本章还对时间进行分段回归，试图找到新的发现。

二、分时段回归结果

在对整体进行回归之后，本章将中国制造业 500 强企业对欧盟的投资数据分为金融危机之前和金融危机之后（2008 年），进行分时段回归，得到如表 5 - 6 所示结果。从金融危机之前的回归结果来看，经济邻近性指标对中国企业对欧盟投资存在显著影响，在 1% 水平上呈现显著正向效应；控制变量中的子公司地区经济水平对中国企业对欧盟投资也存在显著影响，在 10% 水平上呈现显著负向效应，其余变量均不显著。

对金融危机之后的投资数据进行回归，可以发现，制度邻近性、文化邻近性、经济邻近性三项邻近性指标均呈显著正向效应，且其效应均与整体回归结果相同。对比金融危机之前的回归结果，本章由此提出两点合理猜想：

（1）在金融危机、欧债危机之后，欧洲各国由于经济下滑等压力，放宽了对中国企业进入欧盟国家投资的限制，在大量投资涌入之后，中国企业逐渐积累经验，形成比以往更具规律、更成体系的跨国投资方式，这也体现在区位选择上，故 2008 年后的年份控制效应变得极为显著。

（2）制度、文化等邻近性效应的出现可能存在门槛（綦建红和杨丽，2012）。金融危机到来之前，欧盟自身实力雄厚，中国这一阶段的发展不够成熟，此时的制度、文化等邻近性效应未能出现。金融危机之后，欧盟为脱离危机的影响，放低门槛欢迎中国企业的进入，加之中国自身发展速度较快，制度、文化等邻近性效应才开始显露头角。

控制变量中的子公司地区经济水平回归结果仍与前面保持相似。此外，控制变量中的子公司地区高新技术及研发水平也对中国企业对欧盟投资出现较为显著的正向影响，这说明，金融危机结束之后，随着中国企业快速进入欧盟市场，以及社会、科技的快速发展，中国排名靠前的大型企业在对欧盟进行投资区位选择时的关注重点可能从资源、成本等逐渐转变为聚焦技术、科技，即出现成本导向向科技导向的转变。

表 5-6　　分时段回归结果（以金融危机为节点）

变量		金融危机前		金融危机后	
		系数	P 值	系数	P 值
多维邻近性变量 β_1	制度邻近性	0.119	0.707	0.467**	0.016
	地理邻近性	-1.021	0.543	-0.141	0.895
	文化邻近性	-0.477	0.608	1.266***	0.001
	经济邻近性	1.418***	0	1.071***	0
控制变量 β_2	子公司地区劳动力成本	0.127	0.504	0.006	0.941
	子公司地区自然资源	0.337	0.123	0.019	0.851
	子公司地区高新技术及研发水平	-0.127	0.495	0.277***	0
	子公司地区经济水平	-0.259	0.081	-0.104*	0.227

注：*、**、*** 分别表示系数在 10%、5%、1% 的水平上显著。

三、分区域回归结果

除了对时间的分段回归，本章还进行了分区域的回归分析，主要分析多维邻近性对中国制造业500强企业对欧盟中东欧地区国家和西欧国家的异质性影响。如表5-7所示，中国企业对西欧地区投资受经济邻近性和制度邻近性的显著正向影响，时间变量依旧是从2008年才开始显著相关。中国企业对中东欧地区投资受经济邻近性和文化邻近性的显著正向影响，与先前存在差异的是：控制变量中子公司地区经济水平对于投资区位选择有推动作用。本章认为的可能的原因是：中东欧地区的欧盟国家整体上不如西欧地区的国家富裕，又处于“一带一路”沿线，是通往西欧的要道关口，代表文化邻近性的姐妹城市指标在中东欧区域对跨国投资的推动作用理应大于西欧地区。同时，中东欧地区的欧盟国家相较西欧而言发展水平较弱，东道地区的经济水平从抑制作用转为推动作用的正效应，即同等经济邻近性的情况下中国企业更愿意在经济较发达的中东欧国家投资，可以推测子公司地区GDP这一控制变量的影响作用可能呈现倒“U”形。

表5-7　　分区域回归结果

变量		西欧地区国家		中东欧地区国家	
		系数	P值	系数	P值
多维邻近性变量 β_1	制度邻近性	0.353*	0.088	0.407	0.148
	距离邻近性	-1.625	0.126	1.545	0.442
	文化邻近性	0.242	0.662	1.489***	0.001
	经济邻近性	1.483***	0	0.775***	0
控制变量 β_2	子公司地区劳动力成本	0.042	0.692	0.045	0.697
	子公司地区自然资源	-0.002	0.985	0.281	0.121
	子公司地区高新技术及研发水平	0.07	0.53	-0.078	0.615
	子公司地区经济水平	-0.118	0.183	0.652***	0.006
年份虚拟变量 α_t	2001	0	.	0	..
	2002	-1.422	0.16	-0.841	0.519
	2003	-2.166	0.129	-20.753	1
	2004	-0.59	0.442	-0.408	0.714

续表

变量		西欧地区国家		中东欧地区国家	
		系数	P 值	系数	P 值
年份虚拟变量 α_t	2005	0.017	0.54	0.863	0.345
	2006	-1.141	0.145	-0.726	0.513
	2007	-0.799	0.244	-0.33	0.746
	2008	-1.421**	0.037	-0.547	0.593
	2009	-1.59**	0.025	-0.927	0.372
	2010	-1.393**	0.047	-0.966	0.354
	2011	-2.389***	0.001	-0.726	0.463
	2012	-1.687***	0.007	-0.555	0.561
	2013	-1.736**	0.012	-1.219	0.237
	2014	-1.767***	0.007	-0.806	0.41
	2015	-1.327**	0.015	-0.033	0.971
	2016	-1.375***	0.007	0.17	0.851
	2017	-1.9***	0.005	-1.2	0.231
	2018	-2.075***	0	-0.334	0.721

注：*、**、*** 分别表示系数在 10%、5%、1% 的水平上显著。

第六节 结论与展望

一、主要结论

本章从多维邻近性视角出发，研究中国制造业 500 强企业在欧盟投资的空间分布及影响因素。本章选择中国地级市对应欧盟 NUTS 2 区域的研究尺度，并选用距离、GDP、城市等级、城市关系等指标代表地理、经济、制度、文化各维度的邻近性，加入子公司所在地 GDP、自然资源等控制变量，并进行了根据金融危机前后的分时段、分地区的回归分析，使用 Tobit 模型回归估计各因素的影响作用。研究的主要发现包括：

（1）在对整体数据进行回归时，经济邻近性、制度邻近性和文化邻近性都对中国企业在欧盟投资的区位选择存在显著的正向影响作用。回归结果显示，地理邻近性对中国企业在欧盟投资的区位选择无显著相关效应，本章认为可能是因为技术的进步、全球化和信息化的发展，距离的对投资的摩擦作用越来越小，也可能是因为本章的研究对象为中国制造业500强企业，这些企业规模大、投资实力强、投资经验丰富，因此距离并不影响企业的投资战略决策。故回归结果中地理邻近性这一指标未出现显著效应。

（2）在分时段进行回归时，回归结果表明，在金融危机之后，欧盟国家对中国企业放宽准入条件，在大量投资涌入欧盟的背景下，中国企业有了更多跨国投资的经验，在面对投资区位选择时使用的策略也更成体系，具体体现在区位选择的影响因素中，制度邻近性、经济邻近性、文化邻近性以及科技发展水平方面都呈现出较以往更显著的规律性。此外，本章还提出猜想：制度邻近性、文化邻近性等影响效应的出现可能存在一定门槛。回归结果还表明，随着时间的推进，控制变量中的科技出现显著的正效应，即中国制造业500强公司在对欧盟进行投资区位选择时出现成本导向向科技导向的转变。

（3）在进行分区域回归的研究中，回归结果表明，中资企业在对中东欧地区和西欧地区的欧盟国家进行投资时，各维度因素的影响作用存在一定的差异，具体体现为中东欧地区控制变量中子公司地区GDP呈现显著正相向作用，而整体中这一指标呈现显著的负效应。本章认为，可能是因为中东欧地区的欧盟国家在经济上整体不如西欧地区国家，同时中东欧地区又处于“一带一路”沿线，是通往西欧各国的要道关口，代表地域间建交、文化邻近性的姐妹城市指标在中东欧区域对跨国投资的推动作用理应大于西欧地区各国。同时，中东欧地区的欧盟国家相较西欧而言发展水平较弱，东道地区的经济水平从抑制作用转为推动作用的正效应，即同等经济邻近性的情况下中国企业更愿意在经济较发达的中东欧国家投资，与整体回归时的负效应相比较，本章推测子公司地区GDP这一控制变量的影响作用可能呈现倒“U”形。

二、政策启示

对一直秉持开放路线的中国来说，欧盟各个成员国一直是中国重要的伙伴，对欧投资的重要性不言而喻。本章的结论也启示着我国应当对制度方面、友好城市、姐妹城市等政策方面多加关注。当我国政府能创造提供完善的政策和制度支持时，就能为企业跨国投资提供政策、法律等保障。理清体制机制以及文化上的摩擦和阻碍，构筑我国企业“走出去”的便利通道。

同时，合理的政策、文化外交能降低投资壁垒。欧盟虽然是发达的经济体，经济开放且支持全球化，但在很多领域依旧对中国资金进入持保护主义态度。其他学者的研究结论以及本章呈现出的结果表明，这种种投资壁垒和不确定性都阻碍着中资企业对欧投资的热情。

除了国家的各方面支持外，跨国公司自身也需要更多的投资尝试，这些投资经历能为跨国公司在面对投资区位选择等决策时提供经验，进而使跨国公司给出更完善、更多维度的考量。因此，推动中资跨国企业“走出去”这一政策，将在时间滞后效应出现时形成良性循环。

此外，在当今地缘政治局面之下，美国大肆宣扬逆全球化、巩固其“海权体系”，中欧关系也因此显得极为重要。2020 年年底签署成功了耗时七年之久的中欧投资协定，给中欧投资环境带来了新的环境。面对新的浪潮，中资企业应该在对欧盟投资时采取更理性的态度、更科学的决策体系。

第六章

中国对德直接投资概况

中德两国经贸领域合作紧密，2016 年以来中国已连续 4 年成为德国最大贸易伙伴和最大进口来源国，德国则是中国在欧盟最重要的贸易伙伴和欧洲对华技术转让最多的国家。据德方统计，2019 年德中贸易总额达 2059 亿欧元，截至 2019 年底，中国从德国引进技术 25166 项，合同金额 862.7 亿美元。德国是对华投资金额和项目数最多的欧盟国家，超过 5000 家德国企业在华发展，投资项目近 1 万个，投资总额近 900 亿美元。同时，德国也是中国企业投资的热门目的地，德国已经连续 8 年在中国海外投资国家评级中获最高评级（AAA），拥有最低风险级别①，成为最受中资企业青睐的海外投资国之一。自 2010 年以来，中国对德国投资日益活跃，投资合作从单行道转变为双向道。据中国商务部统计，截至 2019 年底，中国对德国直接投资存量为 142.3 亿美元，在中国对外直接投资存量中排名第 7（不含中国香港、开曼群岛和英属维尔京群岛），在德投资的中资企业超过 3000 家，行业分布日益多元化。2020 年中资企业对德投资项目数为 170 个，在外国企业对德直接投资中排名第三，仅次于美国和瑞士②。另外，我们也要看到，中国对德国投资起步晚、总量小，仅占德国吸引外资存量的 1% 左右。

中德两国均受益于全球化进程，但都面临新一轮科技革命和产业革命的挑战，两国在经贸领域的互利合作是主流，尤其是在省州经贸合作、中小企业合作、创新研发合作、第三方市场合作等领域极具潜力。因此，在 2020 年中资企业海外兼并进程中，德国也成为仅次于美国的第二大目的国。在德中资企业

① 中国社科院世界经济与政治研究所国际投资研究室：《中国海外投资国家风险评级报告（2021）》。

② 德国联邦外贸与投资署：《2020 年外国企业在德国投资报告》。

主要分布于德国西部的大型城市，投资项目主要集中在商业与金融服务业、汽车领域、机械制造与设备、消费品和食品、电子与半导体等行业，业务范围主要涵盖销售与市场支持、制造与研发、零售以及商业服务。

本章将依次梳理德国的投资环境、在德中资企业的发展历程和各类特征。

第一节 德国投资环境

一、德国基本情况介绍

德国位于欧洲的心脏部位，是高度发达的工业国，其经济总量居欧洲首位，在全球排名第四；与此同时，德国拥有 8120 万人口，是欧盟人口最多的国家。德国行政区划分为联邦、州、市镇三级，共有 16 个州，13175 个市镇。德国经济发展对外依存度高，工业基础雄厚，服务业发达，在欧债危机背景下，德国经济表现相对突出，继续保持增长，被称为欧债危机的“救世主”。德国经济之所以能持续稳定健康发展，关键在于德国坚持发展实体经济和生产性服务业，并能与时俱进，不断创新，走专业化、技术型道路，牢牢守住全球产业链中的高端，树立“德国制造”这块象征优质、高效和创新的金字招牌，保持产品的竞争力。德制造业门类齐全，汽车、机械制造、化工医药和电子电气是德传统四大支柱产业，此外，近年来风靡全球的新能源和环保技术也是德国的优势产业。总体来看，德国的工业结构主要呈现以下特点：（1）侧重重工业：汽车和机械制造、化工、电气等部门是支柱产业，其他制造行业如食品、纺织与服装、钢铁加工、采矿、精密仪器、光学以及航空航天业也很发达；（2）高度外向：德国是世界贸易大国，同世界上 230 多个国家和地区保持贸易关系，全国近 1/3 的就业人员从事的工作与出口有关，主要工业部门的产品一半以上销往国外；（3）中小企业是中流砥柱：约 2/3 的工业企业雇员不到 100 名，众多中小企业专业化程度强，技术水平高，灵活性强；（4）垄断程度高：占工业企业总数 2.5% 的 1000 人以上的大企业占工业就业人数 40% 和营业额的一半以上。

二、德国的投资优惠政策与保障机构

（一）德国对外资的优惠政策

德国奉行经营自由的原则，允许每个人从事商业活动，即以追求利润为目标，有计划地长期独立开展经营活动。根据德国《对外经济法》规定，外国投资者在德国投资享受与本国企业一致的国民待遇，因此，中资企业在德投资时，能享受到欧盟、德国联邦政府及各联邦州政府制定的涉及地区、就业和科研等不同领域的政策优惠，包括为在德国的外国及本国企业的投资和经营活动提供补贴、低息贷款和担保等优惠条件。总体来看，在德国的外国企业主要享受行业鼓励政策和地区鼓励政策，这些投资促进措施中相当一部分直接以企业的投资活动为资助对象，通常只适用于部分地区，并由州政府负责具体实施，如选择和审批项目、监督受益人遵守规定及确定促进重点等，欧盟和德国联邦政府只负责制定框架条件和提供资金，并发挥协调和监督作用。

1. 行业鼓励政策

德国投资促进措施的补助对象主要是从事加工制造业以及相关服务行业的企业，其中，中小企业是资助重点，获得的补贴最高占到总投资的 50%。根据促进目的不同，德国对行业投资的优惠促进措施可分为降低投资成本和减少经营成本两类。前者主要包括投资补贴、投资补助、长期优惠贷款、参股资助和国家担保等形式。优惠对象是设立或参股制造业和数据处理、研发、技术设计等相关服务业企业。由于德国东部五州和柏林州属于公共任务 GA 的 C 类和 D 类地区，大企业（250 人以上）最高可获得投资成本 20% 的资助，中型企业（250 人以下）资助最高可达 30%，对小型企业资助最高可达 40%。对德国西部的资助相对较低，大、中、小型企业分别是最高 20 万欧元、10%、20%①。

2. 地区鼓励政策

德国对外来企业的地区鼓励政策大致可划分为欧盟地区政策和德国政府地区政策。其中，德国政府地区政策中有一部分也会惠及原东德地区。

欧盟结构基金和凝聚基金是欧盟为实施地区政策，缩小欧盟不同地区之间发展差距，促进经济和社会的统筹发展，从预算中拨款设立的基金。根据欧盟

① 商务部《对外投资合作国别（地区）指南》德国（2020 年版）。

的援助原则，欧盟结构基金项下没有单独的促进措施，而是为成员国、地方或其他促进措施提供资金支持。

德国政府的鼓励政策主要来自两大层面：第一，联邦层面，如“改善地区经济结构”公共任务基金、资补助和以德国复兴信贷银行为代表的金融机构面向企业提供各种资金优惠；第二，州层面，德国各联邦州政府根据本州经济发展实际状况，制订多项促进措施，如筹措本州自有专项资金，促进地方经济发展，同时，州政府还负责具体实施部分欧盟和联邦政府的促进措施。

3. 具体优惠措施

德国的投资优惠面向所有在德开展投资的企业，并非主要针对外资企业。企业可申请或享受的优惠政策主要包括：（1）政府资助，主要分为投资补贴、现金补贴和劳动力补贴；（2）税收优惠，包括所得税优惠和部分行业低税率或零税率政策；（3）优惠贷款，德国面向投资者的优惠贷款包括德国复兴信贷银行（KFW）企业家贷款和欧洲复兴计划（ERP）项目贷款；（4）信用担保，具体操作上分为联邦与州共同担保项目、州级担保项目；（5）各类促进基金，如“地平线 2020”、德国高科技促进项目等。

（二）德国投资促进体系及机构

德国投资促进体系包括联邦政府官方机构和独立运营的商业机构。它们既有联邦层面机构，也有遍布全德的地方性机构，还有覆盖全球主要国家的驻外分支机构。

具体来说，联邦政府官方机构主要包括联邦经济部和联邦外贸与投资署。联邦经济部又下设各州经济部与经济促进局，各主要城市设有经济促进局。联邦外贸与投资署则为执行政府部门具体政策和计划的半独立机构，也是德国联邦政府的官方经济促进机构，主要办公地点在柏林，并在全球设有 50 个代表处。

独立运营的商业机构主要为各类协会组织。德国企业协会分为两类，一类是公法形式的商会，另一类是私法形式的行业协会。具有公法性质的商会，企业主和企业必须依法参加。商会针对其成员具有立法和主权职能，包括专门职业人员的惩戒管辖，负责组织和制订职业教育的标准并负责进行考试等；私法性质的协会是由私人经济组织自愿联合形成的，其主要职能是在协会自治的框架内代表经济政策利益。其中，德国工商会是第一大商会团体，由 79 个地方工商会组成。在联邦层面有德国工商大会，在州及城市层面有各地方工商会，在全球有驻外商会或代表处，统称为德国海外工商。德国工商会属于公法商会，是独立商业组织，根据德国法律规定，所有在德注册的公司必须加入某个工商会。德国的第二大商会团体是手工业商会，它包括全国 54 个手工业商会，有 85 万会员企业，即德国中小企业联合总会。

（三）中德相关投资协议与保障机构

中德之间有着紧密的经济联系，并建立了总理年度会晤机制，确保两国经济等方面的合作。同时，中德双方也签署了相关协议，确保在德中资企业和在华德资企业的正常运行与合作（详见附录中附表 1）。

2003 年 12 月 1 日，中国与德国在北京签署中德投资保护协定。该协定系替代 1983 年签署的双边投资保护协定。与原协定相比，新协定的主要改进之处在于：控股公司被纳入协定的保护范畴；双方原则上保证为投资企业提供与国内企业相同的待遇，中方将逐步减少尚存的例外情况；在财产被没收的情况下，将通过更好地履行赔偿义务来加强对产权的保护；对收益的自由汇出无须进行特别的审批；如出现合同纠纷，投资者有权要求进行国际仲裁；在终止协定的情况下，该协定继续发挥其保护作用的期限将延长至 20 年。2014 年 3 月 28 日，中国与德国签订了新的避免双重征税和防止偷漏税的协定及其议定书，替代 1985 年的署中德避免双重征税协定。此外，德两国之间已签署多项其他相关协议（见附录），有效地保护了在德投资的中资企业利益。

除了上述协议以外，中德经济合作联委会和中德经济顾问委员会等常设机制保障在德中资企业的利益。

中德经济合作联委会是正部级机制，即会议由中国商务部长、德国联邦经济和能源部长共同主持。联委会于 1979 年 10 月应运而生，1980 年 8 月在北京举行了首次会议。联委会作为中德两国政府间历史最悠久和最重要的经贸磋商机制，一直得到延续和发展，迄今已轮流在两国首都召开 17 次会议，成为两国经贸主管部门及经济界协调政策、促进合作、调解纠纷、增信释疑的对话平台。联委会在促进中德经贸合作方面的具体作用体现在以下三点：第一，落实两国领导人在经贸领域达成的重要共识，探讨中德、中欧经贸合作中的热点问题，巩固和推进双边经贸关系，为企业合作营造良好的外部环境。第二，倾听企业呼声，了解企业诉求，解决企业关切。在双方部长和高级官员举行政治磋商后，通过举办中德经济合作圆桌会，为两国经济界代表与双方官员进行直接对话搭建了有效平台。通过下设工作组促进特定领域的政策协调、务实合作。第三，联委会可以根据双方的交流需要下设不同业务重点的工作组，由司局级或处级官员牵头负责，目的是推动专业部门和企业间的对接与交流。这些均为两国企业开展务实合作营造了良好的法律和政策环境。目前，中德经济合作联委会下设 1 个标准化委员会和煤炭、法律、服务领域合作及青岛生态园 4 个工作组。以法律工作组为例，经过双方 10 余年的共同努力和密切配合，工作组先后完成了《中德货物贸易示范合同》《中德技术转让示范合同》《中德合资合同文本》等法律项目，为两国企业特别是中小企业提供了可资参照的合同范本。2015 年 7 月中德双方撰写完成并共同发布了《中德投资并购指南》，为有意在对方国家进行并购的投资者提供了实用性说明和指导。这些均为两国企业开展务实合作营造了良好的法律和政策环境。

中德经济顾问委员会是中国与世界主要经济体建立的首个双边经济合作顾问机制，旨在建立领导人与经济界直接对话的渠道，为中德企业、商协会、智库等建言献策、共谋合作提供平台。2012 年 8 月，第二轮中德政府磋商期间，中国商务部与德国经济和技术部签署《关于建立中德经济顾问委员会的联合声明》。2013 年 5 月李克强总理访德期间，顾委会正式成立，并被李总理称为与中德政府磋商并行、旨在推动两国经贸合作的“第二轨道”。顾委会中方秘书处设在商务部欧洲司，德方秘书处在德国经济和能源部对外经济政策司，截至 2019 年底，中德经济顾问委员会已举行了 6 次会议。

此外，自 2014 年中德双边关系提升为全方位战略伙伴关系后，中德双方在经济、能源、文化、卫生等领域的合作进一步扩大，双边关系进入提质升级的新阶段。为更好地促进中德合作，中德间建立了一系列经贸合作机制，包括中德政府磋商机制、中德高级别财金对话、中德高级别人文交流对话机制。2020 年 12 月 30 日，中欧领导人共同宣布如期完成中欧投资协定谈判。中欧投资协定对标国际高水平经贸规则，着眼于制度型开放，内容涵盖市场准入承诺、公平竞争规则、可持续发展和争端解决四方面内容，是一项全面、平衡和高水平的协定，将为中欧企业带来更多的投资机会，为企业提供更好的营商环境。

（四）德国创新系统

德国代表着高水平的生产力和拥有广泛技术的劳动力。在德国，高工资通过高生产率得到了补偿，德国的劳动生产率在国际对比中处于领先地位，其原因首先当属高质量的工人。德国是以它的高技术水准和创造科学著名的：根据国际人均高技术成绩的比较，德国位列第二，日本第一，瑞士第三，美国第四；在欧盟所有的高科技研究中，德国占 40%；衡量研究和研制工作的一个标准尺度即专利申报数量，在欧共体中德国位居第二。德国在 20 世纪 60 年代末集中协调型的科技创新体制就已初步建立，进入 21 世纪以来，德国不断改革与发展其研究与创新体系，形成分工明确、统筹互补、高效运作的多层次的科研与创新系统。德国国家创新体系的多元性不仅体现在其研发领域多样化与高度专业化，同时也反映在来自政治、经济与社会各界的不同角色之间的通力合作，共同推动德国科研与创新健康发展。按照层级划分，德国创新体系可分为政治决策与管理层、咨询与协调组织层、公共部门的科研机构及学会组织以及私营部门的工业协会。外国投资者在德国可以充分利用高水平的生产力，高技术的劳动力，高质量的工程业，一流的配件，位于欧洲心脏的得天独厚的地理位置。

（五）德国教育系统和科研机构

德国的高校和科研机构非常多元化，各类高等院校和科研机构在科研领域的成就十分突出，现阶段德国共有高校近 400 所，注册学生总人数达 270 万，相当一部分大学都积极参与政府部门主导的各类科研项目，拓展了大学的社会服务功能，为德国的科学技术发展作出了极大贡献。德国的高等教育以国立体制为主，百分之九十以上的高校为国立，而在国立大学就读，均可享受免学费教育，而大学主要分为综合研究型大学、应用技术大学、艺体类专门院校。如今，德国已建立起一个非政府性的、分权式的高等教育认证体系，德国政府实现了由“干预式政府”向“支持性政府”的角色转型。德国的高等教育认证体系也从依靠认证代理机构进行专业认证的单一模式，丰富为三主体、两层次、两种形式的混合认证体系。

除此之外，德国约有 1000 家由公共资金出资的研究机构。在德国，非营利性科研组织属于官办性质的独立科研机构，是德国最重要的基础和前沿领域研究的科研力量，是国家长期战略性重点基础研究项目的主要承担者。除高校之外，德国还有马克斯·普朗克学会、亥姆霍兹国家研究中心联合会、弗劳恩霍夫应用研究所和莱布尼茨学会等四个大型的高校外研究组织，其构成了德国研究领域的支柱。

（六）中德直接投资情况

中德关系一直平稳、全面地向前发展，目前已经走到了中欧关系的前列。两国互为本地区最大的贸易伙伴，中德经贸已占中欧贸易的30%以上。德国是中国对外投资的第七大目的国（除中国香港、开曼群岛和英属维尔京群岛外），长期以来中国对德直接投资在外国企业对德投资中名列前茅，但近年来由于投资热度逐渐下降，中国对德直接投资增长趋缓，总体而言，随着中德创新伙伴关系的持续升级，中德企业间的交流、合作不断深入的同时，中国对德投资呈现波浪式增长的态势（见表6-1）。

表6-1　　2019年德国主要贸易伙伴

排名	国家	贸易额（亿美元）	增幅（%）	所占比重（%）
1	中国	2059	3.3	8.4
2	荷兰	1901	4.0	7.8
3	美国	1900	6.7	7.8
4	法国	1727	1.3	7.1
5	意大利	1253	-4.0	5.1
6	波兰	1236	4.3	5.1
7	英国	1172	-2.0	4.8
8	奥地利	1101	1.9	4.5
9	瑞士	1027	2.8	4.2
10	捷克	930	1.0	3.8

资料来源：数据来源于德国联邦统计局。

中国是德国最重要的投资来源国之一，德国作为欧洲最大的市场，以其强大的工业基础、稳定的经济状况与巨大的市场潜力以及杰出的研发环境吸引着中国投资者。中国对德国投资的项目数量长期居全球各国对德投资项目的前三位，并且，2014~2016年，中国连续三年成为在德投资项目数量最多的国家。但近年来，随着中国和欧洲各自对其投资审查相关法律规范的收紧，中国对德直接投资出现了较大幅度的下降，2019 年中国企业在德国的项目数量连续四年下降，中国对德投资的项目数量首次跌出了前三。2020 年，新冠肺炎疫情肆虐全球，除中国外全球范围内各大主要经济体均出现了不同程度的经济衰退，中资企业顺势而上，把握住了此次投资机会，对德投资项目数量重回前三（见表 6－2）。

表 6－2 中国对德投资项目数量排名

年份	项目数量	排名
2009	84	2
2010	126	2
2011	158	1
2012	98	3
2013	139	3
2014	190	1
2015	260	1
2016	281	1
2017	218	2
2018	188	3
2019	154	4
2020	170	3

资料来源：数据来源于德国联邦贸易投资署。

第二节

在德中资企业的历史发展

中德两国经贸领域合作紧密，2016 年以来中国已连续四年成为德国最大贸易伙伴和最大进口来源国，德国也是中国在欧盟最重要的贸易伙伴。德国是对华投资金额和项目数最多的欧盟国家，超过 5000 家德国企业在华发展，投资项目近 1 万个，投资总额近 900 亿美元。德国同时也是中国企业投资的热门目的地。根据中国社会科学院发布的《2019 年中国海外投资国家风险评级报告》，德国在 41 个评级样本中蝉联第一，是中国海外投资风险最低的国家。2010 年以来，中国对德国投资日益活跃，投资合作从单行道转变为双向道。

据中国商务部统计，截至2019年年底，中国对德国直接投资存量142.3亿美元，项目数超过2000个，行业分布日益多元。另外，中国对德国投资起步晚、总量小，仅占德国吸引外资存量的1%左右。

一、20世纪七八十年代：中国与汉堡

德国，是中国国企从1978年就探路“走出去”的主要国家之一，而汉堡则被称为“欧洲的中国中心”。汉堡与中国的友情源远流长，贸易历史可以追溯到200年前。1972年中德正式建交后，1984年中国驻德国的第一个总领事馆在汉堡开馆。1986年汉堡和上海缔结了友好城市关系，并于同年成立了汉堡驻上海联络处，除了经济领域的合作外，其他领域如文化、教育领域的交流也被列入协定之中。自20世纪80年代初以来，随着集装箱船运的繁荣以及中国经济的腾飞，汉堡港逐渐发展成为对华贸易的欧洲枢纽。

在这一阶段，随着改革开放战略的实施，中国企业开始了“走出去”的步伐，依托于汉堡的港口优势和便利的交通基础设施，出口贸易公司、国有进出口公司掀开了中资企业对汉堡投资和中国对德投资的序幕，1995年前后来汉堡投资的中国企业约有200家，国有企业超过150家。目前，有900多家汉堡公司与中国有着密切的商贸往来，而超过550家中资企业也已在易北河畔安家落户，其中包括中国远洋海运集团欧洲公司、宝钢集团欧洲公司、中国银行、中国工商银行、上海振华重工欧洲物资采购及物流中心和振华重工德国子公司等。如今，汉堡已成为欧洲领先的中国中心，汉堡对华商贸服务能力之强是欧洲其他地区无法企及的，德国中国商会（CHKD）也于2017年在汉堡设立了自己的代表处。各种因素共同作用使汉堡形成了完整的价值链，为汉堡与中国的经济往来奠定了良好的基础。

二、20世纪末到2010年：中国与鲁尔区

德国最大的都市区“莱茵鲁尔区”包括科隆、杜塞尔多夫、杜伊斯堡、埃森、多特蒙德等城市，拥有人口1100万。“莱茵鲁尔区”曾经贡献了德国八成以上煤炭以及近2/3的钢铁，但在20世纪60年代，由于环境污染严重，德国政府启动转型计划，推动生物、信息技术等新兴产业发展。中国企业在

20 世纪末到 21 世纪初，也就是“莱茵鲁尔区”转型最艰难时开始陆续来到鲁尔区进行投资。中国五矿集团是最早来到该地区的企业之一，1980 年在杜塞尔多夫市设立代表处，之后该市成为其欧洲总部，该公司看中的就是这里辐射欧洲的地理位置。2007 年，华为也将欧洲总部从英国转移到杜塞尔多夫，这样的中国企业还有不少，如中兴、小米等。

在这一阶段，随着中国加入世贸组织（WTO）和“走出去”步伐的加快，中资企业掀起了国际化经营的浪潮，而国内装备制造业领域的国有、民营企业瞄准了鲁尔区优越的地理位置和完善的基础设施，赶着鲁尔区转型的东风，纷纷前往鲁尔区投资。同时，在该阶段的中资企业不再简单追求设立一个销售公司或代表处，而是寻求长期可持续的发展路径，中资企业的投资动机已经发生了转变。例如，徐工集团着眼本土研发的攻坚潜力和欧洲一体化的采购市场；华为盯住了德国经济数字化转型的长期需求；南京高精传动设备制造集团抓住了客户对本地支持的需求，在员工队伍、社会责任、生产经营、企业文化等多个层面融入德国。与此同时，这一阶段中，在德投资的中国企业结构发生变化，中国私有企业数量显著增加，国有企业比例开始下降。目前，已经有超过 1000 家中资企业在鲁尔区所在的北威州投资落户，而北威州企业在中国的投资总额接近 10 亿欧元。

三、2010 年至 2016 年：中国与巴伐利亚州

巴伐利亚州曾是德国较落后的农牧业地区。第二次世界大战后，州政府采取积极措施大力吸引各类人才、高新技术企业和科研机构来巴落户，成功实现从农牧业转向高新技术的经济结构转型，一跃成为经济基础雄厚、基础设施完备、经济结构合理的高科技集中地区。中国是巴伐利亚州在世界范围内最大的贸易伙伴，有很多巴伐利亚州的企业活跃于中国市场，同时，也有越来越多的中国企业在巴伐利亚州落户。在“一带一路”倡议提出后，中国企业对巴伐利亚州的投资迎来了新机遇。

蔚来汽车的德国总经理张辉，在访谈时提道：“蔚来汽车的全球品牌和设计中心只能设立在巴伐利亚。”不论是高科技人才，还是有经验的汽车行业专家，猎取人才的众多机会和途径都是中国高科技公司和中国车企选择巴伐利亚的重要原因之一。由于大学和科研机构众多，巴伐利亚州的科研人员和优秀大

学毕业生数量充足。同时，汽车行业在德国南部的强势分布，一直牢牢吸引着该行业的精英。除了富有吸引力的工作岗位外，慕尼黑高品质的生活也备受珍视。

在这一阶段，中国企业开始越来越多地并购德国企业，中国民营的车企、高科技企业崛起，投资集中在当时正由农业州逐渐发展起来的巴伐利亚及周边地区，主要领域包括高科技、汽车制造业以及中国的一些“独门绝活”独角兽企业，以华为等多家民营企业为代表的中国企业，成为“对德投资的大玩家，甚至领导了世界潮流”。同时，在这一阶段，地理位置和基础实施对中资企业投资的吸引力下降，在追寻开放的市场和公平的竞争环境的同时，中资企业更加关注德国先进技术和优质人才对母公司转型升级和参与国际化竞争的重要作用。

目前，巴伐利亚州已有超过 2000 家企业同中国保持着贸易关系。截至目前，已有 100 余家巴伐利亚州企业在中国设立生产线，600 多家在中国成立了分公司或贸易代表处。其中不乏国际知名的企业，如西门子、奥迪、宝马、安联、发动机及涡轮机联盟弗里的希哈芬股份有限公司（MTU）、空客等，还有很多极具潜力的中小企业，如克诺尔集团（Knorr Bremse）和代傲集团（Diehl）。根据巴伐利亚州投资促进局数据，约有 300 家中国企业在巴伐利亚州落户，其中包括许多大型高新技术企业，如华为、阿里巴巴和潍柴动力等，主要分布在汽车及零配件、机械设备、电子讯息通信等领域。中国连续六年位列巴伐利亚州前三大投资来源国之一。

四、2017 年至今：波动中的中国对德投资

近年来，由于中国政府调控资本出口，加强对本国的投资；同时，发达国家对中资企业跨国投资审查和监管力度的加大，中国在欧洲，尤其对德国的投资热潮经历了大幅降温。2016 年后，中国企业在德国的项目数量开始连续下降，2019 年中国对德投资项目数量仅排名第四，这是自 2009 年统计开始以来，中国首次不再属于对德最大投资国前三名。2016 年以来，中资企业在德国重量级收购项目不断，引起德国有关方面的担忧，“买空德国论”“买断技术论”等有很大市场，在德开展投资经营活动的舆论环境十分严峻，导致 2015 年和 2016 年后中资企业对德直接投资出现了断崖式的下降趋势。

在德国政府日益严苛的审查体系和中美贸易摩擦的影响下，中资企业对德投资面临着严峻的形势，但随着新冠肺炎疫情肆虐全球，世界主要经济体出现

了不同程度的经济衰退，这为中资企业对德投资带来了一定的转机。尽管2015年以来中国对德直接投资的波动较大，但中国已经超过超过美国、瑞士和英国，成为对德直接投资的第一大国。

从投资存量来看，2003年中国对德直接投资存量为8361万美元，2019年则达到1423399万美元，约为2003年的170倍①。2003年以来，中国对德直接投资存量一直呈现增长态势，特别是在2009年后，中资企业对德直接投资进一步加速。国际金融危机以来，中国对外直接投资快速发展，持续两年成为全球第三大对外投资经济体，成为全球经济复苏、增长与发展的重要力量之一，对世界产生了深远的影响，中国对德直接投资也由此进入了快车道。但近年来由于中国和德国对各自投资审查相关法律规范的收紧导致了中国对德直接投资的下降。中国政府进一步完善了中资企业对外直接投资的强制性审批制度，对不符合监管要求的投资行为进行强制禁止。同时，欧洲和德国的外来投资审查标准也越发严格。尽管中国对德直接投资存量增长放缓，但由于新冠肺炎疫情带来的危机，外国企业对德投资的项目数量纷纷回落，中国以170个项目在2020年外国对德直接投资中名列第三（见图6-1）。

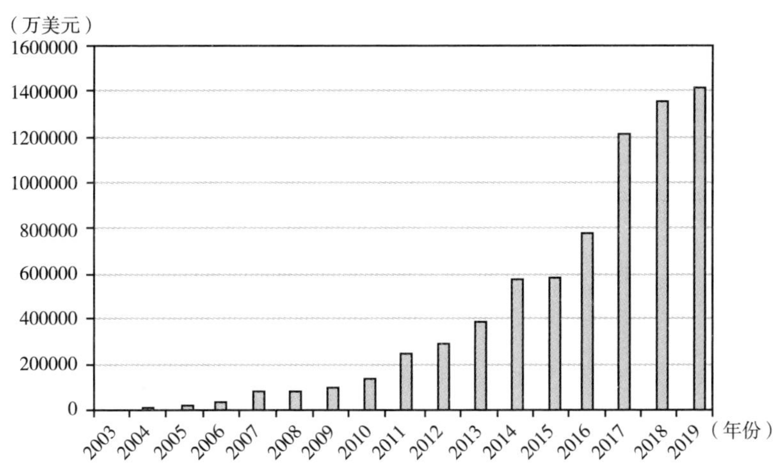

图6-1　2003~2019年中国对德直接投资存量

数据来源：中华人民共和国商务部。

---

① 中华人民共和国商务部《中国对外直接投资统计公报（2003—2019）》。

从中资企业对德直接投资项目数来看，投资项目的变化趋势与中资企业对德直接投资流量的变化趋势基本一致。总体而言，中资企业对德直接投资呈现波浪式的曲折上升趋势，2016 年项目数达到峰值后，中资企业对德直接投资项目的增长趋势开始放缓，直到 2020 年这一趋势才开始转变。中国 2019 年在德投资项目数为 154 个，连续第四年下滑，几乎为 2016 年的一半，自 2009 年收集数据以来，中国首次跌出前三，位列第四（见图 6－2）。2020 年，由于中国经济快速从疫情中恢复，使中国公司能够更快地返回国际市场。同时，德国联邦政府在疫情期间提供了广泛的援助计划以支持经济发展，这使德国在其竞争力方面没有遭受损失，德国仍是欧洲最具吸引力的地区，中国对德直接投资开始回暖。

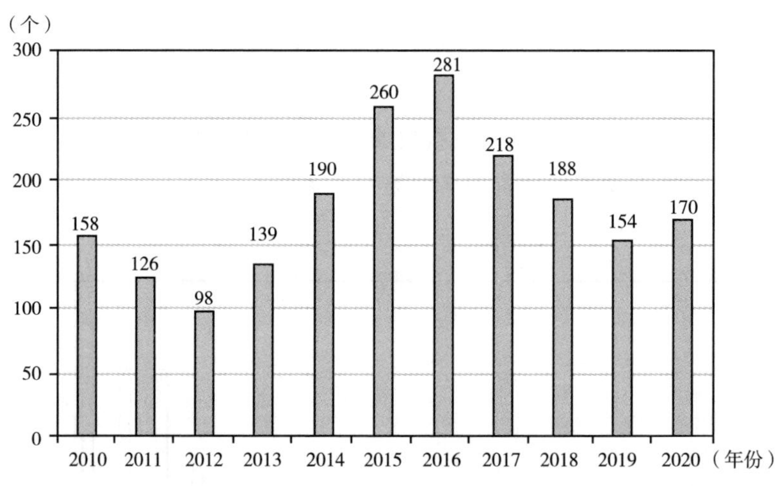

图 6－2　2010～2020 年中国对德直接投资项目数

数据来源：德国中国商会。

中国正从外国直接投资的主要接收国，逐渐转为资本输入输出双平衡的国家。德国凭借雄厚的工业基础、完善的产业链、全球领先的科研水平，一直是欧洲最受中资企业青睐的投资地区。从 2018 年中资企业海外兼并的项目总额和项目数量来看，尽管中资企业在德兼并项目数较少，但项目总额远超其他国家，说明中资企业在德兼并主要涉及数额较大的大型项目，单从兼并金额来看，德国已经成为中资企业海外并购第一目的国（见图 6－3），附表 2 列举了 2010 年来中资企业在德重要的收购案。

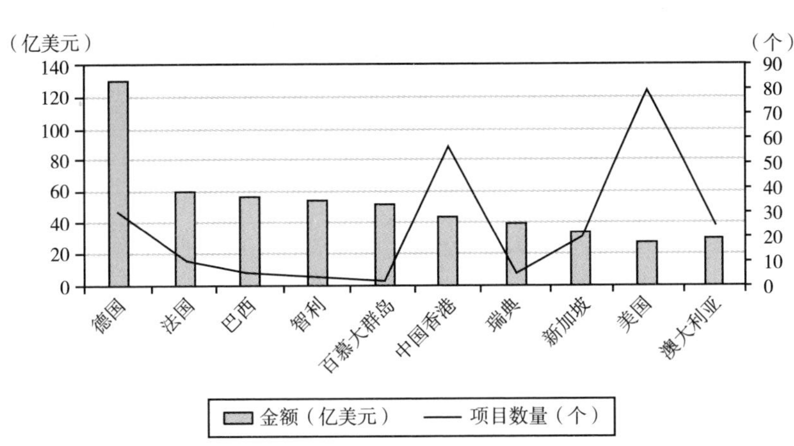

图 6－3　2018 年中资企业海外并购的主要国家和地区分布

数据来源：中华人民共和国商务部。

在这一阶段，尽管中资企业对德投资的项目数较少，但项目总额远超其他国家，中资企业对德投资主要涵盖数额较大的大型项目，如吉利集团投资戴姆勒 90 亿美元、环球晶圆以 43. 5 亿欧元收购 Siltronic 和上海莱士 391 亿元收购两家欧洲血液检测和制品制造商等。同时，从企业性质来看，在本阶段，大型民营企业在中国对德投资中独占鳌头，国有企业对德投资持续下降。从投资领域来看，现阶段中资企业对德投资的领域逐渐多元化，并从单纯的知识吸收和技术获取开始转变为向德国输出中国知识文化。同时，中资企业在与德国普通民众日常生活休戚相关的领域展开投资，如海航集团收购德意志银行；阿里巴巴集团在慕尼黑开设办事处，并将阿里云、国际电商业务、支付宝等日常业务推广到德国，与亚马逊抢占德国市场等。

第三节

在德中资企业的基本特征

中国与德国政治互信和合作意向不断增强，为经贸合作的深化创造了良好氛围。中德双方积极推动“一带一路”倡议与当地投资计划对接，推进一批国际产能合作和基础设施互联互通建设项目落地，双方投资合作潜力巨大、前景广阔。截至 2019 年底，中资企业对德直接投资存量为 142. 34 亿美元，在全德投资的中资企业超过3000家[①]，中资企业在德投资分布广泛、形式多样，显示出充分的战略性与持续性。虽然近年来越来越多的中资企业选择对德投资，但总体基数和投资额与德国对华投资相比仍处于初级阶段。

一、行业分布特征

中资企业在德投资经营涉及的行业繁多，专业跨度较大，业务范围间存在一定的交叉。与投资其他国家相比，中资企业在德国的投资更倾向高技术领域，根据德国联邦外贸与投资署最新发布的《2020年外国企业在德国投资报告》显示，中资企业对德直接投资主要行业为机械制造与设备（14%）、消费品食品（13%）、电子与半导体行业（12%）、健康制药与生物技术为（11%）、商业与金融服务（11%）和信息与通信技术与软件（10%）；业务最多的领域为销售与市场支持（42%）、制造与研发（19%）、零售业（17%）、商业服务（9%）等。除了在德国设立分公司外，中资企业也热衷兼并德国企业，如中国化工收购德国特种机械制造商克劳斯玛菲、美的集团收购德国工业4.0科技旗舰企业库卡等。现阶段机械制造业仍是在德中资企业投资经营最为青睐的重点行业，汽车零配件行业比重连续两年稳定提升，已超过咨询/技术服务、贸易行业，排名位居第二。根据行业排名，机械制造、汽车工业等传统制造业处于领先地位，咨询、技术服务、贸易业近年来表现稳定，通信及电子、金融、环保等产业稳健增长。在中国“走出去”的战略规划框架下，中资企业在德国投资整体结构健康，但在文教、传媒、建筑等领域还相对薄弱，缺少制度性支持。汽车行业的兼并主要涉及了吉利、北汽集团等国内知名汽车企业对德国老牌汽车制造商如戴姆勒等企业的兼并；从事贸易的主要是一些中小型企业，但也不乏中国机械设备进出口总公司、中国船舶重工国际贸易有限公司等重要贸易公司的分支机构。此外，不少企业并非单一地从事某一行业，而是同时从事两个或以上的相关行业的经营，部分企业甚至进行跨行业经营，如航空客运业与物流业，媒体、旅游、保险和咨询业等[②]。

---

① 中华人民共和国商务部《2019年度中国对外直接投资统计公报》。

② 中华人民共和国商务部《中国对外投资合作发展报告（2017）》。

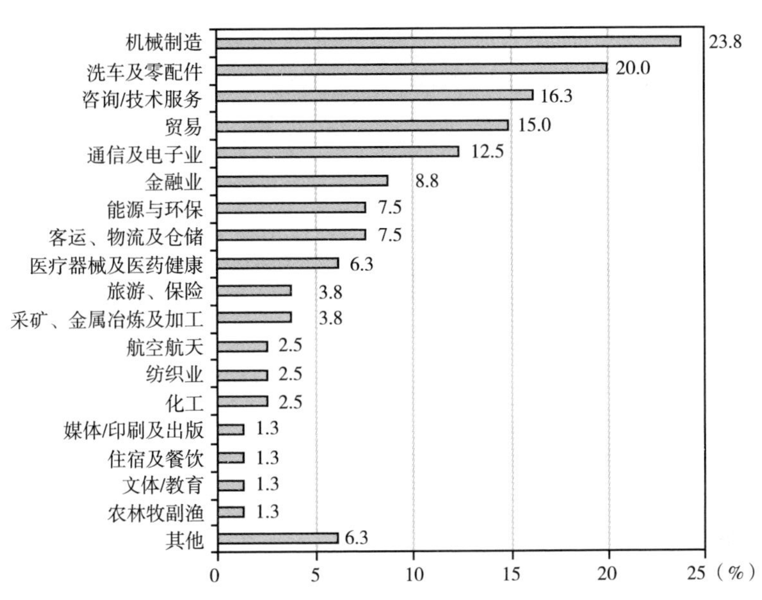

图 6－4　在德中资企业的行业分布

数据来源：德国中国商会。

二、企业所有制

从企业所有制来看，一半以上的在德中资企业母公司为国有企业投资，例如国国际航空公司、东方航空公司、海南航空公司等国内航空公司都在法兰克福建立分支机构。中国银行、工商银行、建设银行、交通银行、农业银行 5 家中资银行已在德设立 12 家分行，人民银行在德设立代表处。2014 年 6 月，中国银行法兰克福分行被指定为人民币法兰克福清算行，是卢森堡、巴黎和伦敦之外的重要人民币清算中心，主要服务在德的中小型企业。自 2014 年 8 月启动人民币清算行服务以来，中国银行法兰克福分行已完成当地人民币清算网络建设，人民币支付清算量持续稳步增长，累计办理人民币清算业务近 10 万亿元，有力推动了中德经贸往来及人民币国际化发展。40% 的企业为民企投资，例如华为有限公司、三一重工、中兴、美的等都是在德重要的民营中资企业（见图 6－5）。

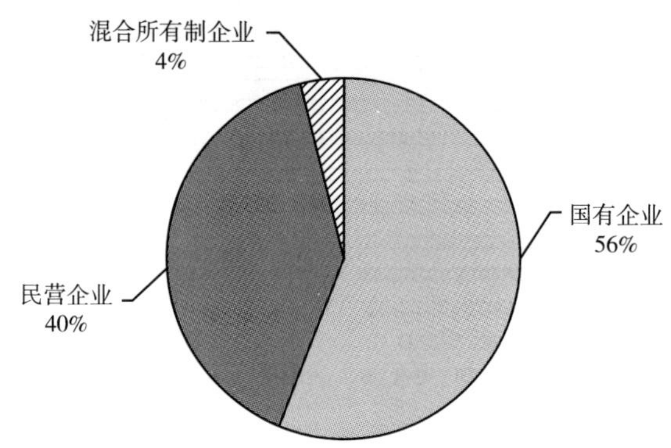

图 6－5　在德中资企业的所有制结构

数据来源：德国中国商会。

三、企业规模与经营年限

中资企业在德运营中呈现高度本地化态势，为德国创造了大量就业岗位，中资企业在德提供的就业岗位在 3 万个以上，其中非中国籍员工占总用工人数的 40% 左右。图 6－6 展示了在德中资企业的雇员数，这也反映了在德中资企业是以中小企业为主，70% 的企业雇佣人数都少于 50 人。其次是雇佣 101 ~ 1000 人的企业占了 22%，只有 5% 的企业雇佣人员超过了 1000 人。

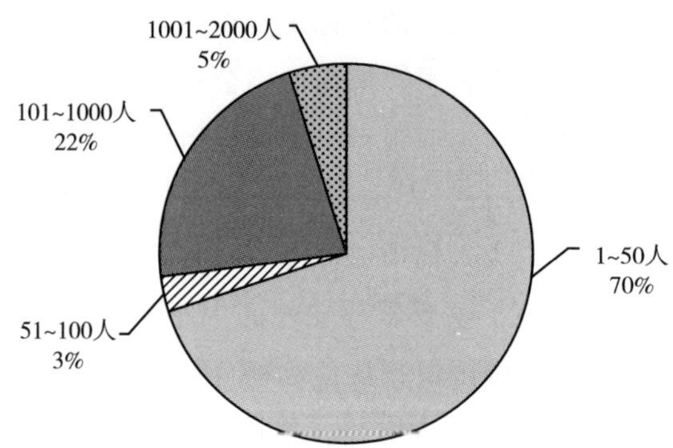

图 6－6　在德中资企业的企业规模分布

数据来源：德国中国商会。

随着中资企业“走出去”步伐的迈进，德国投资环境的稳定性优势得到了较为明显的体现。整体趋势来看，大部分在德中资企业仍是经营年限较短的小企业，但在德经营时间越长的公司累计投资存量越大，运营十年以上、累计投资超过10亿欧元的大型投资者已经陆续开始出现（见图6－7和图6－8）。

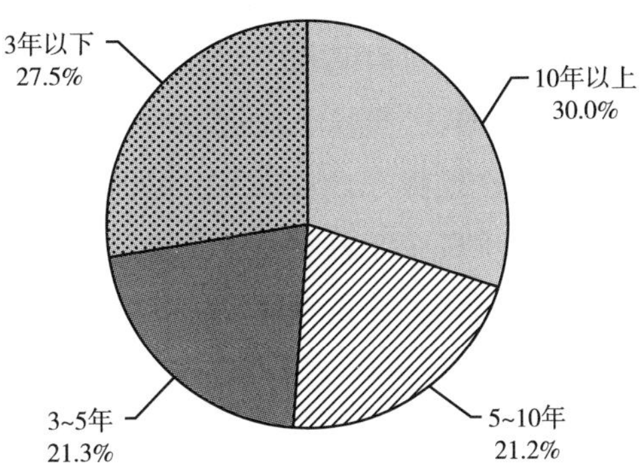

图6－7　在德中资企业的经营年限

数据来源：德国中国商会。

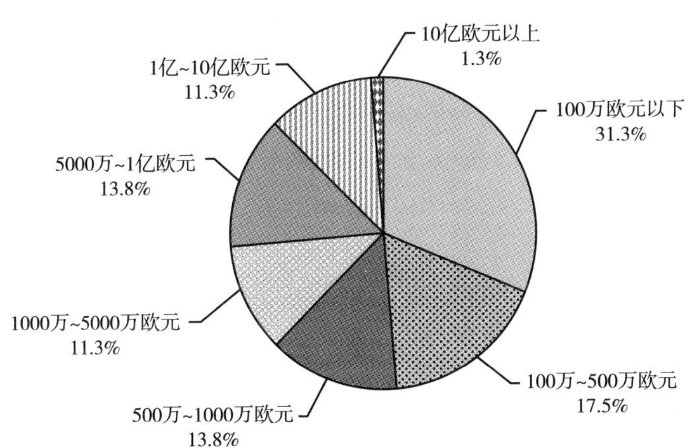

图6－8　在德中资企业的累计投资金额

数据来源：德国中国商会。

四、中资企业投资与经营方式

德国是欧洲内部最大的市场，一旦进入德国市场，就可以很快进入朝气蓬勃的东欧市场和发展良好的西欧市场。作为一个拥有众多邻国的“欧洲心脏”，德国可以通过公路、铁路、航空甚至内陆水路提供快速有效的运输连接；德国的国际港口（例如汉堡港）证明了其出色的运输基础设施；从法兰克福最大的国际客货机场出发的直飞航班，使前往中国各大城市的交通顺畅、便捷。其次，“德国制造”的品牌效应也是吸引中资企业投资的一个重要原因，德国市场标准高，中资企业可以利用“德国制造”品牌证明其产品质量，赢得国际声誉。再次，德国的现代技术、高素质的员工、一流的基础设施以及优秀的研发环境有助于中资企业提升自身水平。德国市场也因此受到中国母公司的高度重视，超过半数的中资企业将本公司欧盟总部设立在德国，利用德国的区位优势、交通优势、市场优势和技术优势等各类资源，高效率地协调在欧子公司的各类经营活动（见图6－9）。

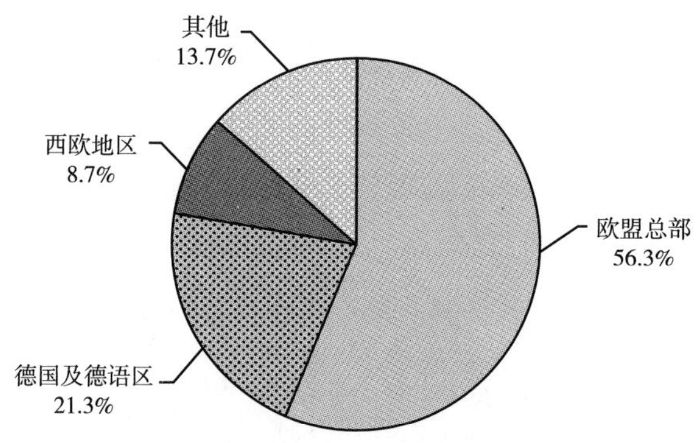

图6－9　在德中资企业业务管理范围

数据来源：德国中国商会。

在经济全球化背景下，中资企业受到中国“走出去”政策和“一带一路”倡议的影响，逐步将眼光从国内市场转移到国际市场。作为“欧洲的心脏”和中欧班列的重要节点，德国在“一带一路”倡议中拥有举足轻重的地位，凭借其独特的地理位置和发达的对外交通，发挥着中欧交流“桥头堡”的作用。受此影响，中资企业在德投资主要基于国际化经营战略，并试图通过在德国布局，进一步缩短与欧洲客户的距离，加快中资企业“走出去”步伐。同时，由于德国经济实力雄厚，在汽车制造、电子电气、机械设备制造、环保产业等领域拥有世界领先的技术，大量的中资企业也通过在德国布局分支机构以接近国际先进技术水平、学习德国的企业管理经验，推动母公司与国际先进水平接轨（见图6－10）。

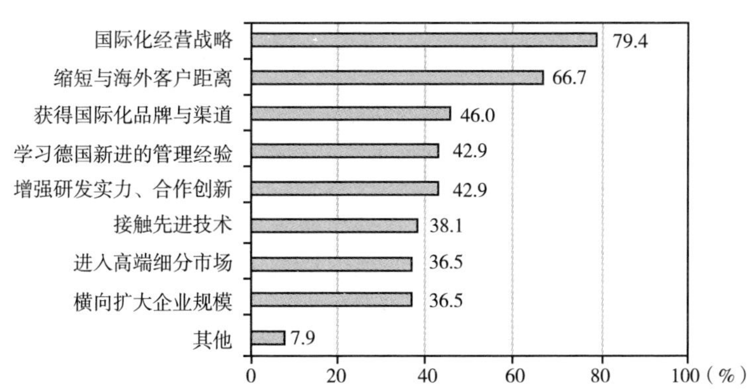

图 6－10　在德中资企业投资目的

数据来源：德国中国商会。

第四节

在德中资企业空间分布特征

一、在德中资企业空间分布特征

据德国中国商会统计，在德中资企业现已超过 3000 家，在德国 16 个联邦州普遍都有布局，同时也集中分布于部分联邦州。其中在北莱茵—威斯特法伦州的中资企业最多，有 800 多家；在黑森州和汉堡的中资企业数量次之，各有 530 多家，之后依次是巴伐利亚州、不莱梅和巴登符腾堡州。在新联邦州（勃兰登堡州、梅克伦堡—前波美拉尼亚州、萨克森州、萨克森—安哈尔特州、图林根州和柏林市）的中资企业数量最少，六州仅有不到 100 家中资企业布局。

从城市特征上看，中资企业研发机构主要位于经济发达、科技实力雄厚的大城市，特别是以慕尼黑市、莱茵—鲁尔大都市区和法兰克福莱美两河地区（以下简称“法莱美”）为主的核心区，并分布呈现“汇聚中心，辐射周边”的特点。莱茵—鲁尔大都市区包括科隆、杜塞尔多夫、多特蒙德、埃森和杜伊斯堡等重要的城市，2011 年开通的重庆至杜伊斯堡的“渝新欧”专列，是第一条中国和欧洲之间的快速货物班列，并一直被视为新丝绸之路的象征，如今往来杜伊斯堡和中国的班列已经达到每周 30 列，80% 从中国发出的火车，都会在杜伊斯堡停靠。华为、中兴、三一重工、海尔、海信、五矿等重工业企业都布局于此。

慕尼黑位于德国南部阿尔卑斯山北麓的伊萨尔河畔，是德国主要的经济、文化、科技和交通中心之一，也是欧洲最繁荣的城市之一。慕尼黑是德国高科技产业中心，同时也是生物工程学、软件及服务业的中心，在由中国社会科学院与联合国人居署联合课题组合作研究的全球城市竞争力报告中排名第五，是德国排名最高的城市[①]。慕尼黑拥有各大公司的总部和许多跨国公司的欧洲总部，宝马、西门子等世界性的大企业总公司就设在慕尼黑。同时，慕尼黑高科技工业园区始创于 1984 年，是德国较为突出的鼓励高科技创业发展的科技园区，集中了汽车工业、激光技术、纳米技术、生物技术等一大批先进产业。此外，慕尼黑拥有便捷的对外交流渠道，该市是德国的博览会城市之一，每年举办二十多场博览会，如国际建筑机械博览会、国际手工业博览会、国际体育用品博览会及电子计算机及电子元件专业博览会等，跨国公司可以利用各类渠道了解到慕尼黑的信息，充分调动该市的资源以满足生产经营活动所需。选择在慕尼黑布局研发机构的中资企业主要来自国内北京、江苏等省市，包括一汽集团、克劳斯玛菲股份有限公司等汽车制造和机械制造企业，通过将研发机构布局在慕尼黑市，上述企业可以接触到本领域内的国际先进技术，并通过合作研发提升母公司的研发水平，从而提升企业的国际化水平和核心技术水平，加快企业“走出去”的步伐。

莱茵—鲁尔大都市区是欧洲经济最发达的区域，被称为“德国工业的心脏”，包括科隆、杜塞尔多夫、多特蒙德、埃森和杜伊斯堡等重要的城市，共布局了 8 家中资企业研发机构。莱茵—鲁尔大都市区是中德经贸往来绕不开的话题，其所在的北威州也是目前德国 16 个联邦州中对华贸易和双向投资的冠军，超过 1000 家中资企业在当地安家落户。2011 年开通的重庆至杜伊斯堡的“渝新欧”专列，是第一条中国和欧洲之间的快速货物班列，并一直被视为新丝绸之路的象征，目前往来杜伊斯堡和中国的班列已经达到每周 30 列，80%从中国发出的火车，都会在杜伊斯堡停靠。由于该地区掀起中国投资热、中国出口热、中国游客热，此前被称为“日本城”的杜塞尔多夫近年来也被易名

① 中国社会科学院与联合国人居署联合课题组合作研究的《全球城市竞争力报告（2020—2021 年）》。

为“中国城”。杜塞尔多夫、科隆和杜伊斯堡轮流举行一年一度的中国节，还举办中国经济论坛等，促进与中国的合作交流。2007 年，华为选择将欧洲总部从英国转移到杜塞尔多夫，此外，中兴、三一重工、海尔、海信、五矿等重工业企业都布局于此。

法莱美都市区包括法兰克福、维斯巴顿、美因茨和达姆斯达特等城市，在金融、通信、新能源、化工等行业有非常大的优势。法莱美地区坐落在德国中部，是欧洲最具吸引力的商业区之一，莱茵河和美因河沿岸的大都市区提供了独特的商业环境，被称为国际交通枢纽的法兰克福地区在全世界金融中心城市排名第四位，是欧洲中央银行、德国联邦银行和德国证券交易所的总部所在地。诸多企业选择将总部设立在法莱美地区，从这里开始开拓新市场，继而辐射到德国各地，整个欧洲，乃至全球范围，德国 5 家最大的软件企业中有 3 家设在本地区，德国联邦信息经济、电信和新兴媒体联合会和欧洲信息技术监事会等全德和国际性的行业协会也将其总部设在法兰克福。法莱美地区共有 7 家中资企业研发机构落户，包括 KSS Deutschland、博威新能源（德国）有限公司等汽车制造和新能源行业企业。因为商业集群形成，中国最大的欧洲领事馆也从原来的波恩迁移到了法兰克福，在法兰克福可以实现汉语的企业对企业之间的营销关系服务，且都由华人提供，这为中资企业研发机构的布局提供了极大的便利。

从母国所在省份看，以德国中国商会 2016 年《中资企业在德商业环境调查》为例，受访中资企业母公司分布在我国 16 个省区市，主要分布于以北京、上海等为主的经济发达、对外交流密集的地区，同时，中资企业母公司较为集中地分布在长三角、珠三角和环渤海三大经济圈。其中，来自三个直辖市的企业超过受访企业的半数：北京（28.57%）、上海（16.67%）、天津（5.95%），其余多分布在广东、浙江、山东、湖南、江苏、辽宁和其他省份（见图 6 - 11）。

二、在德中资制造业企业特征

根据 BVD - ORBIS 全球企业数据库中收录的中制造业企业数据，截至 2020 年底，中资制造业企业在德国 16 个州共布局了 641 家子公司。其中，北威州（141）、巴符州（117）、巴伐利亚州（116）是中资制造业企业分布最多

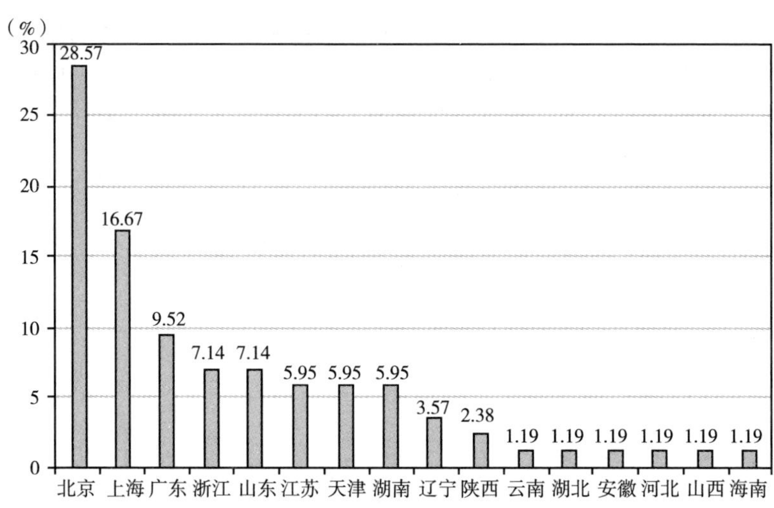

图 6－11　在德中资企业母公司分布

数据来源：德国中国商会。

的三个州，三个州共有 374 家中资制造业企业子公司，占中资制造业在德子公司的 58. 35%，而梅前州（5）、萨安州（3）、不莱梅（2）等三个州是子公司数量最少的三个州，三个州总共布局了 10 家子公司，占比仅为 1. 56%。中资制造业企业在德子公司在空间分布上存在较大差异，总体来看，中资制造业在德子公司呈现“大聚集、小分散”的格局，在德子公司高度聚集于德国西南部地区，而东北部各州中资制造业企业子公司布局相对较少。

表 6－3　　在德中资制造业企业分布情况

排名	行政区	子公司数量
1	北莱茵—威斯特法伦	141
2	巴登—符腾堡	117
3	巴伐利亚	116
4	黑森	113
5	下萨克森	37
6	汉堡	18
7	莱茵兰—普法尔茨	17
8	萨克森自由州	15
9	柏林	14

续表

排名	行政区	子公司数量
10	萨尔兰	13
11	石勒苏益格—荷尔斯泰因	13
12	图林根	12
13	勃兰登堡	6
14	梅克伦堡—前波美拉尼亚	5
15	萨克森—安哈尔特	3
16	不莱梅	2

资料来源：数据来源于 BVD - ORBIS 全球企业数据库。

北莱茵—威斯特法伦州是德国经济最发达的州，也是德国人口最多的州，著名的莱茵—鲁尔工业区即位于该州。北莱茵—威斯特法伦州生产了德国大部分的硬煤和钢铁，还集中了大部分的机器制造、化学、石油炼制、车辆制造、电子等工业。德国国内许多大工业企业的总部均设在该州，同时，由于水陆交通便捷、地理位置优越，北威州商业经济也十分发达，商业贸易额占德国的45%。该州囊括鲁尔区及科隆、波恩等著名城市，也是目前德国 16 个联邦州中，对华贸易和双向投资的冠军。

北威州经济的主要特点是大型企业和中小企业并举。在 2019 年 7 月《财富》杂志公布的世界 500 强企业名单中，德国有 12 家跻身前 200 位，其中北威州 4 家，分别是 Uniper、德国电信、德国邮政敦豪、莱茵集团；全部入围 500 强的 29 家德国企业中，北威州占据 10 席，其余 6 家为蒂森克虏伯、拜耳、麦德龙、汉莎集团、意昂集团、Ceconomy 公司。在德国 50 强企业中，北威州占据 20 席。同时，北威州中小企业约 70.8 万家，占全州企业总数的 99.5%，就业岗位占全州的 55%，约 82% 的学徒就职于雇员规模小于 500 人的中小企业，营业额约 4710 亿欧元，占全州营业额的 34%。在对外经贸合作方面，2019 年，北威州与中国（不含港澳台）双边贸易额 427.27 亿欧元，同比增长 6.69%。其中对华出口 121.07 亿欧元，同比增长 2.15%，主要出口商品为化工、机械、金属、汽车及零部件、电气设备等，中国是北威州第四大出口目的国，位列荷、法、美之后，较 2018 年上升一位；自华进口 306.19 亿欧元，同比增长 8.59%，主要进口商品为石油和天然气、数据处理设备、汽车及零部件、化工、金属等，中国继续保持北威州第二大进口来源国，仅次于荷兰。目前，北威州在中国的企业和项目超过1000家[①]；在北威州的中国企业机构超过1100家，创造就业机会近1100个。1982年，杜伊斯堡与武汉结为中德两国第一对友城关系，此后州府杜塞尔多夫市与重庆市、广州市、沈阳市，科隆市与北京市，波恩市与成都市建立友城关系；北威州先后于1984年与山西、1988年与江苏和四川等建立友好省州关系。

从母公司分布来看，在德中资制造业企业分布于国内25个省级行政区，其中浙江省以132家母公司位列榜首，广东省（89家）次之，江苏省（86家）排名第三，内蒙古自治区、陕西省、四川省、山西省均只有1家母公司。从空间分布来看，在德中资制造业企业母公司在国内的分布呈现高度集聚的特征，母公司数量前五的省级行政区均为东部沿海地区，而母公司数量最少的五个省级行政区均为西部省区，地区差异明显。我国东部地区经济实力雄厚，并且对外开放程度高、与外界的联系较为密切，在“一带一路”倡议和“走出去”战略的推动下，东部沿海地区的制造业企业纷纷开启了国际化进程；与此同时，西部地区由于地处内陆，对外联系较少，并且经济实力较东部地区差距较大，企业国际化经营还处于起步阶段（见图6-12）。

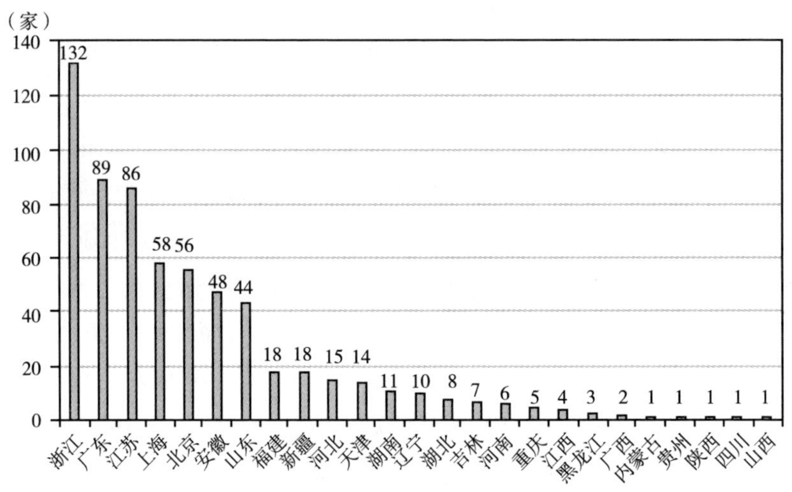

图6-12 在德中资制造业企业母公司分布情况

资料来源：数据来源于BVD-ORBIS全球企业数据库。

① 数据来源于欧洲统计局、德国联邦统计局、联邦劳动局、联邦参议院、德国工商大会、北威州统计局、北威州投促署。

浙江省位于中国长三角经济圈，是中国经济最发达、最活跃的省份之一。改革开放之后，浙江商人活跃于国内外商界，目前是我国人数最多、实力最强、分布最广、影响最大的投资者经营者群体，遍布世界的各个角落，为各地的发展尤其是欠发达地区注入了活力。一方面，德国企业在浙江投资，加速浙江制造对接德国工业 4.0；另一方面，浙江资本也积极“走出去”，到德国寻求发展空间。

第七章

在德投资动因和区位选择

第六章基于现有的统计数据和报告分析了在德中资企业的历史发展和基本特征。本章将主要基于项目组的调研，深度探讨在德中资企业的生存状况，集中分析在德中资企业的投资动机、区位选择以及在德中资企业获取知识的渠道等调查结果。

第一节 文献综述：对外直接投资与地方网络

一、投资动因、合作网络和关系

邓宁的国际生产折衷理论认为，企业会在明确自身竞争优势的基础上进行国际化，以通过国际化操作获得发展所需的各种资源和要素，从而获得足够的收益来支付额外成本并抵消风险。具体来说，企业国际化主要有四种动机：寻求自然资源、寻求市场、寻求效率及寻求技术和品牌等战略资产（Dunning and Lundan，2008）。然而，邓宁的模型难以解释缺乏先进技术及管理优势的发展中经济体跨国公司对外直接投资的蓬勃发展（Mathews，2002）。依据网络理论，当企业试图提高在国外同类型企业关系网络中的地位时，一般会通过贸易和生产网络来实现自身的国际化。网络提供了三个重要的好处：信息、知识的获取机会和信任（Powell，1990）。而对外直接投资可以通过投资进入当地关系网，是一种从东道国外部转变为东道国内部的关系资本（Johanson and Vahlne，2009）。

关系网络在中资企业的跨国经济活动中起到了特殊的作用。对于具有中国背景的跨国公司来说，他们在处理与当地政府的联系及劳动力管理等问题时会严重依赖关系，跨境投资是扩大关系网的另一种方式。正如 Kao（1993）所说："跨境投资利用由松散的家庭关系所构成的关系网络创造了今天中国所拥有的财富。"这种说法在对中国尤其是对华人投资的研究中得到了印证。因为中国商人的投资是基于人际关系，这在这些商人的家乡表现得尤为明显。Tan 和 Yeung（2000）对中国海南的 22 家新加坡公司进行了案例分析，发现从个人层面上来说企业投资的主要动机是新加坡人与海南人之间的文化联系，特别是中小型的合资企业在很大程度上反映了强调关系的中国商业网络的民族特色。

然而，这一论点难以解释中国在美投资的动因。基于企业访谈，Hsu 和 Saxenian（2000）对高科技区域发展与加利福尼亚硅谷及中国台湾新竹之间的人际关系进行了探讨。他们认为相较于社交网络，互补的区域产业结构更能促使两个地区之间实现经济技术合作；在进一步研究后，他们指出硅谷与新竹之间的联系是中国关系资本的另一个实例。关系在推动中国对外直接投资发展中所起到的重要作用还有待深入研究，同时，对不属于中国文化圈的国家进行的直接投资的研究则更为迫切。

二、区位选择、合作网络和关系

网络理论不仅讨论了为什么一个公司会进行跨国投资，也解释了这一过程是怎样发生的。最初的研究主要以外国市场和小企业进入模式的选择为基础（Coviello and Munro，1997）；随后，相关研究逐渐融入了 Uppsala 国际化过程模型并对大型制造业跨国公司进行实证研究（Johanson and Vahlne，2009）。这些研究表明，一个公司倾向于进入其合作伙伴有很高地位的外国市场，而如果公司没有一个值得合作的伙伴，那该公司可能会选择与已经在国外市场上取得一定地位的公司建立联系，并在其布局的国家进行发展。值得注意的是，廉价的劳动力或市场准入并不是跨国公司区位选择的关键因素，它们只代表了网络中的合作伙伴可以提供更好的服务能力。

近期研究显示，在进行跨国直接投资区位选择时，如关系、语言及文化等交易成本变量比与生产相关的变量更为重要（Dunning，1997）。这种相似性的驱动作用可以与个人因素结合并进一步加以论证。例如，一些中国的企业家与经理人熟悉亚洲其他的发展中国家或者在其中的一些国家或地区（如中国香港和新加坡）有过工作经验，部分企业家与经理人已经在上述地区具备较强的人际关系；另一些企业家与经理人可能在过去两个世纪内由于移民流动等原因，扩展了自己的家族联系，由于他们对于亚洲发展中国家十分熟悉，这使他们在认知技能和后续投资决策过程中存在着明显差异（Yeung and Liu，2008）。个人因素不仅在国家层面上对区位具有一定影响，对于国家内部的区位选择而言，个人因素也同样具有影响（Lu，2012）。事实上，我国的香港和台湾的投资者更倾向于在有社会联系的偏远地区进行投资，而没有融入这些海外华人联系网的地区接受海外投资的概率较小。

这些理论都是在合理分析东南亚地区内部跨国直接投资区位分布的基础上得出的，Chen 和他的同事将这些实证研究扩展到了其他的东道国。他们发现企业之间的联系是中国台湾对美国进行跨国直接投资的驱动因素之一，而基于关系的联系也促使了台湾地区对东南亚地区及中国大陆进行投资（Chen and Chen，1998）。这种差异主要是由制度的差异及资源的区别造成的，一些东道国如美国，某些国际法律对本地网络更为有利，而那些缺乏相应法律制度的地区则会提供一些接口机制来促进当地网络联系。对于台湾地区的投资者而言，东南亚国家的接口机制比中国大陆和美国更有吸引力（Chen et al.，2012）。由此可见，网络资源比较丰富的地区对跨国公司更有吸引力；同时，在亚洲，中资企业在进行对外直接投资时更青睐关系丰富的地区，但中资企业对德投资是否也存在同样的现象还需要更多的实证研究加以证明。

三、知识获取、合作网络和关系

网络不仅驱使投资者进行跨境投资，也促进了跨国企业在当地的业务开展。投资者在进行跨国业务运作时，可以增强网络联系从而降低交易成本，以学习相关知识。这一网络提供了市场知识、技术知识及进入全球市场的潜在机会，成为除了劳动力流动和外部培训之外的又一个重要的知识获取渠道（Smeets，2008）。获取知识对较为落后的亚洲企业更为重要，因此他们需要更积极地参与全球价值链中（Mathews，2006）。

在企业跨境投资中，知识转移的渠道不仅包括与客户、供应商之间的业务关系及员工流动（Smeets，2008），还包括人际关系。关系和文化的亲近性为有价值的信息提供便利的流通渠道，同时也有助于制造商收集有关人力资本、社会资本以及其他资源的信息，换言之，关系能够满足在学习型经济体中“了解他人”的需求。

依据大量对在华跨国公司的实证分析，对比来自日本、美国以及欧盟的非华人企业和来自相似文化的中国台湾、中国香港以及新加坡的华人企业的研究后发现：网络，特别是关系对于知识转移具有重要的作用（Alcacer and Zhao，2012）。根据陕西省进行的问卷调查和访谈，Qiu（2005）研究了个人网络与中央及地方政府的正式法律制度的交织作用对在华直接投资的重要影响。在个人层面，网络以关系的形式呈现；在组织层面“网络”则以正式制度的形式呈现，外国母公司规模越小，涉及个人层面的网络就会越多。与其他获取知识的渠道相比，关系的重要性常常被忽略或者没有得到深入探讨。

总之，一般认为网络在促进企业跨境投资发展过程中扮演着十分重要的角色，它会对跨国企业的区位选择和知识获取产生影响。关系作为一种网络形式，蕴含着拥有中国文化背景的跨国企业进行对外投资的本质，企业经常在保持灵活和对市场需求变化进行快速反应的前提下对关系加以利用。然而，大多数实证研究主要是基于台湾和香港投资者与大陆企业之间的互动，让人难以界定关系到底是体现在相似的文化中，还是中国企业的特有现象。此外，一些学者认为关系可以发挥作用是由大陆特殊的制度环境造成的。梁育填等（2018）则认为，由于文化的相似性，海外华人华侨网络曾经积极促进外商对华的直接投资，在中国企业海外投资区位选择的过程中也将扮演积极的作用。现阶段，关系在大陆之外所扮演的角色还没有受到学者的广泛关注，关系和企业间联系的比较也需要更深入的理论和实证分析。由于解释基于关系的中国海外投资现象较为缺乏，本章将就中国对德投资进行讨论，以期为关系的相关研究提供补充。

第二节

中资企业投资德国的动因

德国经济稳定，市场规模大，人口素质高，创新能力强，“德国制造”一直是高品质产品的代名词。“德国制造”的优势并不在价格上，优势在于它的质量、技术，德国30%以上的出口商品在国际市场上是独家产品，随之带来的是德国商品在全世界极具竞争力。在前期对在德中资企业的访谈中，联合调查团队走访了机械制造、化工、矿产资源开发、电器、汽车等诸多领域的知名企业，也了解到了部分企业对德投资的驱动因素。

2016 年 2 月，德国媒体公布了中国著名塑料改性企业金发科技集团已在德国成功注册金发科技欧洲有限公司，入驻威斯巴登的卡勒—阿尔伯尔特工业园区。金发科技在德国的注册资金 200 万欧元，计划第一期投资 1000 万欧元，到 2016 夏天建立一个以生产、研发及一体的研发中心。该中心的生产能力将达到 15000 吨，雇用当地员工 30 ~ 40 人。消息一公布，在行业内引起了不小的震动。金发科技股份有限公司总部位于广州，是亚太地区最大的塑料改性企业，产能拥有 150 万吨，全球有 5000 名员工。金发科技此次的投资是在欧洲的第一次试水。在谈到投资原因时，一直参与其中的孙东海博士对访谈人员说道：

“在海外投资是金发发展到一个阶段的必然要求，我们在国内发展的规模已经很大了，为了自身发展，我们必须扩大与跨国企业和客户的合作，提高我们全球的业务能力。当时我们决定一定要来欧洲，在欧洲首选一定是德国。因为德国在材料领域研究非常活跃，创新能力极强。另外，德国的制造业技术非常先进，也是全球领先。我们许多客户都在德国，我们最重要的客户领域之一是汽车领域。德国是欧洲最大的汽车生产国，宝马、奔驰、大众都是德国的品牌。为了贴近客户，我们必须到这里来。我最看重的还有德国产业工人的高素质。德国的劳动力在欧洲是最丰富的，有超过 4000 万的产业工人，这为我们的投资创造了非常好的条件。”

事实上，金发科技有限公司的选择是非常明智的。对于来自海外的富有发展前景的化工企业来说，若想有的放矢地将其创新活动瞄准欧洲市场，德国无疑是理想的投资地点。在这里，企业可进入私营经济和研究机构间运行良好的网络，直接与一流研究机构和精选的研究项目对接，并与供应商和销售商建立联系。此外，已有诸多跨国公司落户德国多个化工园区。这些企业通常是智能专家中心的成员。政府不断支持建立智能专家中心，旨在促进德国专业能力的发展。在国际上，德国是高效利用能源和新能源计划的“试金石”。就那些对工业生物技术、轻质材料和工艺技术研发项目有明显意向的投资人而言，当他们对德国的化工投资环境细加审视时，一定会认为是选对了方向。

对于部分高科技企业而言，对德投资的主要因素则是其充满活力和创新力的研发环境。2012 年斐讯集团以 50 万欧元的注册资本在慕尼黑成立了斐讯欧洲总部。这是斐讯第一次的海外投资，招聘了 12 个本地员工。在谈及选择德国的原因时，斐讯欧洲有限公司董事总经理林博士说：

“德国之所以成为斐讯走出国门的首选投资地，不仅在于其作为欧盟的经济核心，更由于德意志民族的严谨作风、德国企业精益求精的管理文化、德国品牌享誉全球的质量信誉。斐讯欧洲总部选址慕尼黑大区，投资建设斐讯欧洲产业园，源于这里兼备了丰富的高素质信息通信专业人才资源、良好的社会治安和生活环境，从而为斐讯开展核心技术的研发和创新以及企业核心竞争力的构建和持续发展提供了必要的基础和保障。”

林博士的眼光是长远的。德国因其充满活力和创新力的研发环境而享誉世界，这一点在创新能力的权威性国际比较研究中不断得到证明。欧盟委员会用于评价欧洲国家创新绩效的工具——创新联盟记分牌（IUS）的最新评价结果也证实，德国属于创新领军集团。在欧盟范围内，德国仅次于瑞典和丹麦。尤其是高效的创新产出，证明了德国无疑是研发项目的一流投资目标国。与此同时，德国研发地独特的创新潜力也得到了全球各大公司领导层的认可。根据安永的一项调查，四分之一的受访决策者评价德国是全球最具吸引力的研发地，居于瑞士和美国之前。美国商会德国分会（AmCham）的调查结果也给出了德国研发部门具有“世界一流绩效”的评价。29% 的受访企业表示，将扩大在德国的研发活动。自有研发中心的建立也随之增多。在跨地区和多方位的全球责任下，它们承担着充分挖掘利用研发潜力的任务。

表 7 - 1 列出了中资企业在德投资的驱动因素。很明显，尽管诸多因素都会对中资企业对德投资产生影响，但中资企业对德投资的主要目的是开拓新市场。多数受访企业表示，他们在德国设立分支机构是为了躲避国内激烈的市场竞争，开辟具有成本优势的欧洲市场。

2006 年开始，海尔集团开始在全球推行国际化品牌战略，希望在海外市场打出自己的品牌。海尔集团欧洲公司与德国公司的总经理孙叔宝在前期访谈中提及：“海尔的目标是不仅在海外有销售业务，还要在当地扎根设立自己的公司，以便更贴近消费者。德国拥有 8200 万人口，是欧洲最大的消费品市场；此外，德国市场的家电品牌还以其出色的品质与技术著称，一旦真正进入德国市场，那么进入其他欧洲市场也就水到渠成了。尽管海尔集团的产品在国内与诸多同类产品展开激烈的竞争，但由于东西方文化的差异，在德国市场上，人们可以看到冰箱等海尔电器的与众不同。”

表 7－1　　中资企业在德国投资的动因

选项	计数
开发新市场	12
建立国际品牌	7
获取技术知识	4
网络位置（接近海外客户，供应商或合作伙伴）	4
利用中国政府的“走出去”政策	1
避免贸易壁垒	1
利用个人的联系（关系）	0
降低生产成本	0

注：一些企业在访谈的过程中给出了多个答案，这意味着总数要多于 26。

获取国际品牌等战略性资产和技术知识是中资企业在德投资的第二大驱动力。一位经理在访谈中是这样描述其在德国的业务：“运作一家公司就像准备一道美味的料理，需要最好的原料、水以及厨具；毫无疑问，优秀的工程师和先进的技术对我们公司来说十分重要，而且这些只能在德国找到。另外，我们也可以通过‘德国设计’以及‘德国制造’的标签来获得知名度。”

第三个重要的原因是在全球生产网络中占据有利位置。许多德国企业，如博世、西门子和大众，通常要求供应商及时制造和调整高技术产品组件。通过在德投资，中资企业可以通过更贴近客户、供应商及合作伙伴，使他们能够更有效率地获得有关当地的知识并满足其技术要求。令人惊讶的是，没有一个受访者提到关系在这一过程中的重要性。当问到关系的意义时，大多数受访者认为关系的作用被高估了，一位被访者说：“我们首先是企业，其次才是一家中资企业，关系与我们在德国的扩张无关。”

在德国进行的访谈表明，中国企业期望可以在发挥其成本优势的基础上开辟一个新市场。网络为这些公司提供一个更为安全、简单的方式来处理不确定但又十分频繁的交易，同时也为他们提供了获取外部资源的机会（Chen and Chen，1998）。中国企业并不像邓宁所认为的那样，不会通过跨境投资来扩展其所有权优势，而是想利用和发展外界资源以弥补自己的弱点。

第三节

在德中资企业的区位选择因素

表7－2中列出了影响中资企业区位选择的因素。在子公司区位选择时，中资企业更青睐贴近客户和合作伙伴，并且有良好的物流和基础设施条件的区位。如法兰克福、慕尼黑和汉堡等城市对中资企业很有吸引力，因为这些城市都有便捷的商务服务并且有利于企业获得在德国和欧洲的客户。与市中心相比，大城市一小时经济圈内的小城镇以其较低的租金对中资企业也具有较强的吸引力。

表7－2　　在德中资企业的区位选择的因素

选项	计数
贴近客户和合作伙伴	10
物流和服务	8
基础设施	4
华人社区的关系	4

中资企业的区位选择也是一个学习的过程。以华为为例，在2000年刚进入德国市场时，华为选择在接近最重要的客户——沃达丰欧洲总部的杜塞尔多夫设立分公司。当时，华为对德国及欧洲市场的了解十分有限，而且欧洲消费者对“华为”这个品牌并不熟悉和认可。因此，华为建立了销售分支机构和展销中心来展示产品；同时，华为邀请消费者到中国参观其工厂。通过积极的营销活动，华为在销售上取得了突破，并占领了欧洲宽带设备市场份额的40%。华为将欧洲总部从英国搬到了杜塞尔多夫，随后将其在德国的总部设在埃施博恩，该地靠近交通运输中心法兰克福和知识中心达姆施塔特。正如首席技术官所说：“埃施博恩对我们来说是一个很好的地方。因为这里靠近达姆施塔特工业大学，我们可以很方便地向来自世界各地的专家请教技术问题，此外我们还可以雇用有经验的工程师。”2008年，华为在慕尼黑建立欧洲研究所以开展高端科技研究，同时也对欧洲的基础研究进行监测。慕尼黑具有良好的交通条件，同时是一个在国际上享有盛誉的知识中心。总之，随着华为在德国建立了越来越多分支机构，每个分支机构的功能也变得越来越专业化。

一般而言，企业的地区总部会依据靠近市场的原则进行选址，而研究中心则更多布局在接近大学和技术专家的地区。类似地，因为客户和合作伙伴等网络资源丰富的地区可以提供潜在的合作机会，中资企业也倾向于选址在这类地区。

此外，华人社区是企业的重要区位因素。中国的企业常在网络资源丰富的地区选址，从而可以为网络中的合作伙伴提供更好的服务。

对于关系的重要性，不同企业持有不同的意见。大公司的管理者和工程师认为，区位选择只是依据由位于中国的总部做出的服务于整个集团长期发展的战略决策，如扩大国际市场或者获取尖端科技。因此，关系并不影响区位选择。然而，一些小的家族企业的所有者认为关系有助于选择正确的区位，因为他们在对德国进行投资之前对德国了解较少，而且他们的亲戚和朋友是他们熟悉和信任的人。这些行为受到在德投资的官方机构的抱怨：“我们是一个非营利的中介机构，为每个在德进行投资的投资者提供免费服务。我们熟悉所有的流程、区位和关键人物。然而，一些中国企业的经营者联系我们之后又忽略了我们的建议，而只选择他们有社交联系的小镇。我们确信他们在那里的业务不会开展得很顺利。”

我们的研究与 Chen（2003）的观点一致，即网络是企业的重要区位因素。中国的企业常在网络资源丰富的地区选址，从而可以为网络中的合作伙伴提供更好的服务。区位选择在某种程度上依赖于投资动机和对当地环境的熟悉程度；因此，企业在德国发展时，可能会重新选址或建立新的分支机构。企业的属性会影响其对关系的态度这一现象再次证明了中国资本的混合性（Yeung，2004）。大公司主要根据其经营需求进行决策，而小企业主要以经营者的个人需求为导向，例如对移民的关注。此外，这一现象也可以由不同来源区域间的制度差异来解释。大公司主要来自北京、上海和深圳等大城市，在尚未进行跨境投资之前，这些公司的商业决策过程已深受来自发达经济体的跨国公司的影响，并在全球化的背景下与制度发挥作用。因此，这些企业没有用关系来解释企业行为。另外，家族企业经营者主要来自浙江省，他们倾向于在关系的基础上进行业务，有利于促进信任和互利。如果人们试图判断关系是否是中国的特有现象，则会得出错误的结论。我们需要关注国家尺度以下企业来源的不同模式。

第四节

在德中资企业的知识获得途径

表 7－3 阐明了中国的企业在德国获得知识的渠道。基于业务合作的知识获取是最常见的方式。一些参与者通过关系在战略上寻求对其商业利益的支持，包括与亲戚、同学和朋友等的联系。中国商人与德国同行的观点是一样的，私人联系在德国没有那么重要。产品的质量和服务是经营者进行商业决策时考虑的主要因素。一个被采访者这样说："熟识相关的负责人在中国是十分重要的。只要这个人还在职位上，我们就可以将商品销售给这家公司。然而，在德国，产品的质量更为重要。没有好产品，即使私人关系较好也没有用。"同时，他也指出尽管处理的方式不同，但人际关系在哪里都是很重要的："只有中国人在意'关系'是一个误解。做生意就是要处理各种不同的关系。如果没有一定的联系，好的产品也是卖不出去的。当然，中国的方式是短期的并且十分快速的，比如说去 KTV 或者一起吃晚饭，或送礼。而德国人则更关心长期的共同利益。"对于中国人来说在德国处理人际关系很难，这也是他们雇用当地员工，特别是当地的销售人员的原因。因此，员工的流动排在知识获取渠道的第三位，只有一位受访者提及，他有时去搜索学术或商业报告等信息。总的来说，这反映了一个事实：在德中资企业主要通过个人的联系来获取信息。中资企业获取知识的渠道是不尽相同的信息来源也不同，客户作为商业联系的另一端是主要的来源，不管他们是在展览会中相遇，还是通过电话或者是面对面进行交流，与客户的接触帮助中资企业获取。

表 7－3　　在德中资企业的知识获取渠道

主要渠道	计数
商业联系	14
个人联系（关系）	8
雇员流动	5
传闻	1

个人关系是在德国获取信息的第二大渠道。中国经理人大部分的私人时间都是在华人社区中度过的，这对获取在德国生存的技能和技巧相当有用，同时

也使他们可以间接获取商业信息。但这一来源不像预期的那样显著，因为当地的华人社区包括各行各业的商人，这些人可以提供法律制度、咨询顾问、政府等方面的知识。相比之下，家族成员反倒没有那么重要，因为他们对德国的了解和这些经理人一样，是比较少的。知识来源的排名显示精度、质量及相关知识，比人与人之间的信任程度更重要，这也解释了在这一过程中关系的重要性较小的原因。

关系不仅包括通过人际关系做生意，也包括"走后门"这一方式。这暗示了通过政府和半政府机构，关系可能导致负面后果和不良影响。他们发现中资企业在以下三种情况中强调关系时往往会出现问题。第一，一些公司试图通过"走后门"来和官员搞好关系，但却没有意识到他们违反了德国的法律和一些基本原则。第二，一些公司没有办法接近专业人士，相反，他们相信讲汉语的人。这些公司相信他们能够通过这种方式获得可靠的信息，然而，这些中国人并没有提供专业知识的资格。第三，中资企业试图通过华人圈子里的小道消息找到捷径。

总之，社会网络为知识传播提供了便捷的渠道，但在德国私人联系对于跨国直接投资来说并没有在中国重要，这是由华人社区的知识有限性造成的。此外，中资企业在德国处理人际关系的方法也是不同的。在中国这样一个关系社会中，交换礼物作为人与人之间的交流通常可以导致经济利润或收益，但在德国交换礼物并没有这么有效。盲目相信由关系构成的华人社区中的信息可能会走入锁定的"陷阱"。最后，试图在德国法律制度下"走后门"可能会使中国的企业不能继续经营。因此，过度的评价关系的负面作用或者用一个传统的中国方式经营并不是对中资企业的正确评价。

第五节

结论与讨论

本章探讨了中国对德投资的动因、区位因素和知识获取途径。研究发现，关系对于中国在德进行投资并不重要，中国对德投资主要是战略投资，是互补性资源如品牌和技术的驱动作用，而德国当地华人社区无法提供有效的专业知识。

华人资本已经被塑造成一个现代企业管理与传统的关系网络混合的形式。

市场机制、理性的经济行为和对战略资源的探索甚至比在国外进行经营的关系网络更为重要。本书同意 Hsu 和 Saxenian（2000）的观点，认为不应过分强调中国传统的商业联系中的关系作用，特别是在美国、德国等先进国家，关系具有一定的局限性。

因此，中资企业试图接受德国的法律和商业规则，从而融入德国的商业环境之中。其行为在很大程度上受到德国同类型企业和关系的重要性不断下降的大环境的影响。德国案例研究显示，文化的相似性和中德之间的社会差距决定了关系对于中国海外投资的重要性，关系不仅仅是中国的特有现象，当此背景缺失时，如在德国，关系的有效性就有待考证。

第八章

绿地投资与在德产学研合作

通过绿地投资进入德国，如何雇用当地人员，获取当地知识是摆在中资企业的难题。本章将以华为为例，一是分析中资跨国公司在发达国家的技术吸收，包括与德国大学和研究机构合作研发的动因；二是合作的组织形式；三是动因和组织形式的动态变化。本章的分析主要基于2012～2015年项目组与华为欧洲研究所的业务人员，以及与德国同行、大学和科研机构的教授和研究人员的访谈。

第一节 理论综述：产学研合作

一、后进企业产学研合作的动因

企业与大学、科研机构之间的合作动因各不相同，与企业所在行业和技术领域、企业的创新战略以及管理知识产权（Laursen and Salter，2005）、技术转让和技术商业化的制度安排有关（Kroll and Liefner，2008）。欧美等技术领先企业（First mover）可通过与大学、科研机构的合作获取新知识、潜在员工和持续的知识共享渠道，以提高自身研发能力（Tennenhouse，2004；Laursen and Salter，2004）。保持与大学和研究机构研究人员的联系确保了与技术相关的想法以及批判性反馈的流入，是企业创新成功的必要前提（Etzkowitz and Leydesdorff，2000）。

以往对后进企业产学研合作的研究主要集中在与本国大学和研究机构的合作上，研究证明了后进企业为增加创新活动的新颖性而对外部知识来源的需求

（Poon et al.，2006；Wang et al.，2014）。然而，后进企业与发达国家大学和研究机构合作的目的可能与技术领导者的动因有所不同。在以现有技术轨迹为特征的行业中，后进企业必须快速学习既有技术，之后才能创造新的产品和解决方案（Fan，2011）。Maietta（2015）发现，低技术企业可以通过产学研合作缩短新技术上市时间。

当与先进东道国的大学和研究机构合作时，后进企业同时要克服外来者劣势（Johanson and Vahlne，2009）。因此，与大学和科研机构合作可能帮助后进企业融入东道国的创新系统，包括与高新技术潜在员工建立关系以便更好地雇用和管理当地技术人才，与大学和科研机构合作以便从其网络中流通的信息中受益（Anselin et al.，1997；Liefner and Hennemann，2011）。因此，产学研合作不仅可能帮助后进企业融入当地创新网络，克服外来者劣势，还能促进后进企业在发达国家的知识吸收，提高创新能力（Rajalo and Vadi，2017）。

二、后进企业产学研合作的组织形式

产学研合作的形式包括短期合同、联合研究计划、联合实验室和研究联盟等多种组织形式，各种形式的期限各不相同。组织形式影响产学研双方的互动强度、双方人员之间的友谊和信任的发展等（Plewa et al.，2013；Rajalo and Vadi，2017）。

Tennenhouse（2004）研究发现，技术领先企业希望与大学和科研机构保持密切而长久的合作，因此技术领先企业与大学、科研机构的合作会制度化、正式化和开放性。强调信任和开放、双向的知识共享必然要求开放和适应性强的合作模式，并倾向于稳定和长期的伙伴关系，而不是过于严格地定义任务和结果（Perkmann et al.，2011）。这种以高端创新为导向的产学研合作理念在大量涉及互动学习和创新的成功因素以及网络中知识共享的研究中得到了充分的探讨（Boschma，2005）。

然而，后进企业与发达国家大学和研究机构之间的合作可能采取不同的形式。后进企业沿着已知的技术轨迹运行，倾向于指定产学研合作的内容、时间范围和可测量的结果。在互动创新和创新网络研究中，对个人互动、信任和知识共享的强调受到了广泛的关注，但这似乎与后进企业不太相关。相反，产学研合作的组织应该有效地支持单向知识流。

此外，后进企业与发达国家的产学研合作是一个短暂的现象，其持续时间取决于以下几个因素。后进企业所在行业的技术发展道路必须是不间断的和可预见的，因为形成新的“主导设计”的全新技术选择和解决方案的出现可能会破坏后进企业寻求遵循的已有轨迹（Murmann and Frenken，2006）。随着时间的推移，后进企业母国快速的技术进步可能会减少在先进东道国寻求技术的产学研合作的需求，而后进企业自身技术和创新能力的发展也会导致从优先考虑技术追赶到优先考虑创新的转变。因此，对后进企业的产学研合作进行实证分析时，需要跟踪后进企业在发达国家产学研合作的目的和组织形式随着时间推移而产生的变化，以追踪其组织形态的变化和技术创新的发展。

第二节 华为的全球布局

一、华为海外 R&D 区位：全球卓越中心

华为自 1996 年开始国际化进程。在国际化初期，华为在发展中国家和发达国家的分支机构功能各有侧重：在东亚、东南亚、中东、南非、南美洲的发展中国家和俄罗斯、白俄罗斯、南斯拉夫等国家的首都或经济中心建立销售处和售后服务中心，开拓国际市场；在硅谷、达拉斯（美国），斯德哥尔摩（瑞典），班加罗尔（印度）等拥有先进技术国家的卓越中心建立海外 R&D 中心。可见，销售和研发功能的海外分支机构具有不同的区位倾向：市场功能的分支机构多选择与中国类似的市场布局，而 R&D 中心则邻近行业领导者，以追寻最新的技术和国际一流的人才。例如，美国达拉斯拥有以摩托罗拉、德州电器为中心的领先的美国电信集群；斯德哥尔摩拥有爱立信、诺基亚等电信设备巨头。

2005 年，华为成为国际一流电信服务商——英国电信的 21 世纪网络设备供应商，标志着华为进入国际一流网络设备供应商的行列。自此，华为在发展中国家、发达国家都建立了销售与售后服务中心，但 R&D 仍集中在发达国家的卓越中心。各海外 R&D 中心在技术领域上都有明确的分工（见表 8－1）。

表 8－1　　华为海外 R&D 中心技术分工

R&D 中心	技术领域
斯德哥尔摩	基站架构和系统设计，模拟混合信号设计（射频）；算法；移动通信技术开发的第三代合作伙伴项目（标准）
班加罗尔	嵌入式软件和嵌入式平台
达拉斯	CDMA 总体解决方案；G3 UMTS；CDMA 移动智能网；手机数据服务；光学；网络电话
硅谷	新一代国际互联网、微处理器（芯片）

在海外 R&D 建立过程中，华为主要选择的是全球卓越中心区位，与销售功能、售后服务功能以及企业内管理职能脱节，更符合折衷投资理论的母国取向与多中心取向。这种研发活动的独立性，反映出华为的海外研发是服务于全球技术升级的需要，而不是服务于当地市场，与企业的国际化定位相符合。

二、华为海外 R&D 职能：服务总部研发需求

基于专利发明者合作关系建立的研发网络示意图展示了华为各分支机构以及相关大学、研究机构和企业在华为全球研发布局中的地位与作用（见图 8－1）。图 8－1 的网络关系布局主要采用 Fruchterman－Reingold 算法[①]，越靠近网络图的中心位置，代表顶点（机构）对越多的点（合作者）产生引力——合作关系。顶点之间连线的粗细程度代表合作强度的大小。一对顶点之间的连线是以向量代表合作关系，由于软件数据格式要求，若一对发明人的合作关系在赋值时分别作为始点和终点出现，则他们之间将有两条向量。图 8－1 中位于网络外围的部分顶点由于合作强度过小，与核心的连线无法在图中显示。

华为专利中的发明者主要是华为职工，深圳处于全球研发网络的核心地位。2012 年专利申请中，华为雇员占比高达 96%，其中位于深圳总部的发

① 算法初始时给每个顶点分配一个随机位置，核心是个迭代过程，计算出每一对顶点之间的斥力，再考虑每个顶点和它关联的弹簧对它产生的引力。每一轮迭代枚举每个顶点，根据它受到的合力向量让它的位置发生改变。当所有顶点位置不发生改变或者迭代次数超过预设的某个阈值后算法结束。

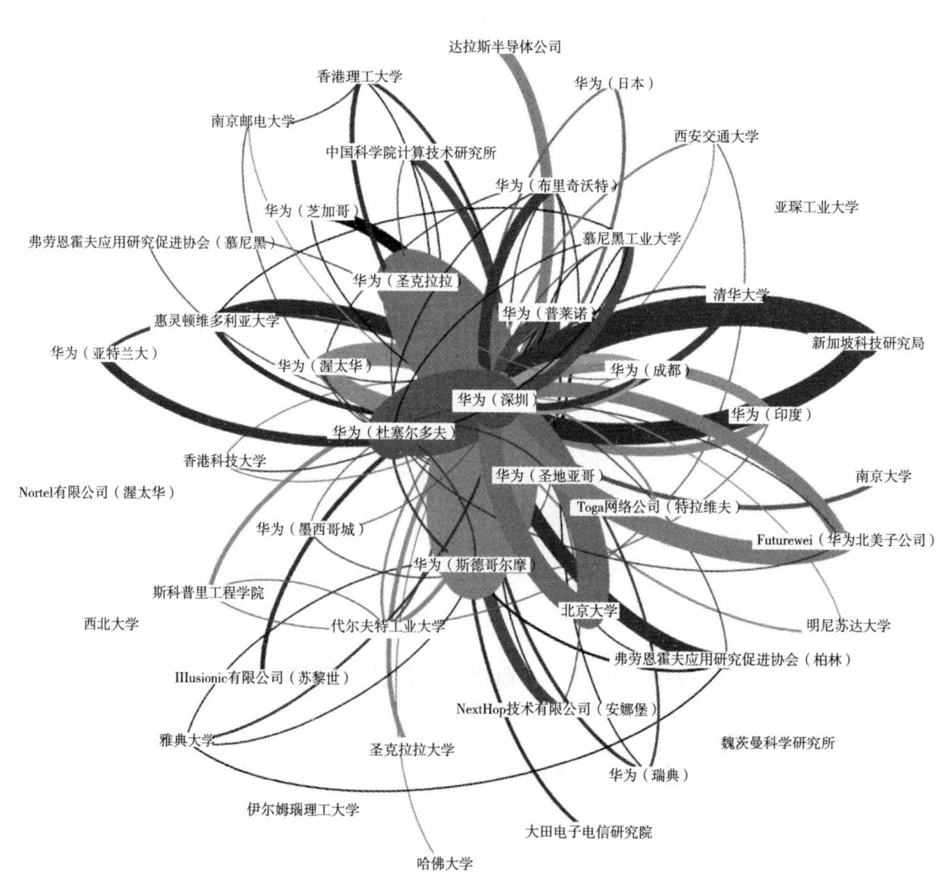

图 8-1　2012 年华为专利合作关系示意图

明者占总数的 90%。华为总部（深圳）与各节点保持着密切的研发合作（见表 8-2）。研发合作最为密切的 10 家企业/机构中，7 家是华为海外分支机构，如位于斯德哥尔摩（瑞典）、圣克拉拉（美国硅谷）和杜塞尔多夫（德国）的 R&D 中心[①]、Futurewei（华为美国子公司）。这些海外 R&D 中心成立时间早，与总部之间的研发合作稳定。另 3 家是大学和科研机构，除北京大学外也皆位于海外。这体现了深圳总部在全球研发过程中的高度参与以及海外创新资源对华为创新能力提升的重要性。

① 杜塞尔多夫成立时间久，运行时间长，因此与总部的创新合作比欧洲研究所的新总部慕尼黑密切。

表 8-2 2012 年华为专利合作强度前十位

合作单位	合作单位	合作强度
华为（深圳）	华为（斯德哥尔摩）	226
华为（深圳）	华为（圣克拉拉）	216
华为（深圳）	华为（杜塞尔多夫）	166
华为（深圳）	北京大学	102
华为（深圳）	新加坡科技研究局	96
华为（深圳）	华为（渥太华）	78
华为（深圳）	Futurewei（华为北美子公司）	68
华为（深圳）	华为（普莱诺）	60
华为（深圳）	惠灵顿维多利亚大学	38
华为（深圳）	华为（印度）	38

以深圳为中心的全球研发布局是由华为总部和各分支机构的职责分工造成的。华为总部与各分支机构、大学、科研院所的合作往往通过以下步骤实现：首先，华为总部根据技术发展趋势与自身需求，向全球各地的分支机构提出该年需要追踪、发展的技术领域；其次，华为总部或海外分支机构确定潜在的技术合作对象（企业、大学、科研机构等），并主动联系这些潜在合作伙伴；最后，确定合作伙伴，并签订研发合同，这些合同明确研发活动的执行时间和研发产出[①]。

总之，华为在全球范围内的创新合作以企业内部合作为主，形成以华为总部（深圳）为核心、海外 R&D 中心为主要支撑的圈层结构，呈现高度的内生性特征。海外 R&D 中心是华为获得海外研发资源、服务企业创新升级的主要途径。

第三节 华为与德国大学和研究机构的合作

一、华为在德国的选址

以华为欧洲研究所为例，其总部发生过三次迁移：最开始是作为研发部门

① 根据访谈资料整理。

与华为德国分公司总部布局在统一地点，位于鲁尔区的杜塞尔多夫（Dusseldorf）。杜塞尔多夫拥有沃达丰欧洲总部，是欧洲通信业的重要城市。其所在的莱茵—威斯特法伦州是德国境内吸引日本和韩国投资存量最大的州，具有透明的管理制度①和开放的文化环境，也是中资企业在欧洲的集聚地之一。但杜塞尔多夫不是电信人才聚集地，国际知名度不足，于是华为将研发总部搬到波恩（Bonn）。波恩曾是西德政治、文化中心，但城市太小且国际交通位置欠佳。2012 年，为了更好地管理华为欧洲研究所各分支（德国柏林、德国纽伦堡、英国伊普斯威奇、意大利米兰、法国巴黎、比利时布鲁塞尔等）的研发活动，接近德国理工大学联盟（Technical University 9）重要成员的慕尼黑工业大学等合作伙伴，并获得国际人才，华为将欧洲研究所总部迁移到德国慕尼黑。华为欧洲研究所总部的变迁反映了华为在海外扩张区位决策的学习过程，同时也再次肯定了华为海外 R&D 中心区位选择的原则：全球卓越中心，接近世界级高校、科研院所与企业。

二、主要合作的德国大学和研究机构

华为与德国大学和研究机构的研发合作最早可追溯到 2008 年与德国大学和研究机构的专利发明人的合作。截至 2015 年 1 月 1 日，WIPO 数据库记载了 102 位德国大学和研究机构的发明人对华为专利的贡献。

与华为合作的德国研究实验室和研究机构大多隶属工程实力雄厚的大学。例如，慕尼黑工业大学和亚琛工业大学等都成功获得了德国卓越计划的资助，并拥有悠久的产学研合作传统。在合作的公共研发机构中，总部位于柏林的弗劳恩霍夫研究所脱颖而出，弗劳恩霍夫研究所一直致力于应用研究，并寻求与公司的合作。华为与知名研发团队合作的事实清楚地表明了公司的技术实力和雄心（Carayol，2003），这与德国创新系统的特征相吻合。在德国，所有德国教授和研究人员都享有德国宪法保障的科学自由，这意味着在选择研究方向和方法、合作伙伴以及工作方式方面享有很大程度的独立性。

华为在德国慕尼黑的欧研所和在中国深圳的研发总部承担了大部分合作研发项目。这两个实体跨越两个独立的子网络与德国大学和研究机构合作。在

① 主要是便捷的签证制度及相关服务。

2009～2010 年华为慕尼黑欧洲研究所积极参与研发之前，德国大学和研究机构通常直接与深圳总部合作。2009～2011 年，华为深圳总部和华为慕尼黑欧洲研究所都参与了合作研发。2011 年之后，华为慕尼黑欧洲研究所似乎已取代华为深圳总部成为德国大学和研究机构的标准合作伙伴。

三、华为产学研合作的动因

华为在德国与大学和研究机构合作研发项目最重要的动因是吸收知识。受访者表示，所有合作项目要么单纯以知识吸收为目的，要么至少将知识吸收作为主要目的。在某些情况下，华为对知识的关注被贴上了“激进”或“好战”的标签。在大多数产学研合作中，知识吸收是以结构良好以及合理的方式组织起来的，其大致过程如下：首先，华为欧洲研究所根据其所需要的技术，选定在该技术方向有优势的德国大学或者科研机构；其次，华为主动联系大学和研究机构合作伙伴，确定合作意向；再次，签订合作合同，明确针对所选合作伙伴的特定专业领域和预期目标；最后，合作伙伴进行研发，以便可以将结果商业化。以下引述说明了华为的做法：

“他们（华为）识别机构的能力。他们积极地接近这些机构。”（大学访谈）

“我们研究小组提供他们（华为）想要的技术。我们在这方面的专业知识是出了名的。”（研究机构访谈）

所有合作项目都将专利作为关键成果。所有的合作合同都包含数量目标数字，例如每年合作 2 项专利，这是华为与其他公司相比的独特特点。

从当地招聘新员工是一个潜在的次要目标，其优先级非常低：没有一个合作项目直接旨在建立与潜在员工的联系。然而，在四个与大学和研究机构的合作项目中，从事项目研究的初级研究人员在项目完成后最终加入华为。

除知识吸收外，将外包责任最小化也是华为在德国进行研发合作的一个关键目的。华为希望通过与当地大学和科研机构的合作，获取间接影响或直接参与电信设备行业标准制定的可能性（Foster and Reinsch，2010）。在合作初期，华为在这方面面临两大挑战。首先，华为需要能够为新标准做出重大贡献的技术的知识产权；其次，华为需要进入标准化委员会。通过采访，我们了解到的一些研发合作明显在这方面帮助了华为。它帮助华为获得了更多的特定技术专利，据一位受访者称：

“在谈判中，重要的不仅是专利的质量，还包括标准中专利数量的多少。”（大学采访）

一些研发合作让华为可以通过以下机制进入委员会：华为与参与制定标准的委员会和联盟的大学以及研究机构通过产学研合作建立网络联系。当这些合作伙伴提供与华为共同开发的技术时，华为也成为该集团的一部分，自动被视为可以做出有意义贡献的一方。

“我们的大学为他们打开了大门。我们帮助他们加入了那些制定标准的人的俱乐部。”（大学访谈）

此外，一些合作研发项目帮助华为成为直接影响行业标准的欧洲研究联盟的成员。华为已加入多个欧洲研发合作组织，因此，在与相关机构或大学实验室合作后，可以接触到所有在欧洲讨论的新技术。然而，很难评估这种合作研发对于华为成为标准化领域有影响力的参与者这一战略成功的重要性。

四、华为产学研合作的组织形式

华为在德国的研发合作项目多为一至两年的短期项目。来自德国大学和研究机构的项目主持人通常倾向于选择时限较长的项目，以便聘用攻读博士学位的年轻研究人员，但华为坚持短时间的项目，即使在双方已经连续频繁合作的情况下也是如此。每次合作都要签署一个新的合同，签订明确的目标和可交付成果。这种合作方式的明显缺点是，短时间不允许双方研究人员建立深厚友谊（Plewa et al.，2013；Carayol，2003），如下所述：

“我们的机构要求至少两年的合同。他们（华为）总是想要更短时间。”（大学访谈）

“研究人员之间没有建立起信任关系。”（研究机构）

大学和研究机构的科研人员工资均由华为独家提供，这清楚地表明这些项目的性质是单边合同研究。大学和研究机构的研究团队通常可以从纯粹的单边合同研究中受益，因为他们增加了团队规模，并积累了与企业互动和专利相关的经验。这种经验对于在工业领域求职的年轻工程师特别有益（Perkmann et al.，2011）。然而，这些项目中的知识流是单向的：

“我们没有学到知识，只是输出知识。”（大学访谈）

产学研合作是短期合同研究，根据所涉及的大学和研究机构策略，可以确定三种不同类型的商业化：（1）大学和研究机构发明者撰写发明文件，由华为接管文件并组织申请流程，华为独家使用该专利；（2）发明文件和专利申请过程是联合进行的，但专利费用由华为独家承担，华为拥有商业化的专有权；（3）联合申请专利或指定合作伙伴如何共享专利收入的合同。其中，前两种类型较为常见。华为研究人员在所有项目完成后立即审查项目成果，并为可能获批的所有项目提交专利申请。在华为决定这些文件不包含任何潜在价值的信息之后，大学和研究机构研究人员才能发表科学论文。无论商业化的类型如何，华为将专利作为关键项目成果的做法都以异常严格的方式执行，如以下所述：

"我们只从与他们（华为）合作的项目中知道定量专利目标数量。"（大学访谈）

"事实上，通过为我们的合作付费，他们正在购买创意。"（大学访谈）

受访的大学和研究机构科研人员对华为对专利的关注较为满意，因为这种交付形式是这些研究小组所熟悉的。此外，大学和研究机构研究人员很欣赏这些知识将被使用的事实：专利发表是一种极其明确的技术信息表现形式，是将新知识转移到华为组织的合适方式。

然而，除了重视专利申请外，华为还对合作项目的过程采取了严格的控制措施。例如，每周甚至每天需要电话联系，甚至在某些项目阶段，每天几次通过电话呼叫确定研究的进度。在这方面，华为的创新方法似乎与"开放创新"范式有所不同（Chesbrough，2003），同时也与大学和研究机构合作的最新概念不同（Rajalo and Vadi，2017），它异常强调从外部合作伙伴的技术寻求和对控制知识转移过程的结合。

五、华为产学研合作的变化趋势

在过去十年内，随着华为在慕尼黑建立了欧洲研究所，大多数与德国大学和研究机构合作研究的责任从深圳总部转移到慕尼黑欧洲研究所。慕尼黑欧洲研究所不仅在地理距离上更接近德国大学和研究机构合作伙伴，还聘请了更多的国际研发人员，他们熟悉在德国开展业务和研发的法律、法规和惯例，能够更有效地与大学和研究机构的研究人员进行沟通。

受欧洲研究所成立影响的华为依旧关注短期项目和合同研究、优先考虑知识吸收和量化专利目标。然而，在合作组织方面，华为对合作项目控制的重视程度在降低，华为作为研究合作伙伴的参与程度越来越高。华为强调控制大学和研究机构合作伙伴的活动和研究产出是德国合作伙伴在早期合作项目中非常不喜欢的特征之一。研发活动和进展必须直接报告给在深圳、上海或北京的中国华为研发实验室。中国的联系人必须向上级汇报，然后由上级对研究进展进行评估和控制，即来自中国的大学和研究机构联系人经常询问所有细节并试图获取尽可能多的信息，而德国大学和研究机构合作伙伴不知道谁最终可能会使用这些信息。

“在早期阶段，与华为的沟通是混乱的。他们总是以独裁的方式要求更多。但我们在深圳的合作伙伴却被当成了奴隶。”（大学访谈）

“他们总是问我们关于其他联系人和研究结果的信息，让我们心烦意乱。”（大学访谈）

在最近几个欧洲研究所作为主要合作伙伴的项目中，对报告的强调显然已被一种双向知识共享的形式所取代。这些项目现在包括华为在应用案例、规范甚至研究理念方面的重大贡献。

“在技术方面，他们（华为）一直在努力。欧洲研究所的员工提供了专业知识，我们的目的是共同发明。”（大学访谈）

这些改变不仅受到大学和研究机构等合作伙伴的赞赏，华为也受益于隐性知识的转移。隐性知识是合作项目的附加产出，包括个体层面的研发互动和对德国合作研发环境的了解等。这部分知识越来越多地积累在华为慕尼黑欧洲研究所，它可以作为其与大学和研究机构加深研发合作新方法的基础。最突出的例子是 2015 年华为基于与慕尼黑工业大学的密切合作，搭建了 5G 技术测试平台，旨在共同开发和测试新技术。这一平台致力于共同开发和知识共享，具有更长的时间跨度，并将引导更多大学和研究机构的年轻研究人员加入华为欧洲研究所。这些论点被华为用来推动公司融入德国商业环境。很明显，华为现阶段的产学研合作在很大程度上符合“开放式创新”的特征（Chesbrough，2003）。

第四节 结论与讨论

与技术领先的东道国大学和研究机构的合作是中资企业获取海外技术的重要途径，有利于实现技术追赶和创新能力的提升。这种合作是为了获得与相关合作伙伴和机构的联系，首选的组织形式是短期合同研究。这种模式一旦建立，可能会持续数年。随着中资企业的技术进步，重心逐步向以创新为中心的合作方式转移。这种转变有利于进行更长期的联合研究，旨在与合适的合作伙伴一起探索和开发新领域。这种产学研合作是至关重要的，可以辅助中资企业获得来自科学界的知识，并成为全球的技术领先者。参与产学研合作的大学和研究机构也能获得资助，以维持和发展其在这一特定领域的科研能力。

对于在发达国家投资的中资企业而言，管理层应该把重点放在提升公司内部的技术能力上，并在升级过程中尽早开始寻求产学研合作，以积累合作经验。与此同时，应该优先考虑允许直接使用所获知识并使项目易于管理的组织形式，如短期合同研究。中资企业应设法提高它们在东道国环境中进行合作的能力，如雇用当地的研发人员，并时刻调整他们的目标和首选的组织形式，以便更快地实现向双向知识共享和学习的产学研合作转型。

第九章

跨境并购的企业整合与知识吸收

现有研究表明，中国企业对技术先进且创新资源丰富的发达国家投资主要出于战略寻求动机（Deng，2009）。中国企业可以通过跨国并购、离岸研发外包、跨国技术联盟、设立海外研发机构等多种形式对发达国家进行投资，从而获得在母国无法获取的战略性资产，进而实现技术升级并赶上他们的西方同行。母公司通过并购可以快速地获取发达国家相关产业的关键技术和科研成果，并借助目标企业现存的生产能力和可靠稳定的销售网络等创造性资产提升母公司的竞争力，因此跨国并购成为中国企业提高产业核心竞争力、实现产业升级的捷径。德国制造业的技术及品牌资源较为丰富，因此也成为主要的并购目标国。从中国企业跨国并购所涉及的行业类别来看，主要集中在汽车制造业、电气机械和器材制造业、计算机/通信及其他电子设备制造业、专用设备制造业及医药制造业、新能源产业和软件及信息技术服务等行业。

因此，本章采用多案例研究方法分析中资企业在德国跨境收购的代表性样本——德国工业部门的中资跨国公司收购样本，运用组织学习的视角探究中资跨国企业在发达国家跨国收购中知识转移的组织过程，进而阐明中资跨国公司为促进知识转移采取的具体行动，以及特别涉及的知识领域（技术和管理）的信息和知识转移的方向，并进一步说明影响中国母公司与被收购的德国企业之间预期的知识转移的因素。

第一节

理论综述：企业并购与知识吸收

一、企业并购后的整合

收购后的整合关乎中资企业对知识的学习和吸收，不同的整合战略和来自总部的控制程度影响知识转移的结果。一般而言，收购后的整合涉及多个方面。一些学者根据内容相关标准将收购后的整合区分为结构、战略、行政、运营、文化和外部等（Jansen，2016）。虽然这种分类并不完全准确且存在重叠，但由于其实用性，我们在分析中纳入这一观点（Glaum and Hutzschenreuter，2010）。鉴于我们调查的研究背景，我们认为从结构和运营两个方面考虑收购后的整合更具有现实意义。

组织结构整合是指将被收购的实体合并到整个业务集团的组织结构。组织结构整合的范围包括被收购实体保持完整并在管理层的保护下继续经营，以及被收购企业被完全吸收、解体并完全融入母公司（Puranam and Srikanth，2007；Puranam et al.，2006）。

二、知识转移的领域和方向

目前关于中资企业在德国跨境收购中知识转移的研究普遍认为，中资跨国公司具有知识劣势，因此中资企业收购德国企业导致从被收购的德国目标企业向中国母公司的逆向知识转移（Liu and Deng，2014）。然而，考虑到一些中国企业自主创新的潜力越来越大（Jiang et al.，2016），现有对知识转移的单向解读可能已经成为一种误解。为此，我们通过研究中资企业跨境收购德国企业，以期揭示哪些领域的知识是可以转移的以及知识转移的方向，从而扩大对知识转移的了解。

首先，我们根据 Wang 等（2004）的研究将知识划分为管理知识（如管理技能、营销/销售技能、人力资源管理技能、企业文化和价值观、战略能力）和技术知识（如制造知识、研发技能和产品知识）。与现有研究类似（Anderson et al.，2015），我们预设德国目标企业主要是知识发送者，而中国母公司主要是知识接收者。然而，在一些中国企业自主创新的潜力越来越大的背景下（Ning et al.，2017），知识转移可能会逐渐变成双向的。正如一些学者所言，中国企业创新能力的提升可能是技术升级成功的结果（Fu and Gong，2011）。目前，中国最具创新力的企业已经将技术升级和创造力升级成功的结合，并拥有一流的创新资源。例如，华为作为中国电信设备供应商和世界领先的专利公司，经常被学者们在这种背景下进行研究。

在跨境收购互相学习的背景下，中国企业的创新主要包括以下三种类型

（Breznitz and Murphree，2014）：第一种创新类型被称为低成本高科技创新，也被称为节俭创新或山寨创新（Simula et al.，2015），这种创新主要指能够生产出适应中国等快速增长的中等收入市场用户需求的产品创新，这些用户往往希望在获得高端技术的同时能够以较为合理的价格购买产品；第二种创新类型似乎是中国特有的，被称为“快速创新”，即通过确保快速交付创新成果的方式组织创新过程的能力（Yang and Meyer，2015）；第三种创新类型与中国企业从公共采购和大规模投资项目中获益的能力有关，这些项目，如高铁、能源和通信等方面的创新主要依赖国家干预（Zhou et al.，2016）。这些例子表明，一些进行跨境并购的中国企业可能拥有与被收购的德国企业高度相关的某些技术或管理知识。

三、知识转移的影响因素

组织学习方面的文献解释了企业如何在组织内部或跨组织单元生成、存储和传递知识，以便在不断变化的市场环境中保持或发展竞争优势（Argote and Fahrenkopf，2016）。从组织学习视角来看，收购可以被解释为一种加速学习过程的方式，即通过立即接管目标企业的整个知识库，并将其积累的专业知识在合并后的组织中传播（Bresman et al.，1999）。收购后整合定义了在企业收购过程中组织知识转移的框架（Junni，2011）。现有的组织学习方面的文献还假设，收购背景下的知识转移来自相关各方之间的相互作用，主要在企业合并后整合期间发起，并由知识接收者的吸收能力、知识传递者的传播能力和传播的知识特征决定（Gupta and Govindarajan，2000；Junni，2011）。鉴于我们的研究目的是通过研究中资企业在德国的跨境收购来促进对知识转移的深入理解，因此我们同时将上述所有影响因素纳入考察范围。图 9－1 说明了我们对中资企业在德国跨境收购中知识转移的系统性理解。

根据组织学习文献，影响知识转移有效性的一个重要因素是知识发送者的传播能力（Junni，2011；Minbaeva，2007）。根据这一论点，我们将传播能力解释为分享知识的能力和动力。我们假设被收购的德国企业都有经验丰富的外籍员工，他们可以作为知识传播者（Chen et al.，2012；Wang et al.，2004）。然而，中资企业在德国跨境收购中可能遇到被收购的德国目标企业的员工不愿意传播知识的困难。德国目标企业的员工可能担心，如果他们与中方分享他们的知识，随着时间的推移，德国目标企业的竞争优势会逐渐削弱，最终可能导

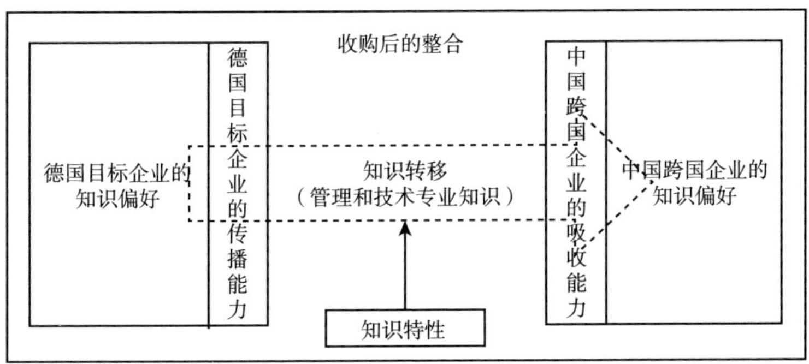

图 9-1 中资企业在德国跨境收购中的知识转移示意图

致德国目标企业地位下降，进而被中国母公司所抛弃（Knoerich，2010）。Empson（2001）将这种推理称为对剥削的恐惧，根据她的研究结果，如果员工认为自己的知识更有价值并且不期望得到与之相当的回报，他们可能会拒绝与同事分享知识。

除了知识发送者的传播能力外，知识转移的程度还取决于知识接收者的吸收能力（Gupta and Govindarajan，2000；Junni，2011）。与传播能力相反，吸收能力指的是“公司识别新的、外部的信息的价值，将其吸收并应用于商业目的的能力”（Cohen and Levinthal，1990）。吸收能力来自之前积累的组织管理和解决问题的经验，这种能力的基础包括基本技能、共同语言和相关并且合适的教育背景在内的已有知识的储备（Szulanski，1996）。此外，接受知识的动机也会影响吸收能力（Minbaeva，2007）。现有研究表明，中资跨国公司吸收知识的能力相当低，这主要是由于企业国际业务经验有限、技术人员专业水平低、国有企业组织结构高度复杂等原因导致的（Peng，2012）。

此外，现有的组织学习文献还指出知识特征影响组织内的知识交换过程（Gupta and Govindarajan，2000；Junni，2011）。在现有组织学习文献中，知识一般分为显性知识和隐性知识（Subramaniam and Venkatraman，2001）。因此，我们区分了这两种类型知识，并假设知识领域（管理和技术）具有显性知识和隐性知识。显性知识是指规范化和可编纂的知识，如数据交换、技术规范、手册、通用原理、专利和工程图。隐性知识是指基于经验的知识，包括技术和心理成分（如销售技巧、设计品位、创造力）。显性知识的交流和共享相当简单，而隐性知识的转移与精细化的学习过程有关（Roberts，2000）。

第二节

在德中资企业并购后的轻触整合

在对德跨境收购中，中资跨国公司通常选择低水平的组织结构整合，并在很大程度上保留德国目标企业的自主权（Liu and Woywode，2013）。Liu 和 Woywode（2013）将这种整合模式称为轻触整合。这种模式通常表现为保留被收购实体的管理团队、保留目标公司名称和品牌、提供中国母公司的战略指导但给予被购买公司高度自由的管理决策权以及母公司参与被收购企业监管委员会的监督（Liu and Woywode，2013）。虽然在我们的研究中并非所有案例都满足轻触整合模式的所有特征，但就总体而言，中国母公司给予德国目标企业很大的决策独立性，而且几乎没有将它们纳入母公司的组织结构中。例如，案例 1（案例信息详见本书 27—28 页表 1－5）的受访管理人员解释："目前，德国企业只是中国母公司的一个组织单位。他们可以决定自己在德国、中国等地的发展模式。德国企业的首席执行官直接向中国母公司报告，但他享有很大的商业自由。"

除了 Liu 和 Woywode（2013）提出的轻触整合模式外，我们发现聘用新冒险家（The New Argonauts）（Si and Liefner，2014）是中资跨国公司并购后组织结构整合的一个特殊特征。这些新冒险家可以是中国母公司的前任经理，他们加入德国目标企业的管理委员会或担任行政职务，也可以是担任为监督中资跨国公司的外国业务运营而成立的公司代表，或者是新聘用的德国管理者的助手。这些调解员的共同点是他们熟悉德国和中国的文化以及中资跨国公司的企业文化，他们的主要任务是协调被收购的德国目标企业与中资跨国公司之间的沟通。在案例 2 访谈中，一位曾作为翻译参与德中商业谈判、现就职于中资跨国公司欧洲分公司的中国经理的陈述总结了我们的上述发现："我们（中国母公司）决定德国目标企业仍然是一家独立公司，一家子公司。我们不会将首席执行官或任何人送到德国。然而，在收购公司之后，必须有一些沟通。这是肯定的。……我们需要帮助沟通，而不是在发送一些东西，而是要理解某些东西意味着什么。德国人和中国人的思想不同。……凭借我的背景，我被选中担任这个角色。"

轻触整合模式与新冒险家的聘用相结合，避免中国总部与德国企业之间由于语言障碍、文化障碍和不熟悉外国商业行为等原因造成的内部认知距离。这一发现在案例 14 访谈中变得非常明显，一位受访者这样阐述："有一种方法非常有效。收购以后，一位中国同事加入了管理委员会。这位同事之前曾在中国母公司工作，毕业于德国大学。因此，他能够理解德国人的心态。他是我们中国母公司的守门人和接口。他负责所有的沟通。”但除了聘用新冒险家外，德国企业不聘用或只聘用少数中国雇员。

运营整合是指被收购企业参与整个业务集团的生产和输出流程，在运营整合过程中，知识转移可能会出现。然而，前提条件是收购方和被收购方之间必须存在某种相互作用和交流（Junni，2011）。从现有文献看，几乎没有研究提及中资跨国公司如何处理其德国目标企业的运营整合以及它们以何种方式支持可能存在的知识转移的实证证据。只有 Peng 在 2017 年研究中国汽车制造商吉利在收购瑞典汽车制造商沃尔沃案例中发现，为了促进知识转移，吉利和沃尔沃成立了几家合资企业和共同研发中心。通过这种方式，参与各方之间的个人互动确保隐性知识转移（Chen et al.，2012）。

我们在调查访谈中发现，运营整合广泛存在。例如，案例 1 的一位受访者表示：“目标公司和母公司之间在研发、生产、销售和售后服务方面存在合作。总之，整个价值链上都有合作。”我们的分析进一步表明，收购中方通常将被收购的德国企业定位为整个业务集团中的旗舰公司和榜样。案例 3 的受访管理人员表示：“（我们母公司）传达的信息很明确：我们必须成功管理我们的业务。这是其他一切的基础。引用我们中国母公司首席执行官的话说：‘你是老师，我们的员工必须学习。’”

为了实现中国母公司与德国目标企业在运营层面的合作，并最终实现知识转移，可以采取不同的运营整合方式。一种方式是创建新的业务单位，具体来说，即在中国或德国建立联合运营的研发中心或合资企业。另一种方式是达成德国目标企业与中国母公司之间的许可协议。关于这个问题，案例 17 的受访者解释：“知识转移还包括财政方面。我们必须考虑到某些税收法规。因此，我们与中国母公司达成了许可协议。”为实现在业务层面的知识转移还可以采取包括员工培训、与两个国家的员工组成项目团队、研讨会以及最常见的中国或德国员工部署等行动。在一个案例中，中国母公司员工的学习过程也包括视频教学。因此，所有这些措施的共同点在于它们最终旨在支持被收购的德国目标企业与中国母公司员工之间的个人互动。

然而，与上述结果相反，我们还发现德国目标企业和中国母公司继续分开经营业务的情况（案例 4、案例 8、案例 11 和案例 15），因此没有发生知识转移。例如，案例 11 的受访经理提及："原则上，与（欧洲）控股公司的同事保持持续的交流。从这个意义上讲，信息交流时相互的。……但是，没有正式组织的知识转移——没有与业务相关的内容。也没有技术转让或讨论。"

因此，我们认为在中资企业在德跨境收购中，知识转移作为运营整合的一部分发生，通常伴随着组织结构整合。知识转移有意通过直接或间接放大被收购目标企业与中国母公司员工之间的个人互动的行动来获得支持。

第三节

在德中资企业并购后向母国的知识转移

在大多数情况下，德国目标企业的知识程度在经济上通常比中资跨国公司的知识程度更有价值。因此，我们现在要更细致地研究德国目标企业作为知识发送者的能力和意图。

从访谈结果来看，一开始的知识转移主要涉及技术领域，转移方向主要是从德国到中国（在 12 个案例中发现了支持性陈述）。受访者表示，德国目标企业帮助中资跨国公司实施更现代化、更有效的制造流程，来自德国目标企业的工程师能够帮助中国母公司开发新产品。此外，有人提到中资跨国公司利用研发成果和德国目标企业的设计能力提高了产品的质量。然而，还有一些案例表明中资跨国公司在技术上的进步足以实现技术知识的相互转移（5 个案例中的支持性陈述）。中方输入的知识甚至有利于德国目标企业推出新产品。例如，案例 6 的管理人员表示："我们一起开发设备。目前的重点是电池供电设备，占我们工厂销售量的 50% 以上。然而，我们在这一领域的占有量仍然很小。因此，这对我们具有战略意义。我们仍然太小，（与我们的中国母公司相比）我们没有必要的专业知识。……这是我们意识到的一种协同作用。"案例 14 的经理这样解释："我们联合开发了一款相机控制的自动技术，这是一项全新的技术。其中 80% 的解决方案由中方提供。"

与技术知识的传播相比，无论在哪个方向，与轻触整合模式一致的管理知识似乎都在非常有限的范围内转移。然而也存在两个特殊案例。这两个特殊案例的特点是，为提高竞争力，被收购的德国企业的管理被指示重组和精简（在案例 13 中是一个子公司，在案例 3 中是整个业务部门）。案例 3 的受访经理表示："（就我们而言）管理知识的转移（与技术知识相比）是一个更大的问题。我总是以德国柏林墙的倒塌为例。那时，也有来自计划经济的企业。几乎没有人幸免于难。他们没有正确的心态。……我们必须实现这种转变。……我们正在全力以赴实现（企业文化）的转型。”

因此，我们认为中资企业在德国跨境收购中的知识转移特别关注技术领域。主导转移方向是从被收购的目标企业到中国母公司。然而知识转移也可能以互惠的方式发生，这意味着中资跨国公司本身可能不再具有知识劣势，同时，它们拥有与德国目标企业相关的战略资产。

第四节

在德中资企业向母国知识转移的影响因素

德国目标企业和中国母公司之间存在显性知识的转移（Anderson et al.，2015）。然而，中资跨国公司寻求战略资产的性质意味着这些资源还包括深深嵌入在德国目标企业的组织管理过程中的隐性知识中（Zheng et al.，2016）。从访谈结果来看，关于德国企业将知识传递给中国母公司的意愿和能力，受访的三位管理人员（案例 10、案例 16 和案例 17）明确表示，德国企业以往分享知识的经验有助于将知识转移给中国母公司。在案例 17 中，这家德国公司通过在另一个欧洲国家建立工厂积累了转移技术知识的经验。案例 10 中涉及的公司在收购前甚至是合资伙伴。在案例 16 中被收购公司的经理提到了已经在美国进行过员工培训的员工。然而，受限于员工流动的灵活性，员工部署并不是实现知识转移的最终工具。关于这些限制因素，一位受访的法律顾问提及：“当然，吸引一些员工到中国工作是可能的，但并非那么容易。想象一位德国工程师，48 岁，已婚，有两个孩子。你可以说服他去中国做几个星期不同的项目。但是，他不会永久地搬到那里。”

在一些案例中（在 6 个案例中发现支持性陈述），对剥削的恐惧是德国目标企业和中国收购公司的管理层亟待处理的问题。尤其是在收购完成后不久，德国目标企业的员工和工会成员对中国新东家产生了焦虑和怀疑。然而，受访者提及，收购方和被收购方都渴望减少对剥削的恐惧，无论是在谈判阶段还是在合并后阶段。在案例 10 中受访经理强调了这一点：“一开始，他们（员工）肯定很担心。人们自然担心：‘一家中国公司只想获得我们的专业知识。一旦他们拥有它，他们将减少（德国）的员工数量。’最初，母公司高层管理人员参加收购后的第一次员工会议并解释他们的战略是非常重要的。使人们平静下来的不仅是他们的声明，也是他们的行动，例如，资助研发活动等。”为表明承诺和建立信任，中资跨国公司采取的行动是确保选址在德国。而德国管理者的目的是减少员工传递知识的阻力，尤其是通过沟通获取知识的好处，并强调适应和创新的压力。案例 12 中受访经理的陈述反映了这一点：“我在开始时说过，我认为企业集团内部进行知识交流是绝对必要的。我们隐瞒我们的知识是不能接受的。……我们的定位保证是一个飞跃。我们总要有两到三个新想法在酝酿中。……不仅因为中国人，而且最重要的是因为我们的竞争对手。”

此外，在访谈中发现，语言障碍也是知识转移的主要障碍，无论知识转移发生在哪个方向（在 13 个案例中发现了支持性陈述）。例如，案例 5 的受访经理表示：“事实上，由于语言的原因，很多东西都丢失了。我们把英语作为第二语言，中国人也是。他们说的比我们说的更糟糕。”

我们还发现，知识转移对中国母公司的影响受限于中国母公司技术人员相对较低的吸收能力。例如，案例 7 的受访经理表示：“当然，中方存在知识差距，尤其是在我们的核心竞争力方面。事实上，他们处于较低的水平。”德国目标企业的几位管理人员也表示，中国劳动力忠诚度普遍较低，员工流动率较高。由于流动率较高，投资定期培训以减少中国母公司技术人员的知识差距的吸引力较小。

正如我们所料，我们发现隐性知识的转移也是德国目标企业与中国母公司之间知识转移的一部分，而且很难实现。这特别适用于德国目标企业对中国母公司的知识转移。我们发现德国目标企业旨在提高中国母公司员工的质量意识和创新能力的案例。这一点明显反映在案例 7 的受访德国管理人员的陈述中：“当然，我们从硬性事实开始，其中包括技术描述、专利等。但是，如果没有正确的意识，这是行不通的。……促进创新是一项巨大的挑战！……实施质量意识也是一个非常困难的过程。……我们派了两三名员工到中国母公司，他们的任务是保证质量。然后，有一天，他们发现 20 ~ 30 台机器的质量很差，因此他们指示工人将有缺陷的机器拆卸，以便向他们（中国工人）解释他们如何改进。所有故障部件都放在一个红色的盒子里。两周后，盒子又空了，损坏的部件已安装在其他机器上。后来，领班解释说，他在交货压力下，急需零件。即使他知道红盒子中的零件质量不合格，他还是简单地使用了它们。改变这种行为需要付出很多努力。”

除了受限于知识发送者的传播能力和知识接受者吸收能力以及知识的特征外，我们还发现跨文化问题是中国母公司和德国目标企业之间知识转移有效性的影响因素。正如 Buckley 等（2006）所言，西方跨国公司在中国通过绿地投资和合资企业建立工厂转让知识过程中，中西方文化存在较大的差异。这反映在案例 1 的中国经理陈述中："有时也和不同的文化背景有关。例如，在会议期间，德国人喜欢组织会议并逐点讨论议程。之后，他们会问每个人是否都理解了一切。如果德国人说是，这意味着确认和协议。如果中国人说是，这意味着我们注意到了。这是一个很大的不同。这并不意味着达成协议。即使你事先就一个共同的目标达成了共识，这也会引起误解和冲突。"

因此，我们认为在中资企业对德国跨境收购背景下，影响知识转移成功的因素包括双方的吸收和传播能力以及被转移知识的特征。此外，知识转移也因跨文化问题而变得复杂。

第五节 结论与讨论

通过从组织学习视角分析中国企业收购德国工业企业中的知识转移，研究发现被收购的德国目标企业以轻触整合模式融入中国母公司的组织结构中，并凭借聘用新冒险家来协调德国目标企业和中国母公司的沟通（Si and Liefner, 2014）。在这种情况下，知识转移作为运营整合的一部分而广泛存在。促进知识间接传播的管理行动包括建立合资企业和研发中心，以及达成中国母公司与德国目标企业之间的许可协议。此外，知识转移还通过德国目标企业员工与中国母公司（如员工部署和员工培训）之间的个人互动得以实现。

研究结果还表明，中资企业跨境收购中的知识转移特别关注技术领域。其中，德国目标企业主要扮演知识传播者，而中资跨国公司则主要扮演知识接收者。然而，知识转移也存在以双向形式发生的情况，因为中国母公司已经在某些特定技术领域（如储能技术和 IT 解决方案）获得了高水平的专业知识。

然而，中资企业在德国跨境收购中的知识转移的有效性受到被收购的德国目标企业的传播能力、被传播知识的特征以及中国母公司和被收购企业在收购后整合阶段的互动的影响。中资企业跨境收购中的知识转移是嵌入在国家背景中的，而且这些国家特定因素与知识转移的影响因素相互关联，并形成了知识转移的影响因素，但其作用与其他国际环境中知识转移的影响因素并没有本质的不同。中资企业在德国跨境收购中成功实现知识转移的关键在于收购方和被收购方员工之间有效的个人互动。员工在公司内的流动性有限、担心将被收购企业的知识传递给母公司、中国员工跳槽率高、语言障碍等都是个人层面知识交流的障碍。此外，提高中国母公司员工的技术知识、质量意识和创新能力也是一个挑战。与此同时，中西方文化的差异和跨文化问题也使知识交流变得复杂。为了解决知识转移中的困难，中德双方可以采取网上交流、提供地点保障、实施雇主品牌措施以及提供语言课程和跨文化培训等措施，来提高员工的跨文化敏感性、智力和能力。

第十章

跨境并购后的企业供应商和客户管理

现有研究中关于中国对发达经济体的跨境收购主要关注直接参与收购的企业。人们普遍认为，中国跨国企业在发达经济体开展跨境收购是为了获取与自身资源和知识互补的战略资产（Deng，2009；Deng et al.，2017）。为了战略寻求动机，中国企业通常尽可能保留被收购发达经济体目标公司的决策自主权（Marchand，2017）。此外，现有研究表明，发达经济体目标公司之所以被收购是希望能够为企业未来的发展和创新获得资本，从而更好地进入中国市场，向低端市场扩张（Knoerich，2010）。然而，目前关于中国在德跨境收购的研究中，关注收购方对被收购目标公司现有供需关系影响的研究还鲜有所闻。在这一背景下，我们试图研究被收购德国目标公司的企业客户和供应商对中国跨境收购的反应及其影响因素。在本章中，我们主要关注被收购公司的企业客户和供应商关系，没有研究被收购公司可能存在的企业对消费者（个人客户）关系（如果没有另行说明，本章中的“客户”指企业客户，后文不再赘述）。

第一节 理论综述：主体互动与合作创新

一、外包和客户—供应商的互动

随着工业时代向知识经济转型，工业生产过程中不同企业之间的协作和互动越来越紧密（Liefner，2016）。根据 20 世纪 90 年代兴起的知识经济概念，知识是发达经济体实现竞争力和长期经济增长的关键资源，而资本和劳动力作为传统生产要素的重要性正在逐渐减弱（Liefner，2016）。信息通信技术的突破性进步极大地促进了知识的传播（Cooke，2009；De Man，2008），随着产品知识含量的增加，企业需要专注于核心竞争力以保持竞争优势（De Man，2008）。核心竞争力代表公司特定的技能和知识，这些技能和知识提供了进入广阔市场的机会，并为市场参与者贡献价值，而且使竞争对手难以模仿（Prahalad and Hamel，1990）。此外，信息和通信技术领域的进步有助于企业专注于核心能力，因为采用了新的沟通方式，企业与供应商协调过程产生的交易成本已经大大降低。目前，将生产过程中技术复杂的大型部件委托给外部供应商进行代加工是十分合理的（Bettis et al.，1992；Gilley，2000）。

在研究中，这种业务任务的委托被称为外包。外包是指与一个或多个供应商签订合同，从而完成先前由公司自身完成的能够带来增值的特定任务（Espino－Rodriguez and Padron－Robaina，2006）。外包导致了生产过程的纵向分解，并对价值链上下游企业的相互作用产生了深远的影响。外包需要对业务活动的计划、执行和控制等环节进行责任的细分（Liefner，2016），此外，外包通常包括将深度隐性知识和编码知识转移到外部组织（McCarthy and Anagnostou，2004）。因此，企业在一定程度上将其经济命运掌握在供应商手中，外包将供应商关系变成了一个高度敏感的问题。另外，由于知识经济的出现，外包导致生产过程的模块化组织越来越多，对外部供应商的依赖越来越大，公司之间的界限越来越模糊（Contractor et al.，2010）。

二、合作创新

与生产过程一样，知识经济时代的创新活动也日益体现出企业间高度协作的特征。产品与服务的创新不再是单个公司的研发工作，而是一个商业网络中多家公司的合作。专门从事某一特定知识领域的工作导致越来越多的公司需要与其他不同的公司进行合作以获得互补的知识（Nonaka，1994）。著名的领先用户和开放创新概念都强调了外部联系有助于获取有用的信息和相关知识，从而推动企业的快速发展（Hippel，2005）。

德国汽车和机械工程行业中也存在外部组织频繁参与创新过程的现象。由于德国机械工程行业中新产品的开发是根据个别客户的个性化要求和规格构建的（Liefner and Zeng，2016），因此其创新通常是“指导性创新”（Kalkowski and Manske，1993）。此外，通过分析365家德国机械工程公司的样本，Kinkel和Som（2007）发现41%的受访公司与其他企业合作开发创新，反映了德国机械工程行业的密切联系。如图10－1所示，德国汽车行业的供应链呈现“金字塔”结构和模块化结构。“金字塔”的顶端是一些强大的大型原始设备制造商（OEMs），这些原始设备制造商由约5500家在价值链不同层次上运营的中型供应商供给设备（Becker，2010）。

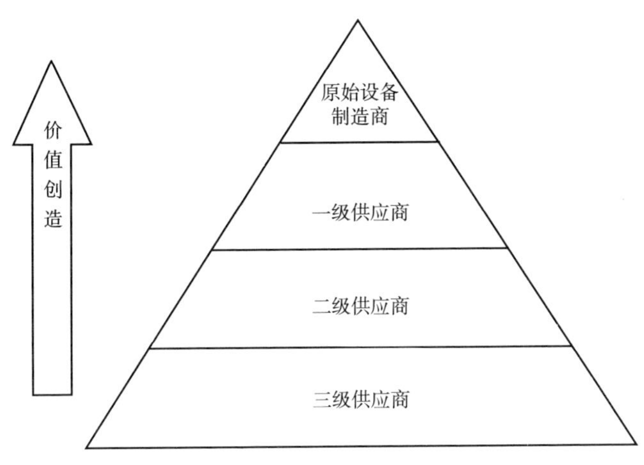

图10－1　德国汽车工业的价值链

由于德国汽车行业的高度模块化结构，创新往往源于价值链上企业之间的垂直或水平合作以及与研究机构的合作（Kleinert，2017）。2014年，德国汽车企业累计研发支出的47%用于跨公司研发项目和合同研究，这表明该行业高度的相关性和紧密协作的创新模式。总之，知识经济背景下的创新需要与公司外部知识来源建立更紧密的联系，因为与企业客户、个人客户和供应商的联系可以从根本上决定了一家公司的创新能力，进而决定公司的市场能否成功，所以这一联系变得越来越重要。

第二节

被收购德国公司客户和供应商的反应

以往从业务网络视角对公司收购进行的调查发现，收购可能会对被收购公司的企业客户或个人客户与供应商关系产生完全不同的影响，这些影响包括从解散到加强被收购目标与其企业客户或个人客户与供应商之间的业务关系（Anderson et al.，2012；Kato and Schoenberg，2014）。图 10－2 刻画了公司收购对被收购公司的客户和供应商关系可能造成的影响。

图 10－2　被收购公司客户和供应商对收购的不同反应

据我们所知，目前还没有关于中国跨境收购如何影响发达经济体中被收购公司的客户和供应商关系的实证证据。然而，根据中国企业国际化相关研究的调查结果，我们可以得出一些初步推断，为被收购德国公司的客户和供应商可能存在的反应提供大致的方向。

一、负面反应

认知距离可能对中国并购方与被并购方外部联系造成严重损害。认知距离是指不同网络参与者心理概念的差异程度（Nooteboom，2000）。由于人们的心理概念是通过与制度环境的互动形成的，因此不同制度背景的人会形成不同的心态（Nooteboom et al.，2007）。Si 和 Liefner（2014）对绿地投资和合资企业在德国设立的中国子公司进行了抽样调查，发现语言障碍、文化障碍和不熟悉国外商业惯例等方面的认知距离导致母公司和子公司之间的协调过程冗长，从而阻碍了子公司与其当地企业客户或个人客户之间的有效互动。同理，认知距离也会发生在跨境并购中，并扰乱被收购的发达经济体目标公司与其客户和供应商之间的关系。

中国跨国公司缺乏公司特有的优势也可能影响被收购德国目标公司与客户和供应商的关系。公司特有的优势是指能够为公司在国外市场产生竞争优势的独特的资源或资源组合（Hillemann and Gestrin，2016）。Rugman（2009）认为，“几乎没有证据表明新兴经济体跨国公司发展出可持续的公司特有优势，尤其是基于系统集成和内部管理协调知识的公司特有优势，但这对于差异化网络的西方跨国公司的成功至关重要”。尽管这一观点存在争议（Buckley et al.，2018），但仍适用于现阶段中国跨境收购的具体分析。中国在德国的跨境收购是一个相对较新的现象（Zheng et al.，2016），许多中国收购方的知识基础，尤其是关于并购后的管理知识仍然较为缺乏（Peng，2012）。因此，外部网络合作伙伴对被收购企业的治理能力缺乏信心，可能会终止或不与被收购目标公司进行长期合作项目。

此外，中国还被视为知识产权保护水平较低的国家（Huang，2017）。因此，被收购德国目标公司的客户和供应商可能会怀疑中国母公司的诚信，并害怕敏感知识的泄露，这些企业可能会重新考虑与德国目标公司的关系。

二、中立反应

由于中国收购方谨慎的整合行为，被收购德国目标公司的客户和供应商对中国跨境收购的反应相对中立。与德国公司相比，中国公司通常更愿意在很大程度上保留其所收购目标公司的自主权，并给予外国子公司的管理层大量的决策自由（Marchand，2017）。

在现有研究中，这种整合方法被称为轻触式整合模式（Liu and Woywode，2013）或合作方法（Zheng et al.，2016）。这种并购后的策略包括保留被收购目标公司的管理团队、名称和品牌，在提供中国母公司战略指导的同时给予被收购公司管理层高度的决策自由。另一个特点是母公司参与被收购企业的监事会（Liu and Woywode，2013）。这种整合模式至少能够延续被收购德国目标公司之前的业务政策，因此，价值链上的企业客户和供应商对被收购目标公司的态度也可能基本保持不变。

三、积极反应

最后，我们也有理由认为中国跨境收购加强了目标公司与其客户和供应商之间的联系。Knoerich（2010）指出，因为德国目标公司希望获得公司发展和创新所需的更多资本，并且能够更好地进入中国市场和向低端市场扩张，所以德国目标公司愿意将自身“出售”给中国投资者。从目标公司的客户和供应商企业的角度来看，目标公司的扩张可以产生额外的订单，并达成需要投入高成本的联合研发项目。此外，在陷入困境的收购情况下，额外的资金来源可能导致业务合作伙伴的经济稳定。因此，被收购目标公司的企业客户和供应商可能对中国收购方持积极态度。

综上所述，分析表明被收购德国目标公司的企业客户和供应商对中国跨国收购持有的不同反应是可能存在的。然而，由于缺乏实证证据，很难评估这些假设是否能够形成普遍的规律，从而解释中资跨国公司在跨境并购中遇到的问题。

第三节

各主体对中国跨境并购的中立或积极的反应

本书收集的访谈结果表明，中国的跨境收购几乎不会对被收购的德国汽车和机械工程行业公司现有的企业客户和供应商网络造成严重影响。虽然在一些案例中企业客户和供应商最开始担心中国收购可能造成不利影响，但根据受访经理的陈述，被收购德国目标公司的企业客户几乎不会因为所有权的变更而永久终止其业务关系。例如，案例 6 的受访管理人员明确表示：“只有一位美国客户断然拒绝从一家属于中国企业集团的公司订货。然而，六个月后他改变了主意。我们的客户几乎没有明显的反应。”

被收购德国目标公司的供应商的反应也大体一致。在一些情况下，德国目标公司改变了部分供应商。然而，这主要是因为被收购德国目标公司管理层主动决定切断与原有供应商的关系。例如，案例 14 的受访人员如是陈述：“对于我们的一些供应商来说，收购产生了负面影响。原因很简单，就是我们不再向他们订货。我们能够从我们的中国母公司得到更好的价格，所以我们决定改变一些供应商。”

轻触式整合模式、中国收购者的战略利益以及企业客户的参与是反应模式很好地解释了德资被收购企业的原有客户和供应商对跨境收购的相对积极的态度。

一、轻触式整合方式的平静效应

Liu 和 Woywode（2013）通过分析中资企业在德国工业领域跨境收购的访

谈和二手数据，清楚地解释了轻触式整合模式。虽然在我们的研究中并非所有案例都满足轻触整合模式的所有特征（保留被收购目标公司的管理团队、名称和品牌、提供中国母公司的战略指导但给予被收购公司高度自由的管理决策权、母公司参与被收购目标公司监管委员会的监督），但就总体而言，中国母公司给予德国目标公司很大的决策独立性。例如，案例 1 的受访管理人员解释："目前，德国企业只是中国母公司的一个组织单位。他们可以决定自己在德国、中国等地的发展模式。德国企业的首席执行官直接向中国母公司报告，但他享有很大的商业自由。"

由于中国企业谨慎的整合行为，被收购德国目标公司的企业客户和供应商关系的认知距离问题几乎没有出现。德国目标公司管理层的离职并不会造成公司运营的剧烈波动，因为中国母公司会任命熟悉德国和中国文化和公司文化的员工，从而协调子公司和母公司之间的沟通。这些关键人物被我们称为新冒险家（Saxenian and Sabel，2008），他们既可以是中国母公司的前任经理，并以新的身份加入德国目标公司的管理委员会或担任行政职务；也可以是担任为监督中国跨国公司的外国业务运营而成立的公司代表，或者是新雇聘用的德国管理者的助理。

轻触式整合模式与新冒险家的聘用相结合，避免中国母公司与德国目标公司之间在语言障碍、文化障碍和不熟悉外国商业行为造成的内部认知距离。这一发现在案例 14 访谈中变得非常明显，一位受访者这样阐述："有一种方法非常有效。收购以后，一位中国同事加入了管理委员会。这位同事之前曾在中国母公司工作，毕业于德国大学。因此，他能够理解德国人的心态。他是我们中国母公司的守门人和接口。他负责所有的沟通。"

除了聘用新冒险家，德国企业不聘用或只聘用少数中国雇员。此外，据知情人士透露，汽车和机械工程行业的供应链已经国际化。因此，对于被收购德国目标公司而言，与中国母公司合作并不罕见，因此，被收购的德国目标企业与中国母公司之间几乎不存在外部认知距离问题。例如，一名受访的律师表示："供应商和客户的反应都没有问题。所有德国企业都在中国拥有客户或供应商。许多德国企业在中国生产。没有人在家做所有事。相反，德国企业依赖于许多其他企业。只有在以前没有与国际客户接触的情况下才会担心中国母公司。"

此外，在收购中，被收购德国企业的企业客户和供应商可能会担心中国母公司缺乏企业特定优势，但轻触整合模式减少了他们的担忧。在一些案例中，经理们提及，他们最初特别担心德国企业的产品质量在被中国公司收购后会降低。有人担心中国母公司不太重视德国子公司的质量保证措施，或中国母公司以及其他中国供应商的低质量中间产品可能会被安装到德国企业的产品中。有人还怀疑德国企业的产品质量可能会因生产转移到中国而受到影响。此外，还有诚信方面的担忧。由于中国公司的收购，客户和供应商担心他们的知识不可避免地泄露到中国。例如，在案例 15 访谈中这些质量和保密性问题变得很突出："当然有人担心。来自汽车行业的客户担心的一个问题是，通过收购我们，中国公司可以获得他们敏感的产品知识，例如下一代汽车的技术图纸，并可能与中国竞争对手分享这些信息。他们还担心技术转让和生产转移到中国。有人担心中国母公司无法保持我们产品的质量水平。人们有很多担忧。"

然而，采取轻触整合模式对德国企业的企业客户和供应商关系起到了安抚作用，德国企业在很大程度上延续了之前的商业政策，中国企业跨境收购几乎不会对被收购的德国汽车供应商和机械工程行业的企业的现有企业客户和供应商网络造成重大的不利影响。例如，在案例 8 访谈中反映了这一点："当然，一开始，我们不时从客户和供应商处收到有关我们未来计划的一些问题。显然，我们能够合理地向他们解释我们的战略。我们向客户和供应商明确表示不会有任何改变。我们解释说，我们无意暗中将中国制造的产品推向市场，或任何类似的计划。过去没有，将来也不会有这样的计划。这些信息极大地帮助客户和供应商冷静下来。"

二、中国收购方的长期利益和财务承诺

根据我们的观察，中国收购者是战略投资者有助于维持被收购德国目标公司的企业客户和供应商关系。作为战略投资者，中国收购者对目标公司有长期利益和财务承诺，有助于支持德国目标公司未来的发展。

由于中国母公司的这些特征能够实现长期的战略投资项目，因此尤其受到以前由私募股权公司所有的德国目标公司的欢迎。例如，一位受访管理人员这样解释："此前，我们曾连续被三家私营公司所有。私募股权公司通常不会投入大量资金，视野有限，也不认为自己是战略投资者。因此，作为战略投资者的中国母公司对我们来说是一个巨大的财富。在被几家私营公司所有之后，一

位着眼于长远、致力于我们发展的战略投资者对我们来说非常有利。”

管理人员还表示，中国母公司用资金支持财务状况良好的德国目标公司的增长战略，或者在德国目标公司陷入财务困境的情况下追加资金帮助德国目标公司摆脱经济困境。如案例 10 的受访经理所言：“我们不得不说，中国母公司强烈支持我们的发展。他们支持我们的国际化活动。我们甚至得到了中国母公司对我们研发工作的资金支持。”

据受访管理人员所言，因为这显著提高了德国目标公司的可靠性，有助于达成长期合作项目，所以被收购德国目标公司的供应商和企业客户非常认可中国母公司的参与。在案例 14 中受访管理人员这样阐述供应商的反应：“因为我们的资金流动性状况有所改善，所以我们的供应商对此次收购反应积极。从我们的流动性评分中很容易看出。……以前，采购部门的任务是谈判长期付款条款，以节省我们的流动资金。在某些情况下，我们甚至必须提前向供应商付款。现在情况完全改变了。现在我们以不同的方式付款，我们想立即支付从而获得折扣。我们现在是大多数供应商更好的合作伙伴。”在案例 6 中受访经理这样阐述企业客户的反应：“在我们由一家私营公司所有的那段时间里，我们的客户知道我们不能进行长期项目，因为我们的前任所有者不同意进行长期投资。但是对于战略投资者而言，这种情况已经发生了变化。现在，我们的客户认为我们可能是长期发展合作伙伴。”

三、关键企业客户在并购初期的参与

在汽车行业的收购中，因为在谈判阶段要求作为企业关键客户的原始设备制造商的反应是积极的，所以避免了客户关系的干扰。访谈证据表明，由于汽车行业的紧密联系和权力结构，原始设备制造商及其供应商之间的供应商合同通常包含控制权变更条款。这一条款赋予汽车生产商在供应商所有权变更的情况下终止与供应商业务关系的权利。一位受访律师这样解释：“大公司在合同中可能有变更条款的控制权，从而避免竞争对手接管其供应商。这通常意味着他们有特殊的终止权。这是在尽职调查期间需要检查的最重要的合同安排之一。”

由于供应商对汽车生产商的依赖程度较高，汽车供应商通常要求其主要企业客户获得中国公司的收购许可。例如，这一发现反映在案例 1 的陈述中：

“在完成交易之前，我们会与德国目标公司的所有主要客户进行交流。我们让他们知道，我们打算收购该公司。如果没有客户的确认，我们将不会达成交易的。”

第四节 结论与讨论

本章研究了以价值链垂直解体和合作创新逐渐增多为特征的知识经济背景下，中国跨国并购对被收购德国目标公司的企业客户和供应商关系的影响。尽管一些被收购德国目标公司的客户和供应商在收购后会出现短暂的担忧，但通过对德国汽车和机械工程行业的中国跨国并购的多个案例研究后发现，中国跨国并购几乎不会严重影响被收购德国目标公司现有企业客户和供应商关系。但我们也应该看到，在极少数情况下，被收购德国目标公司的网络合作伙伴也会因所有权变更而决定终止业务关系。总体而言，事实证明中国跨国并购对其收购的德国目标公司的企业客户和供应商关系具有相对中性或积极影响，这一结果与中国收购者的具体特征有关。我们发现中国跨国公司较少整合德国目标公司，并在很大程度上保留了子公司的决策自主权。一般情况下被收购德国目标公司的前高层管理人员仍然掌管公司。收购完成后，德国公司还聘请了熟悉德国和中国文化和公司文化的新冒险家，协调子公司与母公司之间的沟通。只要德国目标公司盈利，德国目标公司的人力资源政策和一般商业政策几乎没有变化。中国收购方的整体保留模式有助于避免内部和外部认知距离问题，进而避免影响与被收购目标公司企业客户和供应商的关系。此外，一开始德国目标公司的业务网络合作伙伴可能会担心由于中国跨国公司缺乏企业特定优势而导致的质量和保密性问题，但是保持德国目标公司的企业文化和商业政策能够减少他们的担忧。在并购中，中国跨国公司作为战略投资者对德国目标公司的经济健康发展做出长期利益和财务承诺。德国目标公司的客户和供应商非常欣赏这一举措，认为中国公司的参与有助于被收购德国目标公司的经济稳定，并且有助于他们进行长期合作。另外，从德国汽车行业的收购案例可知，为避免客户关系的不利影响，在谈判阶段要求作为企业关键客户的原始设备制造商的反应是积极的。考虑到这些情况，我们得出以下结论：总体而言，由于轻触整合模式、中国收购方的长期利益和财务承诺以及关键客户的早期参与，中国跨国并购对被收购德国目标公司的企业客户和供应商关系具有中性或略微积极的影响。

本章对深化中国在德国跨国并购的理解有重要贡献。本章提出了中国跨国并购如何影响被收购德国目标公司的企业客户和供应商关系的研究问题。基于多个案例研究，我们假设由于保留了被收购德国目标公司的自主权、中国收购方的战略意图以及关键企业客户的及时信息，中国跨国并购对被收购德国目标公司的供应商和客户的影响将表现为中性或略微积极的关系。因此，在中国跨国并购寻求战略资产的动机和德国目标行业公司间紧密联系的背景下，本章提供了中资跨国公司国际化研究中一个关键但尚未充分研究内容的初步见解。本章的理论内涵是轻触整合模式不仅有助于缓解中国跨国公司与其被收购目标公司之间的关系（Liu and Woywode，2013），而且由于这一模式避免了认知距离问题以及弥补了中国跨国公司缺乏企业特定优势带来的质量和保密性问题，因此也有助于维系被收购目标公司现有的企业客户和供应商网络关系。从组织管理上看，出于战略资产寻求目的的收购方，尤其是来自中国和其他新兴国家的收购方，应该选择低水平的整合模式，逐步改变被收购德国目标公司的结构和业务政策，从而支持外部整合。为避免破坏与关键企业客户和供应商的关系，管理人员应该主动与他们沟通收购目的并做出相应的承诺。

第十一章

中资企业国际化的困境与经验教训

在前面的章节中，我们结合绿地投资和企业并购探讨了在德中资企业的动因、区位选择因素，基于产业链上下游供应商之间的关系和产学研关系探讨了中资企业融入当地网络对知识吸收的作用。上述研究发现对德投资对母公司的成长具有战略性的意义，对企业实现技术追赶具有重要的价值。然而，中资企业作为后进企业在德国也遇到各种困难和挑战，如公共关系管理、语言交流障碍、当地劳动力雇用的困难以及与母公司难以进行及时有效的知识共享等问题。本章将 Uppsala 学派提出的国际投资过程理论应用于解释在德中资企业的投资困境。国际投资过程理论主张企业国际化是一个动态的过程，而企业国际化的最大障碍源于对东道国知识的缺乏，而这一情况将随着企业在外国市场决策和经验学习的增多而得到改善。国际投资过程模型提供了企业国际化过程中企业困境和知识学习的分析框架。这一基于企业有限理性的动态行为模型，非常适用于企业国际化的实证分析（Johanson and Vahlne，2009）。

第一节

理论综述：国际投资过程模型、学习和认知距离

一、国际投资过程模型与认知距离

国际投资过程模型认为海外子公司的障碍根源于外来者劣势，即导致跨国公司海外子公司处于竞争劣势的海外商业运营成本（Zaheer，1995）。心理距离（Psychic distance）指语言、文化、制度等可能造成理解外国障碍的因素总和，被用来说明本国与东道国之间的差异，心理距离越大，外来者劣势也就越

庞大。因此，企业国际化是一个渐进式的过程：跨国公司倾向于选择在心理距离上靠近本国的外国市场开始扩张，然后再逐渐进入距离更远的海外市场(Johanson and Wiedersheim - Paul 1975；Johanson and Vahlne，1977)。

然而，心理距离是用于衡量母国和东道国之间的差异，是一个较为静态的概念，但并不能很好地解释中资企业在德国所面临的困难。本书将与心理距离密切相关的一个概念——认知距离（Cognitive distance）引入对外直接投资的分析中，用于分析中资跨国公司母公司和子公司之间的知识代沟。认知距离指代网络中不同参与者的知识主体的差异。对于认知距离来说，认知取决于制度环境和路径依赖。人们在与制度环境的互动中形成了心理范畴，并根据心理范畴来感知、解释和评价世界，人与人之间认知距离的概念也由此产生。对于公司而言，为了有效地协调能力和动机，同公司的员工需要持有某些特定的基本原则和价值观。组织关注层面的不同导致了公司间的认知距离。当讨论不同地方的不同个体、公司间的相互作用时，认知距离是一个比心理距离更好的概念，能更好地揭示出企业之间的关系（Nooteboom et al.，2007)。跨国公司的海外子公司涉及两大认知距离：一是与东道国客户的认知距离（外部认知距离)，二是与本国母公司的认知距离（内部认知距离)。子公司的学习努力将导致认知距离模式的动态变化，但并不一定能消除主要障碍从而使企业获得商业成功。认知距离为我们提供了一种多主体视角。

国际投资过程模型虽然得到了广泛的认可，但应用到经济地理学领域进行研究还存在着较大的不足。第一，它没有区分在跨国公司中子公司和母公司的不同功能。海外子公司的经验学习和决策提供了与未来投资决策潜在相关的新知识。然而，关于进一步扩张的区位选择和进入模式的决策则由母公司来制定。第二，该模型将商业环境视为新古典主义市场而不是一个与现实世界更为符合的关系网络。第三，国际投资过程模型中一个极其重要的潜在的假设是海外业务开展中人员的关键作用（Andersson et al.，2002)，但是这些人员在企业国际化过程中的影响还有待进一步研究。

二、本地网络和地方根植性

根植性（Embeddedness）由社会网络理论发展而来（Granovetter，1985)。网络由行为主体及其关系构成，区域性网络往往孕育出能够控制和影响通信、知识交换和学习过程的特定制度（Cooke，1998）。根植性的概念强调了作为网络主体的收益，即在这样的伙伴网络中，信任和特定网络形成的制度促进了彼此间密切而频繁的协作（Uzzi，1996）。根植于此的行为主体将从新信息的获取了解到他人对新信息的态度和判断，并从中获益。因此，根植性能有效地学习特定地区的知识，事实上，这些知识就是循环流动在由本地行为主体构成的网络中的知识。位于东道国的子公司想要获得持续而长期的成功，与区域网络建立联系并嵌入其中似乎至关重要，Johanson 和 Vahlne（2009）在接受外部者劣势（Liability of outsidership）时就承认了这一事实。网络外部劣势指的是公司在试图进入一个自身没有任何网络地位的外国市场时所受的阻碍，这是除外来者劣势外又一大阻碍来源。

我们认为，一个新建的子公司必须具备一定的资源，才能嵌入当地。一方面，获取和雇用当地的管理者和人员将有利于这些资源的获取，特别雇用是对母公司和子公司所在地都很了解的人员；另一方面，嵌入性需要基于管理者和员工的个人层次上的学习，以及作为个人集合体在公司层次上的学习。在这两种情况当中，这个子公司都需要具备一定的资源以适应新环境。

然而，这种适应给很多公司带来了巨大的挑战，正如本章将要提到的一样，企业嵌入当地的能力各不相同，对那些过去毫无海外投资经验的公司而言更是如此。例如，如果跨国直接投资是以收购当地企业的形式来进行的，而被收购企业的组织结构又保持不变，那么该公司在当地将保持很强的根植性。然而，如果跨国直接投资是用于绿地投资，并且大部分的人事资源来自母国，如中国，那么这个新公司在一开始便毫无根植性可言。在这种情况下，外派管理者和人员必须学习，或者公司必须雇用当地劳动力，这两种形势都伴随着资源的必要转变。简言之，公司的特点，如管理团队的背景和进入方式，都会使公司克服海外障碍的能力有所差异，但国际投资过程模型恰恰忽略这些影响，因此需要对其进行更为深入的实证研究。

三、小结

表 11 -1 总结了我们关于概念讨论的逻辑。基于国际投资过程模型，外国子公司的阻碍主要来自外来者劣势和外部者劣势，而这些可以通过嵌入当地网络和吸引新资源来解决，各子公司克服困难的情况因其能力而异。然而，当试

图去调查一个跨国公司体系内的相互作用时，我们注意到了子公司的努力所带来的影响，子公司的适应对整个跨国公司体系有重要的影响。子公司带来的新知识使跨国公司体系的知识体得以扩大，但同时也会导致母公司和子公司之间的张力，因为子公司的知识转变和母公司知识基础可能相去甚远。当通过遗忘与新区域相关性较低的信息去学习某个特定地区的信息时，子公司的影响将会尤其突出（Szulanski，1996）。当子公司内部新的工作程序逐步建立起来时，个人层面上的遗忘将会通过与组织层面的相互作用得到巩固，那么子公司在知识、工作程序和核心能力上将会逐步远离母公司，这种负面影响将会在实证部分得到证实。

表 11－1　　相关概念及其核心论点

概念	解释层面	内容
国际投资过程模型	国家间知识差距的影响	外来者劣势和心理距离
		外部劣势
认知距离	网络中知识差距的影响	地方层面的知识主体
		企业层面的知识，与所在地域紧密相关
		个人层面的知识
根植性	社交联系的影响	成为本地网络的一部分及理解本地知识主体的方法
资源基础观	企业资源的影响	需要获取和利用一定资源（新冒险家）
		为了增加/拓宽知识面而学习

所有这些概念在某种程度上都承认经验和学习在国外投资成功决策中的重要性。中国投资者的案例能够向我们证明，当已有经验不足时，会产生怎样的不良后果。到目前为止，这一问题在理论和实证文献中还没有得到足够的重视，而随着中国对外投资的不断增加，对这一问题的回答也将变得越来越迫切。

第二节

中德商业环境差异造成在德中资企业的经营困难

在采访过程中，我们主要聚焦于以下四个问题：（1）在德国投资过程中，中国公司是否遭遇阻碍；（2）如果有困难的话，他们面临的是何种阻碍；（3）产生阻碍的原因；（4）中国公司的反应以及在采取适当措施过程中遇到的困难。这部分会引用采访的内容来阐述这些问题。结构如下：首先，我们将会讨论由心理距离和外来者劣势引起的外部的认知距离。其次，我们将会评估本地根植性的影响。我们将确认跨国企业在嵌入当地过程时能否“创造”内部的认知距离这一事实，并阐述一个海外子公司必须面对的知识结构。这个悖论与公司特点、资源密切相关，这些将在第三部分提到。第四部分会讨论缺乏新冒险家使在德中资企业的处境更加艰难。这样的结构顺应了我们采访的逻辑，并反映了投资者的典型经验。

外部的认知距离是由中德两国之间巨大的语言、商业习惯和文化差异所造成的。受访的中国公司和专家都声称德国的商业环境过于复杂和陌生，以至于难以捉摸。与来自发达经济体的跨国公司相比，他们的境遇更困难，因为他们没有国际公认的品牌来克服外来者劣势（Child and Rodrigues，2005）。正如一位总经理和一位联合秘书曾提到的：“在德的中资跨国公司中，只有少数几个像华为这样的成功企业。他们需要去解决与顾客和公众之间的所有误解，而这些误解很有可能就导致了企业的失败。我们俱乐部中的一些成员，像东风汽车，在中国享有极高的知名度和信誉，但是德国公众对它是持怀疑态度的。很多德国人认为‘中国制造’意味着低价劣质。”

除了复杂的商业因素之外，中资企业在德国遇到的困难是由中德两国之间巨大的语言、商业习惯和文化差异所造成的。首先，中国员工只说英语或者一些非常简单的德语，语言能力上的欠缺导致了很多误解。其次，德国的商业运作基于法律，而在中国，关系网却更为重要（Yeung，1994）。最后，商业文化重视信息透明度，而中国在这方面稍显逊色，比如说只有像华为和三一重工这样的大公司才有公关部门来定期地发布公司的信息。一位公关部经理是这样说的：“中国人相信沉默是一种好的品质，他们倾向于低调的作风。人们更愿意做生意而不是谈话。但是这样的‘沉默’造成了德国公众更多的不信任。”

第三节

与在华母公司的认知差异是在德中资企业面临的二度困境

在前述对认知距离的分析中，在德中资企业子公司等同于中国制度，而德国公司等同于德国文化。总结本书理论部分的理论讨论发现，解决中国公司所面临问题的恰当方法是嵌入当地并学会融入当地文化。然而，母公司和子公司间日益增长的内部认知距离是问题产生的另一个原因。在德子公司的个体学习转变了子公司管理者的价值观和思维，而这样的转变并不为中国本部所理解，因此认知距离并未减少，相反还将从外部化转向内部化。这也是国际投资过程模型中有所忽视的关于根植性和学习带来的负面影响。一位子公司管理者曾说道：

通过我们分公司进行的母公司和顾客之间的交流是很耗时耗力的。就拿售后服务来说，在聘请一个德国人去与顾客进行协商的同时，我们还需要聘请一个中国人去向母公司汇报商品质量和物流问题。中国母公司随计划任意变通而不在意时刻表的行为让德国员工和顾客感到无法理解。

一位中国子公司的德国合伙人表达了他的观点：“母公司向德国派送了中国人但却不给他们决策的自由。所有的决策都由对德国市场一无所知的中国母公司来制定。毫无疑问，这样一来，所有子公司的决策都是滞后于市场的，甚至有些还是错误的。”一位子公司管理者也持有相同的观点：“和中国母公司交流真的非常困难。当 CEO 并没有获得很好的教育时，他也许能凭借自己的经验去管理一个有几十个员工的公司，但是当公司员工多达几千人，尤其是还有着国际化野心时，这就难以实现了。”

德国管理者大多认为与中国母公司共事很困难：

母公司毫不在意时间表，我需要去做额外工作来满足他们的中国式喜好。其次，由于母公司的所有权不同，情况也有所不同。因为所有权相同的公司对于管理团队的选择有类似的倾向，所以形势的改变取决于母公司的所有者。通常来说，国有企业，如中国银行、中国国航和五矿集团，需要考虑的不仅仅是利润。这些企业的总经理大多是从母公司派来的，并且没有海外经验。相反的，民营企业更倾向于去聘用海外华人，因为他们懂得管理德国员工，了解德国顾客，同时还能与中国母公司沟通。以宏发为例，他们的总经理是海外华人，他聘请了两位副经理，一个经验丰富的德国人负责市场部分，一个中国人负责后勤以及与中国的沟通交流。

正如图 11－1 所示，我们发现用来阐述中国母公司和德国消费者间认知距离的案例是和前面所述的公司国际化是一样的，因为此阶段的认知距离主要是因为中德间的心理距离以及中国公司的能力都处在类似的水平。所有的子公司要克服的认知距离都是一样的，他们必须在地区和公司间的认知距离范围内进行操纵，并确保他们学习如何在东道国取得成功的同时，保持与母公司沟通的能力。

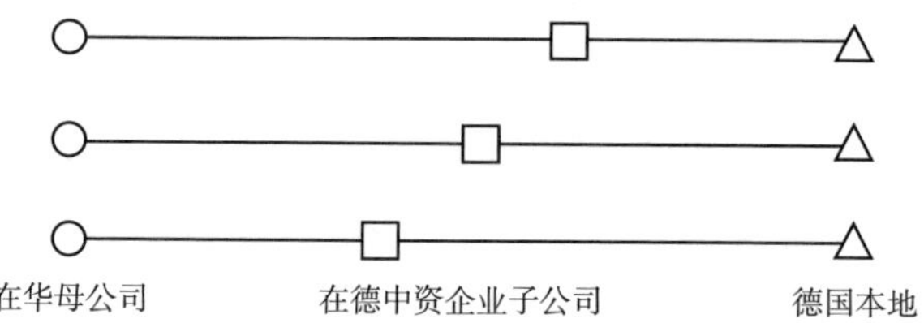

图 11－1　母公司、子公司与当地客户之间的认知距离

子公司在外部认知距离和内部认知距离中间的位置，会受以下三大因素的影响（见图 11－2、图 11－3）。

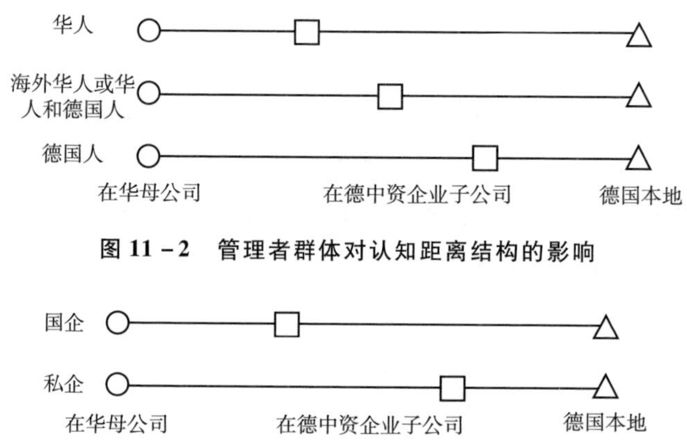

图 11－2　管理者群体对认知距离结构的影响

图 11－3　子公司所有权对认知距离结构的影响

第一个因素是管理团队的背景和已有的经验，这点对于新公司和小公司尤其重要（Reuber and Fischer，1997）。管理团队的人员结构分为只有中国人的、有国外工作经验或求学经历的海外华人的、中德人员合作的和只有德国人的。一个子公司应处的位置是更远离母公司而相对地更接近德国消费者。

第二个因素是企业所有制。因为所有制相同的公司对于管理团队的选择有类似的倾向，通常来说，国有企业，如中国银行、中国国航和五矿集团，需要考虑的不仅仅是利润。这些企业的总经理大多是从母公司派来的，并且没有海外经验。

第三个因素是进入模式（Klossek et al.，2012）。在德国进行并购的子公司通常会保留部分来自德方的管理团队，并派遣来自母公司的中国人作为监督者和联络员（Liu and Woywode，2011），如北京第一机床厂。在此种情况下，在德国的认知距离非常小，主要的认知距离存在于母子公司之间（Klossek et al.，2012）。

第四节

经营人才缺乏是经营困局难破的主要原因

当被问到中资企业克服这些障碍的诀窍时，所有的受访者都不约而同地认为能够同时了解中国和德国商业环境与文化的高级管理者是至关重要的（Saxenian，2007）。但是，由于以下三个原因，满足这类条件的管理者非常匮乏。

第一，德国现有了解中德文化的管理人员总量较少。德国不是一个移民国家，他们的官方语言德语并不为中国人所熟知，因此德国当地的华人社区远不如美国发达。同时，很少的德国人有与中国人共事或者在中国公司任职的经验，也很少有人了解中国的语言和习惯。正如一位人力资源顾问说道的那样，“满足这些条件的人通常都会高薪就职于在中国发展的德国好公司，他们根本不了解中国公司子公司，因而为了保险起见，会倾向于避免这些未知风险”。

第二，当地的华人社区有两个小圈子，他们几乎没有交集。这意味着一个圈子里的人很难去接近或者融进另一个圈子去接触到更多的人。第一个圈子是由20年前或者更早到德国的那批中国人组成的。他们可以讲流利的德语，并且很熟悉当地的环境，但他们中的一些人没有得到很好的教育，如他们可能没有大学文凭。第二个圈子由1999年“走出去”政策后到德国的中国人组成，这些中国人的家在中国，并且定期回国。他们中的大多数人以英语为第二语言，在中国国有企业或者政府部门工作。通常来说，他们得到了良好的教育。在各自的圈子中，人们保持着紧密的联系，一位受访者告诉我们，在圈子中他们可以通过朋友推荐来获取商业机会和人力资源。因为教育背景、职业诉求和对中国政策见解的不同等原因，这两个圈子不存在任何重叠。

第三，大多数子公司缺乏管理人才的能力。一些公司并没有意识到当地员工的重要性，一些公司对此不知道如何进行有效的管理，或者甚至没有察觉到在这方面有所欠缺。我们的采访中有这样一个案例：一个公司聘请了一个德国人，但公司却对合同一无所知，员工从网上下载了合同，这个公司居然在上面直接签字了，三个月后，公司想要解雇他，但根据合约需要支付他 30000 欧元的赔偿金，这给公司造成了巨大的损失。

第五节

结论与讨论

本章引入了认知距离的概念来分析在德中资企业子公司的障碍与困境，并与已有的国际投资过程模型进行对比。认知距离的概念更加开放，且更加聚焦于每个参与者而不是仅注重于国家层面，因此它更有助于理解在德的中国投资者所面临的问题。本章发现在德中资企业遇到的经营困境不仅源于中德管理环境的差异，也源于在德中资企业融入德国环境过程中造成的与母公司的认知差异和沟通不畅。因此文化差异带来的困难并没有消失，而是从在德中资企业与在德德资企业之间的认知差距，转移到在德中资企业与母公司之间。合格管理人才的缺乏和总公司的集权放大了在德中资企业的所面临的困境。

最后，还有一个有趣的问题就是关于我们的研究是否能有效揭示中资跨国公司对外直接投资的特征和困境，上述结论是否是发展中国家投资者的普遍特征。很显然，缺乏经验和资源以及对投资目的地的无知等特点也是来自其他国家背景的公司所共有的，然而，中资跨国公司特有的属性也塑造了本章研究的模型。没有对邻近国家投资的经验而积极进军海外应该是中资跨国公司独一无二的特点；同样适用的还有中国公司对接触科技领导者的渴望以及通过对外投资实现跳跃式发展的愿望。然而，另一个主要因素可能会对中国投资者产生负面影响，那就是公众的怀疑态度，且与许多其他发展中国家的投资相比，这种影响尤为明显。德国部分公众对来自中国的投资普遍表示担忧，但这种担忧并不局限于德国，实际上这种对中资企业的担忧广泛存在于西方国家。影响中国企业早期投资的因素有三个：第一，政府对投资者的支持引起了到底谁是真正的投资者这个问题，是独立的公司还是中国政府；第二，公共媒体对于中国是“低质量”产品提供者的频繁报道；第三，中国商业交易中透明度的缺乏导致了东道国对中国投资者是否遵循潜规则的怀疑，人们不清楚这到底是真实的还只是中国文化的特有产物。综上所述，由此而来的公众怀疑和不信任给希望与当地商业伙伴建立亲密关系，特别是希望吸引高质量人才的子公司造成巨大负担。

因此，当许多中国投资者能够使用大量的资本并致力于取得巨大的销售成功时，他们在发达市场上能否迅速取得成功需要进一步探讨，上述中国投资者激进的对外投资方式面临着巨大的阻碍，克服这些困难也需要一定的时间。事实上，中国投资者所面临的许多问题主要来源于背景知识的匮乏，不过，这些迹象也表明，私人和公共支持服务在帮助其进入发达地区和扩展市场方面具有较大的作用。

第十二章

企业对策和政策建议

基于项目实地调研发现，中资企业在德国等发达国家的投资主要为了开拓市场和获得世界一流的技术，面临着融入当地产业和社区不强、企业品牌和形象欠佳、与母公司协调不畅以及知识获取和技术提升途径有限等诸多问题。为了克服在德经营面临的诸多难题，为德国带来更多经济、社会、人文等多方面的效益，从而真正实现双向、持续的良性共赢，我国政府和企业可从以下几个方面入手。

第一节

企业融入当地网络，做有中国特色的“德国企业”

一、尊重德国法律和商业习惯，做有中国特色的“德国企业”

企业在德国拓展业务时，由于管理方式、文化观念的差异往往会带来冲突与摩擦，因而理解和尊重德国法律和商业习惯对于在德经营的中资企业具有重要意义。中方企业需要因地制宜地采用具有当地特色的管理手段，寻找中欧企业治理方式的平衡点，树立“企业公民”的责任感，努力经营中国出资的“欧洲企业”。

对内，企业应当以更加透明的方式进行管理运作，合理减少企业组织层级设置，通过完善监督以及沟通机制，定期公布工作规划和进度，为员工、企业与监管者创造了解企业经营情况与组织安排的机会，提升员工对于企业的信任感。

对外，主动与当地企业充分接洽并合作发力，寻求带动当地技术、价值链、供应链一同发展和升级，通过投资办厂、建立设计中心等方式，力求在欧盟相应市场产业链上下游扮演重要角色；总结并发挥自有研发、采购、生产、销售等价值链优势，参与当地行业交流会时与当地企业开展广泛而深入的经验交换，实现行业内优势互补、强强联手，最终提高整体行业产品质量与服务水平，携手共同建立行业生态。

此外，企业应提高自我维权意识和能力，企业应遵守欧盟当地法律法规，尤其在大数据等新兴科技发展迅猛的当下，更应对以《一般数据保护条例》等为代表的对数据、隐私保护相关的法规条例予以充分的重视与遵守执行，确保企业的发展在规范中前行，并聘请当地律师来解决法律纠纷、监管障碍等，从而让当地员工切实感受到的本土化氛围。

二、与政府和商业协会携手，树立良好的企业形象

中国在德企业普遍存在知名度不高、形象不够清晰的问题。政府和公众对中资企业的质疑主要体现在以下四个方面：第一，政府对投资者的支持引起了到底谁是真正的投资者这个问题，是独立的公司还是中国政府；第二，公共媒体对于中国是“低质量”产品提供者的频繁重申；第三，中资企业在德国并购，是否为“偷窃”技术、转移生产并会裁减当地就业机会；第四，中国商业交易中透明度的缺乏导致了对投资者也许遵循潜规则的怀疑，人们不清楚这到底是真实的还只是中国式语言的产物。树立良好的中资企业需要多方面的努力。

首先。充分利用中德高层对话。近年来，中德高层互访频繁，每次互访都聚焦双方经贸关切问题，且议题务实，为解决问题提供了很好的平台。我国有关部门应积极收集中资企业诉求，向德方反应，敦促相关问题的解决。

其次，大力发展海外商协会组织。海外商协会组织在配合国家重大外交外经贸活动、凝聚中资企业力量、树立中国形象等方面发挥着重要而又不可替代的作用，必须加以规范和正确引导，在驻外使领馆的统一领导下有序发展，更好地发挥其服务中资企业的作用。

再次，保证企业对德投资的多元化发展。目前，中资企业对德国的投资，特别是企业并购，主要集中在软件开发、机器人、飞机、舰船、火车和

汽车制造以及能源系统、农业科技、新材料和医疗技术等德国最希望保持领先地位的领域。中企投资过度集中于制造业，尤其是高端制造业，造成了德国政府的恐慌。政府应引导在德国中资企业在构成和方向的多元化。在构成上，如果加大中小企业投资，在一定程度上不会刺激到德国的政治神经。投资方向上，虽然可以投资制造业，但更要关注那些有潜力、规模小、有风险的创意产业。

最后，企业还需要主动与欧洲当地媒体打交道，提升中资企业在德国的良好形象。在媒体行业高度发达的德国，中资企业可考虑举办发布会、交流会等，逐步与媒体建立信任关系。同时，企业需要加大公关投入，在信息发布时做好充分的准备进行正向引导和宣传，树立良好的中资企业形象。此外，企业需要妥善处理工会关系，仔细熟悉每个经营当地劳工制度，熟悉当地工会组织发展状况、制度规章和运行模式。在了解本地化薪资待遇、雇用条件等基础上，逐步提高中资企业形象。

三、总部和分支机构合理分工，提高企业的管理水平

管控作为控制和授权间的制衡之道。成功的全球化企业必须考虑如何在保持足够的控制力度的同时，对海外团队进行授权，从而实现效率最大化并及时应对不断变化的当地市场环境。

分支机构应积极开展属地化管理，进一步提高本地员工比例，实现全层级企业人员设置的本地化。一方面，中资企业需要合理提高欧盟籍员工在普通员工层面的比例，塑造关键基层本土文化；另一方面，在管理者层面，企业需要招募更多当地高级管理人才，使中资企业能运用当地的理念与方式更加有效地管理当地员工。进而，企业应当优化内部制度，为员工对话建立渠道。企业需要主动了解员工诉求，通过建立公司与员工对话系统平台、完善监督与反馈制度等，搭建起互动的桥梁，加深企业与员工之间的理解与交流，增强互信，逐步消除误会与摩擦，进而提高员工工作的积极性并整体提升企业的经营水平。

在华企业总部应着力全球资源配置，给予分支机构更多的自主权。不少中资跨国公司在财务、市场和规划等关键岗位均从总部派人，并实施全程监控。

然而，具备在全球范围内整合资源的能力，才是证明企业全球话语权的关键。跨国公司应建立清晰的制度、明确的分工合作体系，实现运营思维、管理机制和治理结构的国际化，尊重海外公司的董事会和现代企业制度，真正实现中资跨国公司的实力。

四、谋求和德国大学及科研机构的合作，提高创新能力

德国科研资源丰富，其研发经费支出居欧洲国家之首，但创新合作及科研资源信息分散，缺乏一个公开、统一的研究资源信息平台。这不仅使中资企业在寻求创新合作过程中耗费更多精力、成本，同时也不利于资源的有效分配、利用。在此情况下，中资企业可从产学研合作入手，并重视参与当地技术标准的制定。

中资企业管理层应该把重点放在加强公司内部的技术能力上，并在升级过程中尽早开始寻求产学研合作，以积累合作经验。

与领先的东道国大学和研究机构的合作已被证明是获取技术的一种途径，这种技术涉及后进企业方面的合理成本和低风险。中资企业可以选择直接与国外领先的大学和研究机构合作，以此作为潜在增强公司在创新方面竞争能力的手段。特别是，在研发资源和技术专业知识有限的情况下，尽管合作经验和沟通能力不足，也应该采用这种类型的产学研合作。在合作方式上，应优先考虑允许直接使用所获知识并使项目易于管理的组织形式，如短期合同研究。这些公司应设法提高它们在德国进行合作的能力，如雇用当地的研发人员。他们应该准备好调整他们的目标和首选的组织形式，以便转向促进双向知识共享和学习的产学研合作。

此外，中资企业进入德国时，对行业标准的重视程度有待提升，寻求机会积极参与当地标准与政策的研究和实施。例如，中资企业需要积极参与行业协会组织的标准研讨会、主动申请加入相关行业的标准制定委员会，加强与行业尖端企业与标准制定方的联络沟通。通过此举，中资企业可为当地行业政策与标准制定提供来自中国视角的独特建议，协助标准的起草与制定过程输入的多元化。另外，在中国技术优势领域，企业可结合在欧盟市场经营的具体情况为行业发声，进而提升行业标准的先进性。

第二节 政府搭建跨境平台，助力企业成长为真正跨国公司

一、加强组织领导，简化政府跨境管理模式

近年来，政府在简化行政审批程序上已经作了许多努力，但仍有许多企业表示企业设立海外研发机构过程中行政审批的程序过于繁杂。行政审批环节多、效率还不够高也是一个重要因素。

首先，应促进中资企业海外投资便利化，提高行政审批效率和服务质量，推进更深层次政务服务管理改革，是引导企业进行跨境研发的重要手段。政府应将简政放权落实到行政管理的每一个步骤中去，为企业跨国研发投资提供最大化便利。

其次，改革政府管理模式，优化政府公共服务，促进资金、人才等要素的集聚和融合，为企业跨境研发投资成长和产业发展，营造良好的“政策生态环境”，放松对海外研发投资与企业跨境融资的管制，提高对承担风险的保护机制，保护产权特别是知识产权，创造开放与宽容的社会氛围。

最后，提高企业设立或并购海外研发机构的行政审批效率，逐渐向下放权，按项目投资额大小和国家产业政策，逐步以备案（登记）制代替审批制，促进境外投资（并购）业务的发展。

二、突破中小企业海外融资“瓶颈”，大力支持跨境投资

中小企业在国民经济中发挥着重要作用，但其发展却面临着许多困难。目前，我国中小企业的海外融资方式比较单一，首选的是自有资金，其次是银行贷款。进行海外研发扩张时，融资难就是其中最突出的问题之一。融资难主要表现在两个方面：一是企业到海外设立研发机构，对企业资金需求较高，通过企业自身或银行贷款等手段无法满足融资需求；二是国家对外汇管制制度，影响企业设立并购和为国外机构提供研发资金。由于地方政府缺乏系统完整的中小企业跨境融资政策体系，中小企业在激烈的海外市场竞争中更难以与大企业抗衡。

政府应高度重视中小企业海外融资难问题。为拓宽在沪中小企业融资渠道以支持中小企业的发展，可以建设一个由法律政策支持体系、直接融资支持体系、间接融资支持体系、信用担保体系等组成的完整的中小企业跨境融资支持体系。政府可以参考以下方面进行改进：一是可以出台跨境融资优惠政策，支持中小企业并给予适当的财政支持；二是为中小企业建立强有力的信用担保体系；三是采用法律监督手段确保企业融资过程的公平性，维护中小企业利益；四是设立专门的非营利性机构，监管和帮助中小企业进行海外融资。

大力发展中小金融机构特别是为中小企业进行海外金融服务的专业化机构。这不仅可以进一步完善国家金融体系，还可以弥补国有商业银行业务多样性不足的缺点，扩大对中小企业的信贷规模，在合理配置地方金融资源方面也有积极作用。

三、建立国际技术转移合作平台，扩宽知识资源贡献渠道

进一步推动建立国际技术转移合作平台，不仅为全球创新成果、人才和研发机构云聚中国营造了良好的创新生态氛围，更推进企业对技术的需求与海外先进科技资源对接，有助于全球先进技术在中国转化和落地，使海外科技创新资源真正成为中国研发创新的重要技术源。

为此，未来政府可积极探索国际技术转移合作的服务平台。让来自世界不同地区的创新创意资源汇聚于此。进一步打破因地域或行政边界所限制的合作障碍，积极搭建不同层次、不同领域和覆盖不同性质企业的技术交流合作的展厅、交流会议。从而，更好地带动中资企业的研发国际化行为热情和信心。与此同时，进一步完善相关国际技术转移合作平台的服务体系和配套措施，完善相关的法律法规，特别是在不同技术知识转移过程中可能出现的知识窃取和抄袭，侵犯知识产权等问题。为国际技术转移合作营造一个良好的生态环境，加强协作双方的信任与合作意愿。

搭建平台，不仅仅局限于服务企业层面，更应扩展到人才、大学和科研院所层面。大学是区域科技创新中心的知识源泉和人才库，企业是科技创新成果的转化器。从全球和地方两大空间尺度搭建人员交流和知识共享平台。政府在帮助搭建本地与非本地知识创新结网过程中，注重不同区域尺度下服

务组织系统的完善。一方面，注重基础研究和产业共性技术的开发，将创新人才培养与创新知识成果产业化相结合，持续不断地为社会发展注入创新活力；另一方面，进一步完善“政产学研”合作机制，不同职能角色分工的同时，也需要效益利益分配的合理激励机制。同时，应积极推进大学的科研活动与企业、市场结合，加强产学研联系，增强企业研发国际化成果吸收和转化能力。

参考文献

[1] Bartlett C A, Ghoshal S. Going global: Lessons from late movers [J]. Harvard Business Review, 2000, 78 (2): 75 -86.

[2] Child J, Rodrigues B S. The internationalization of Chinese firms: A case for theoretical extension? [J]. Management and Organization Review, 2005, 1 (3): 381 -410.

[3] Si Y F et al. Foreign direct investment with Chinese characteristics: A middle path between Ownership - Location - Internalization model and Linkage - Leverage - Learning model [J]. Chinese Geographical Science, 2013, 23 (5): 594 -606.

[4] Liu L, Tian Y. The internationalisation of Chinese enterprises: the analysis of the UK case [J]. International Journal of Technology and Globalisation, 2008, 4 (1): 87 -102.

[5] Minin A D, Zhang J. An exploratory study on international R&D strategies of Chinese companies in Europe [J]. Review of Policy Research, 2010, 27 (4): 433 -455.

[6] Klossek A et al. Chinese enterprises in Germany: Establishment modes and strategies to mitigate the liability of foreignness [J]. Journal of World Business, 2012, 47 (1): 35 -44.

[7] Alon I et al. Outward foreign direct investment by Chinese national oil companies [J]. Journal of East - West Business, 2015, 21 (4): 292 -312.

[8] Anderson J et al. An event study of home and host country patent generation in Chinese MNEs undertaking strategic asset acquisitions in developed markets [J]. International Business Review, 2015, 24 (5): 758 -771.

[9] Auffray C, Fu X. Chinese MNEs and managerial knowledge transfer in

Africa: The case of the construction sector in Ghana [J]. Journal of Chinese Economic and Business Studies, 2015, 13 (4): 285 -310.

[10] Bräutigam D, Tang X. "Going global in groups": Structural transformation and China's special economic zones overseas [J]. World Development, 2014, 63: 78 -91.

[11] Chen V Z et al. International reverse spillover effects on parent firms: Evidences from emerging - market MNEs in developed markets [J]. European Management Journal, 2012, 30 (3): 204 -218.

[12] Ciabuschi F et al. Knowledge sourcing from advanced markets subsidiaries: Political embeddedness and reverse knowledge transfer barriers in emerging - market multinationals [J]. Industrial and Corporate Change, 2017, 26 (2): 311 - 332.

[13] Cooke F L et al. Mining with a high - end strategy: A study of Chinese mining firms in Africa and human resources implications [J]. International Journal of Human Resource Management, 2015, 26 (21): 2744 -2762.

[14] Cooke F L. The globalization of Chinese telecom corporations: Strategy, challenges and HR implications for the MNCs and host countries [J]. International Journal of Human Resource Management, 2012, 23 (9): 1832 -1852.

[15] Cooke F L. Chinese multinational firms in Asia and Africa: Relationships with institutional actors and patterns of HRM practices [J]. Human Resource Management, 2014, 53 (6): 877 -896.

[16] Di Minin A et al. Chinese foreign direct investment in R&D in Europe: A new model of R&D internationalization? [J]. European Management Journal, 2012, 30 (3): 189 -203.

[17] Ding X et al. The effect of cross - border mergers and acquisitions on earnings quality: Evidence from China [J]. Thunderbird International Business Review, 2017, 59 (4): 519 -531.

[18] Edamura K et al. Impact of Chinese cross - border outbound M&As on firm performance: Econometric analysis using firm - level data [J]. China Economic Review, 2014, 30: 169 -179.

[19] Fan D et al. International human resource management strategies of Chi-

nese multinationals operating abroad [J]. Asia Pacific Business Review, 2013, 19 (4): 526 -541.

[20] Fan D et al. Localized learning by emerging multinational enterprises in developed host countries: A fuzzy - set analysis of Chinese foreign direct investment in Australia [J]. International Business Review, 2016, 25 (1): 187 -203.

[21] Fang T, Chimenson D. The internationalization of Chinese firms and negative media coverage: The case of Geely's acquisition of Volvo Cars [J]. Thunderbird International Business Review, 2017, 59 (4): 483 -502.

[22] Gao Q. Chinese non - resources investment in Australia: Current state and outlook [J]. Economic Papers: A journal of applied economics and policy, 2014, 33 (4): 362 -373.

[23] Globerman S. A policy perspective on outward foreign direct investment by Chinese state - owned enterprises [J]. Frontiers of Economics in China, 2016, 11 (4): 537 -547.

[24] Gugler P, Vanoli L. Technology - sourcing investment abroad as an enhancer of Chinese MNEs' innovative capabilities [J]. International Journal of Emerging Markets, 2015, 10 (2): 243 -271.

[25] Hansen U E et al. Upgrading to lead firm position via international acquisition: Learning from the global biomass power plant industry [J]. Journal of Economic Geography, 2016, 16 (1): 131 -153.

[26] Huang X, Staples W. Do Chinese corporations take their governance practices abroad? Evidence from Chinese mining subsidiaries in Australia [J]. Thunderbird International Business Review, 2018, 60 (4): 619 -632.

[27] Klossek A et al. Chinese enterprises in Germany: Establishment modes and strategies to mitigate the liability of foreignness [J]. Journal of World Business, 2012, 47 (1): 35 -44.

[28] Kubny J, Voss H. Benefitting from Chinese FDI? An assessment of vertical linkages with Vietnamese manufacturing firms [J]. International Business Review, 2014, 23 (4): 731 -740.

[29] Li J et al. Institutional distance and the quality of the headquarters - subsidiary relationship: The moderating role of the institutionalization of headquarters'

practices in subsidiaries [J]. International Business Review, 2016, 25 (2): 589 - 603.

[30] Li J et al. Outward foreign direct investment and domestic innovation performance: Evidence from China [J]. International Business Review, 2016, 25 (5): 1010 - 1019.

[31] Li M et al. Chinese MNEs' outward FDI and home country productivity: The moderating effect of technology gap [J]. Global Strategy Journal, 2016, 6 (4): 289 - 308.

[32] Lin Z, Zhao Z. Culture, expatriation and performance: case of Chinese multinational enterprises [J]. Chinese Management Studies, 2016, 10 (2): 346 - 364.

[33] Liu Y, Woywode M. Light - touch integration of Chinese cross - border M&A: The influences of culture and absorptive capacity [J]. Thunderbird International Business Review, 2013, 55 (4): 469 - 483.

[34] Marchand M. Do all emerging - market firms partner with their acquisitions in advanced economies? A comparative study of 25 emerging multinationals' acquisitions in France [J]. Thunderbird International Business Review, 2017, 59 (3): 297 - 312.

[35] May K. Chinese agricultural overseas investment: Trends, policies and CSR [J]. Transnational Corporations, 2014, 22 (3): 43 - 74.

[36] Miska C et al. Drivers of global CSR integration and local CSR responsiveness: Evidence from Chinese MNEs [J]. Business Ethics Quarterly, 2016, 26 (3): 317 - 345.

[37] Muralidharan E et al. Integration by emerging economy multinationals: Perspectives from Chinese mergers and acquisitions [J]. Thunderbird International Business Review, 2017, 59 (4): 503 - 518.

[38] Nicolas F. China's direct investment in the European Union: Challenges and policy responses [J]. China Economic Journal, 2014, 7 (1): 103 - 125.

[39] Peng M W et al. The social responsibility of international business scholars [J]. Multinational Business Review, 2011, 19 (2): 106 - 119.

[40] Peng Z et al. Towards a framework of reverse knowledge transfer by emer-

ging economy multinationals: Evidence from Chinese MNE subsidiaries in the United States [J]. Thunderbird International Business Review, 2017, 59 (3): 349 -366.

[41] Rosen D H, Hanemann T. The rise in Chinese overseas investment and what it means for American businesses [J]. China Business Review, 2012, 39 (3): 18 -22.

[42] Rui H et al. Relevant knowledge and recipient ownership: Chinese MNCS' knowledge transfer in Africa [J]. Journal of World Business, 2016, 51 (5): 713 -728.

[43] Rui H et al. Chinese expatriate management in emerging markets: A competitive advantage perspective [J]. Journal of International Management, 2017, 23 (2): 124 -138.

[44] Schüler - Zhou Y, Schüller M. An empirical study of Chinese subsidiaries' decision - making autonomy in Germany [J]. Asian Business & Management, 2013, 12 (3): 321 -350.

[45] Seyoum M et al. Technology spillovers from Chinese outward direct investment: The case of Ethiopia [J]. China Economic Review, 2015, 33: 35 -49.

[46] Song L et al. State - owned enterprises' Outward investment and the structural reform in China [J]. China & World Economy, 2011, 19 (4): 38 -53.

[47] Song H. Chinese private direct investment and overseas Chinese network in Africa [J]. China & World Economy, 2011, 19 (4): 109 -126.

[48] Spigarelli F et al. Chinese M&A in Europe: Emerging market multinational in the heavy construction industry [J]. Competitiveness Review, 2015, 25 (4): 346 -370.

[49] Tingley D et al. The political economy of inward FDI: Opposition to Chinese mergers and acquisitions [J]. Chinese Journal of International Politics, 2015, 8 (1): 27 -57.

[50] Wang D et al. Unpacking the "skill - cross - cultural competence" mechanisms: Empirical evidence from Chinese expatriate managers [J]. International Business Review, 2014, 23 (3): 530 -541.

[51] Wu F et al. Dos and don'ts for Chinese companies investing in the United States: Lessons from Huawei and Haier [J]. Thunderbird International Business

Review, 2011, 53 (4): 501 -515.

[52] Wu J et al. Internationalization and innovation performance of emerging market enterprises: The role of host - country institutional development [J]. Journal of World Business, 2016, 51 (2), 251 -263.

[53] Xing Y et al. Intercultural influences on managing African employees of Chinese firms in Africa: Chinese managers' HRM practices [J]. International Business Review, 2016, 25 (1), 28 -41.

[54] Yao S, Wang P. Has China displaced the outward investments of OECD countries? [J]. China Economic Review, 2014, 28: 55 -71.

[55] Zhang J et al. Does Chinese investment affect Sub - Saharan African growth? [J]. International Journal of Emerging Markets, 2014, 9 (2): 257 -275.

[56] Zheng N et al. In search of strategic assets through cross - border merger and acquisitions: Evidence from Chinese multinational enterprises in developed economies [J]. International Business Review, 2016, 25 (1): 177 -186.

[57] Zheng C. Critiques and extension of strategic international human resource management framework for dragon multinationals [J]. Asia Pacific Business Review, 2013, 19 (1): 1 -15.

[58] Zheng Y. Aggressive acquirers, laidback owners? Organisational dynamics of subsidiary integration in Chinese MNCs [J]. Asian Business & Management, 2016, 15 (4): 317 -342.

[59] Zhu J S, Jack R. Managerial mindset as the mechanism of the country - of - origin effect: Evidence from Chinese multinational enterprises' approach to employer associations [J]. The International Journal of Human Resource Management, 2016, 28 (13): 1767 -1785.

[60] Zhu Y et al. Playing the game of catching - up: Global strategy building in a Chinese company [J]. Asia Pacific Business Review, 2011, 17 (4): 511 -533.

[61] Zhu J S et al. Chinese MNCs' preparation for host - country labor relations: An exploration of country - of - origin effect [J]. Human Resource Management, 2014, 53 (6): 947 -965.

[62] Zhu J S. Chinese multinational corporations' responses to host country

trade unions: An eclectic approach [J]. Journal of Industrial Relations, 2015, 57 (2): 232 - 249.

[63] Deng P. Outward investment by Chinese MNCs: Motivations and implications [J]. Business Horizons, 2004, 47 (3): 8 - 16.

[64] Hsing Y. Blood, thicker than water: Interpersonal relations and Taiwanese investment in southern China [J]. Environment and Planning A, 1996, 28 (12): 2241 - 2261.

[65] Yeung H WC. Transnational Corporations and Business Networks: Hong Kong Firms in the ASEAN Region [M]. London: Routledge, 1998.

[66] Fan P. Innovation, globalization, and catch - up of latecomers: cases of Chinese telecom firms [J]. Environment and Planning A, 2011, 43 (4): 830 - 849.

[67] Zhang J. International R&D Strategies of Chinese Companies in Developed Countries: Evidence from Europe and the U. S [C]. Scuola Superiore Sant'Anna, 2010.

[68] Haasis T I et al. The organization of knowledge transfer in the context of Chinese cross - border acquisitions in developed economies [J]. Asian Business & Management, 2018, 17 (4): 286 - 311.

[69] Jackson P. Principles and Problems of Participant Observation [J]. Geografiska Annaler. Series B, Human Geography, 1983, 65 (1): 39 - 46.

[70] Knoerich J. Gaining from the global ambitions of emerging economy enterprises: An analysis of the decision to sell a German firm to a Chinese acquirer [J]. Journal of International Management, 2010, 16 (2): 177 - 191.

[71] Huotari M, Hanemann T. Emerging Powers and Change in the Global Financial Order [J]. Global Policy, 2014, 5 (3): 298 - 310.

[72] Meckl J, Zink S. Solow and heterogeneous labour: a neoclassical explanation of wage inequality [J]. The Economic Journal, 2004, 114 (498): 825 - 843.

[73] Grinstein Y , Hribar P. CEO compensation and incentives: Evidence from M&A bonuses [J]. Journal of Financial Economics, 2004, 73 (1): 119 - 143.

[74] Eisenhardt K M. Building theories from case study research [J]. Academy of Management Review, 1989, 14 (4): 532 - 550.

[75] Kuckartz U. Qualitative text analysis: A guide to methods, practice and using software [M]. New York: SAGE, 2014.

[76] Liefner I, Zeng G. Cooperation Patterns of High - Tech Companies in Shanghai and Beijing: Accessing External Knowledge Sources for Innovation Processes [J]. Erdkunde, 2008, 62 (3): 245 - 258.

[77] Dunning J H. Globalization and FDI in Asian developing countries [J]. Globalization and Economic Development: Essays in Honour of J. George Waardenburg, 2001, 10 (2): 206 - 227.

[78] Dunning J H et al. Old wine in new bottles: A comparison of emerging - market TNCs today and developed - country TNCs thirty years ago [C]. In: P K Sauvant (Ed.) . The Rise of Transnational Corporations from Emerging Markets. Cheltenham: Edward Elgar Publishing Limited, 2008, 158 - 179.

[79] Dunning J H, Lundan S M. Institutions and the OLI paradigm of the multinational enterprise [J]. Asia Pacific Journal of Management, 2008, 25 (4): 573 - 593.

[80] Johanson J, Vahlne J - E. The Uppsala internationalization process model revisited: from liability of foreignness to liability of outsidership [J]. Journal of International Business Studies, 2009, 40 (9): 1411 - 1431.

[81] Sun L et al. A comparative ownership advantage framework for cross - border M&As: The rise of Chinese and Indian MNEs [J]. Journal of World Business, 2012, 47 (1): 4 - 16.

[82] Voss H et al. An assessment of the effects of institutional change on Chinese outward direct investment activity [C]. In I Alon et al. (Eds.), China Rules: Globalization and Political Transformation. Basingstoke: Palgrave Macmillan, 2009, 135 - 165.

[83] Buckley P et al. The determinants of Chinese outward foreign direct investment [J]. Journal of International Business Studies, 2007, 38: 499 - 518.

[84] Si Y F. The Development of outward FDI regulation and the internationalization of Chinese firms [J]. Journal of Contemporary China, 2014, 23 (89): 804 - 821.

[85] Kang Y F, Jiang F M. FDI location choice of Chinese multinationals in

East and Southeast Asia: Traditional economic factors and institutional perspective [J]. Journal of World Business, 2010, 47 (1): 45 -53.

[86] Hsu W C et al. Effects of OFDI on Employment and Skill Upgrading in Its Home Economy [J]. China Economist, 2015, 10 (05): 38 -51.

[87] Balland P - A et al. Proximity and innovation: From statics to dynamics [J]. Regional Studies, 2015, 49 (6): 907 -920.

[88] Ghemawat P. Distance still matters: The hard reality of global expansion [J]. Harvard Business Review, 2001, 9: 148 - 150.

[89] Bunnell T, Coe N. Spaces and scales of innovation [J]. Progress in Human Geography, 2001, 25 (4): 569 -589.

[90] Boschma R A. Proximity and innovation: a critical assessment [J]. Regional Studies, 2005, 39 (1): 61 -74.

[91] Boschma R et al. Symmetric and asymmetric effects of proximities: The case of M&A deals in Italy [J]. Journal of Economic Geography, 2016, 16: 505 -535.

[92] Amendolagine V et al. Chinese and Indian Multinationals: A Firm - Level Analysis of their Investments in Europe [J]. Global Economic Review, 2015, 44 (4): 452 -469.

[93] Coviello N E, Munro H. Network relationships and the internationalisation process of small software firms [J]. International Business Review, 1997, 6 (4): 361 -386.

[94] Coviello N E. The network dynamics in the international new venture [J]. Journal of International Business Studies, 2006, 37 (5): 713 -731.

[95] Bathelt H, Li P F. Processes of building cross - border knowledge pipelines [J]. Research Policy, 2020, 49 (3).

[96] Deng P. Why do Chinese firms tend to acquire strategic assets in international expansion? [J]. Journal of World Business, 2009, 44 (1): 74 -84.

[97] Dunning J H, Lundan S M. Multinational enterprises and the global economy (Second edition) [M]. Cheltenham, Northampton: Edward Elgar, 2014.

[98] Auffray C, Fu X. Chinese MNEs and managerial knowledge transfer in Africa: The case of the construction sector in Ghana [J]. Journal of Chinese Eco-

nomic and Business Studies, 2015, 13 (4): 285 - 310.

[99] Rui H et al. Relevant knowledge and recipient ownership: Chinese MNCS' knowledge transfer in Africa [J]. Journal of World Business, 2016, 51 (5): 713 - 728.

[100] Ciabuschi F et al. Knowledge sourcing from advanced markets subsidiaries: Political embeddedness and reverse knowledge transfer barriers in emerging - market multinationals [J]. Industrial and Corporate Change, 2017, 26 (2): 311 - 332.

[101] Di Minin A et al. Chinese foreign direct investment in R&D in Europe: A new model of R&D internationalization? [J]. European Management Journal, 2012, 30 (3): 189 - 203.

[102] Gammeltoft P et al. Emerging multinationals, emerging theory: Macro - and micro - level perspectives [J]. Journal of International Management, 2010, 16 (2): 95 - 101.

[103] Klossek A et al. Chinese enterprises in Germany: Establishment modes and strategies to mitigate the liability of foreignness [J]. Journal of World Business, 2012, 47 (1): 35 - 44.

[104] Mathews J A. Competitive Advantages of the latecomer firm: A resource - based account of industrial catch - up strategies [J]. Asia Pacific Journal of Management, 2002, 19 (04): 467 - 488.

[105] Kogut B, Chang S J. Technological Capabilities and Japanese Foreign Direct Investment in the United States [J]. The Review of Economics and Statistics, 1991, 73 (3): 401 - 413.

[106] Driffield N, Love J H. Foreign Direct Investment, Technology Sourcing and Reverse Spillovers [J]. The Manchester School, 2003, 71 (6): 659 - 672.

[107] Lu J Y et al. Motives for Outward FDI of Chinese Private Firms Firm Resources, Industry Dynamics, and Government Policies [J]. Management and Organization Review, 2011, 7 (2): 223 - 248.

[108] KarremanB et al. Location choices of Chinese multinationals in Europe: The role of overseas communities [J]. Economic Geography, 2017, 93 (2): 131 - 161.

[109] Beugelsdijk S, Mudambi R. MNEs as Border – Crossing Multi – location Enterprises: The Role of Discontinuities in Geographic Space [J]. Journal of international Business Studies, 2014, 44 (5): 413 –426.

[110] Gammeltoft P, Fasshauer K. Characteristics and host country drivers of Chinese FDI in Europe: a company – level analysis [J]. International Journal of Technology Management, 2017, 74 (1 –4): 140 – 166.

[111] Goerzen A et al. Global cities and multinational enterprise location strategy [J]. Journal of international business studies, 2013, 44 (5): 427 –450.

[112] Deng P et al. Chinese investment in advanced economies: Opportunities and challenges [J]. Thunderbird International Business Review, 2017, 59 (4): 461 –471.

[113] Chen H, Chen T J. Network linkages and location choice in foreign direct investment [J]. Journal of international business studies, 1998, 29 (3): 445 – 467.

[114] Deng P. The internationalization of Chinese firms: A critical review and future research [J]. International Journal of Management Reviews, 2012, 14 (4): 408 –427.

[115] Lin C H et al. Does foreign direct investment really enhance China's regional productivity? [J]. The Journal of International Trade & Economic Development, 2011, 20 (6): 741 –764.

[116] Huang H, Wei D. Spatlal – Temporal Patterns and Determinants of Foreign Direct Investment in China [J]. Erdkunde, 2011, 65 (1): 7 –23.

[117] Alon Iet al. China Rules: Globalization and Political Transformation [C]. Basingstoke: Palgrave Macmillan, 2010.

[118] Voss H. The Determinants of Chinese Outward Direct Investment [M]. Cheltenham and Northampton: Edward Elgar Publishing, 2011.

[119] Kolstad I, Wiig A. What determines Chinese outward FDI? [J]. Journal of World Business, 2010, 47 (1): 26 –34.

[120] Wall R S, Van der Knaap G A. Sectoral differentiation and network structure within contemporary worldwide corporate networks [J]. Economic geography, 2011, 87 (3): 267 –308.

[121] Hess M. 'Spatial' relationships? Towards a reconceptualization of embedded ness [J]. Progress in Human Geography, 2004, 28 (2): 165 -186.

[122] Nooteboom B. Learning by interaction: Absorptive capacity, cognitive distance and governance [J]. Journalof Management and Governance, 2000, 4 (1): 69 -92.

[123] Nooteboom Bet al. Optimal cognitive distance and absorptive capacity [J]. Research Policy, 2007, 36 (7), 1016 -1034.

[124] Powell W W. Neither Market Nor Hierarchy: Network Forms of Organization [J]. Research in Organizational Behavior, 1990, 12: 295 -336.

[125] Kao J. The Worldwide Web of Chinese Business [J]. Harvard Business Review, 1993, 71 (2): 24.

[126] Tan C Z, Yeung H WC. The regionalization of Chinese business networks: a study of Singaporean firms in Hainan, China [J]. The Professional Geographer, 2000, 52 (3): 437 -454.

[127] Hsu J Y, Saxenian A. The limits of Guanxi capitalism: transnational collaboration between Taiwan and the USA [J]. Environment and Planning A, 2000, 32 (11): 1991 -2005.

[128] Yeung H WC, Liu W. Globalizing China: The rise of Mainland Chinese firms in the global economy [J]. Eurasian Geography and Economics, 2008, 49 (1): 57 -86.

[129] Lu J. A social - network behavioural approach to overseas Chinese and overseas Non - Chinese investmentsin China [J]. Tijdschrift voor Economische en Sociale Geografie, 2012, 103 (4): 426 -442.

[130] Smeets R. Collecting the Pieces of the FDI Knowledge Spillovers Puzzle [J]. World Bank Research Observer, 2008, 23 (2): 107 -138.

[131] Mathews J A. Dragon multinationals: New players in 21st century globalization [J]. Asia Pacific Journal of Management, 2006, 23 (1): 5 -27.

[132] Alcacer J J, Zhao M Y. Local R&D Strategies and Multilocation Firms: The Role of Internal Linkages [J]. Management Science, 2012, 58 (4): 734 -753.

[133] Qiu. Personal Networks, Institutional Involvement, and Foreign Direct Investment Flows into China's Interior [J]. Economic Geography, 2005, 81 (3):

261 -281.

[134] Yeung H WC. Social Networks and Organizations [J]. Environment and Planning A, 2004, 36 (7): 1327 -1328.

[135] Laursen K, Salter A. The fruits of intellectual production: economic and scientific specialisation among OECD countries [J]. Cambridge Journal of Economics, 2005, 29 (2): 289 -308.

[136] Kroll H, Liefner I. Spin - off enterprises as a means of technology commercialisation in a transforming economy—Evidence from three universities in China [J]. Technovation, 2007, 28 (5): 298 -313.

[137] Tennenhouse D. Intel's open collaborative model of industry - university research [J]. Research Technology Management, 2004, 47 (4): 19 -26.

[138] Etzkowitz H, Leydesdorff L. The dynamics of innovation: from National Systems and "Mode 2" to a Triple Helix of university - industry - government relations [J]. Research Policy, 2000, 29 (2): 109 -123.

[139] Poon J P H et al. The geography of learning and knowledge acquisition among asian latecomers [J]. Journal of Economic Geography, 2006, 6 (4): 541 -559.

[140] Maietta O W. Determinants of university - firm R&D collaboration and its impact on innovation: A perspective from a low - tech industry [J]. Research Policy, 2015, 44 (7): 1341 -1359.

[141] Anselin L et al. Local Geographic Spillovers between University Research and High Technology Innovations [J]. Journal of Urban Economics, 1997, 42 (3): 422 -448.

[142] Liefner I, Hennemann S. Structural holes and new dimensions of distance: The spatial configuration of the scientific knowledge network of China's optical technology sector [J]. Environment and Planning A, 2011, 43 (4): 810 -829.

[143] Rajalo S, Vadi M. University - industry innovation collaboration: Reconceptualization [J]. Technovation, 2017, 62 -63, 42 -54.

[144] Plewa C et al. The evolution of university - industry linkages - A framework [J]. Journal of Engineering and Technology Management, 2013, 30: 21 -44.

[145] Perkmann M et al. How should firms evaluate success in university -

industry alliances? A performance measurement system [J]. R&D Management, 2011, 41 (2): 202 - 216.

[146] Murmann J P, Frenken K. Toward a systematic framework for research on dominant designs, technological innovations, and industrial change [J]. Research Policy, 2006, 35 (7): 925 - 952.

[147] Carayol N. Objectives, agreements, and matching in science - industry collaborations: reassembling the pieces of the puzzle [J]. Research policy, 2003, 32: 887 - 908.

[148] Foster W A, Reinsch R C. Huawei's leadership role in IMS standards development and in its own proprietary Softswitch [J]. Chinese Management Studies, 2010, 4 (4): 297 - 304.

[149] Chesbrough H W. Open innovation. The new imperative for creating and profiting from technology [M]. Boston: Harvard Business School Press, 2003.

[150] Jansen S A. Mergers & acquisitions: Unternehmensakquisitionen und - kooperationen. Eine strategische, organisatorische und kapitalmarkttheoretische Einführung (Sixth edition) [M]. Wiesbaden: Springer Gabler, 2016.

[151] Glaum M, Hutzschenreuter T. Mergers & acquisitions. Management des externen Unternehmenswachstums [M]. Stuttgart: Kohlhammer, 2010.

[152] Puranam P, Srikanth K. What they know vs. what they do: How acquirers leverage technology acquisitions [J]. Strategic Management Journal, 2007, 28 (8): 805 - 825.

[153] Liu Y, Deng P. Chinese cross - border M&A: Past achievement, contemporary debates and future direction [J]. Advances in Mergers and Acquisitions, 2014, 13: 85 - 107.

[154] Fu X, Gong Y. Indigenous and foreign innovation efforts and drivers oftechnological upgrading: Evidence from China [J]. World Development, 2011, 39 (7): 1213 - 1225.

[155] Breznitz D, Murphree M. Run of the red queen. Government, innovation, globalization, and economic growth in China [M]. New Haven, London: Yale University Press, 2014.

[156] Simula Het al. Frugal and reverse innovations: Quo vadis? [J]. SSRN

Electronic Journal, 2015, 109 (5): 1567 - 1572.

[157] Yang W, Meyer K E. Competitive dynamics in an emerging economy: Competitive pressures, resources, and the speed of action [J]. Journal of Business Research, 2015, 68 (6): 1176 - 1185.

[158] Zhou Yet al. China as an innovation nation [M]. Oxford: Oxford University Press, 2016.

[159] Argote L, Fahrenkopf E. Knowledge transfer in organizations: The roles of members, tasks, tools, and networks. Organizational Behavior and Human Decision Processes, 2016, 136: 146 - 159.

[160] Bresman Het al. Knowledge transfer in international acquisitions [J]. Journal of International Business Studies, 1999, 30 (3): 439 - 462.

[161] Junni P. Knowledge transfer in acquisitions: Fear of exploitation and contamination [J]. Scandinavian Journal of Management, 2011, 27 (3): 307 - 321.

[162] Gupta A K, Govindarajan V. Knowledge flows within multinational corporations [J]. Strategic Management Journal, 2000, 21 (4): 473 - 496.

[163] Minbaeva D B. Knowledge transfer in multinational corporations [J]. Management International Review, 2007, 47 (4): 567 - 593.

[164] Empson L. Fear of exploitation and fear of contamination: Impediments to knowledge transfer in mergers between professional service firms [J]. Human Relations, 2001, 54 (7): 839 - 862.

[165] Cohen W M, Levinthal D A. Absorptive capacity: A new perspective on learning and innovation [J]. Administrative Science Quarterly, 1990, 35 (1): 128 - 152.

[166] Szulanski G. Exploring internal stickiness: Impediments to the transfer of best practice within the firm [J]. Strategic Management Journal, 1996, 17 (S2): 27 - 43.

[167] Peng M W. The global strategy of emerging multinationals from China [J]. Global Strategy Journal, 2012, 2 (2): 97 - 107.

[168] Subramaniam M, Venkatraman N. Determinants of transnational new product development capability: Testing the influence of transferring and deploying tacit overseas knowledge [J]. Strategic Management Journal, 2001, 22 (4): 359 - 378.

[169] Roberts J. From know – how to show – how? Questioning the role of information and communication technologies in knowledge transfer [J]. Technology Analysis & Strategic Management, 2000, 12 (4): 429 – 443.

[170] Si Y F, Liefner I. Cognitive distance and obstacles to subsidiary business success: The experience of Chinese companies in Germany [J]. Tijdschrift voor economische en sociale geografie, 2014, 105 (3): 285 – 300.

[171] Buckley P Jet al. Cultural awareness in knowledge transfer to China: The role of guanxi and mianzi [J]. Journal of World Business, 2006, 41 (3): 275 – 288.

[172] Liefner I. Knowledge – based economy. In International Encyclopedia of Geography. People, the Earth, Environment and Technology [M]. Hoboken, New Jersey: John Wiley & Sons, 2016.

[173] Cooke P. Regional knowledge economies: Markets, clusters and innovation. New horizons in regional science [M]. Cheltenham: Edward Elgar, 2009.

[174] De Man A P. Knowledge management and innovation in networks [M]. Cheltenham, Northampton: Edward Elgar, 2008.

[175] Prahalad C K, Hamel G. The core competence of the corporation [J]. Havard Business Review, 1990, 68 (3): 79 – 91.

[176] Bettis R Aet al. Outsourcing and industrial decline [J]. The Executive, 1992, 6 (1): 7 – 22.

[177] Gilley K. Making more by doing less: An analysis of outsourcing and its effects on firm performance [J]. Journal of Management, 2000, 26 (4): 763 – 790.

[178] Espino – Rodriguez T F, Padron – Robaina V. A review of outsourcing from the resource – based view of the firm [J]. International Journal of Management Reviews, 2006, 8 (1): 49 – 70.

[179] McCarthy I, Anagnostou A. The impact of outsourcing on the transaction costs and boundaries of manufacturing [J]. International Journal of Production Economics, 2004, 88 (1): 61 – 71.

[180] Contractor F J et al. Reconceptualizing the firm in a world of outsourcing and offshoring: The organizational and geographical relocation of high – value company functions [J]. Journal of Management Studies, 2010, 47 (8): 1417 – 1433.

[181] Naka I. A dynamic theory of organizational knowledge creation [J].

Organization Science, 1994, 5 (1): 14 -37.

[182] Hippel E. Democratizing innovation [M]. London: MIT Press, 2005.

[183] Liefner I, Zeng G. China's mechanical engineering industry: Offering the potential for indigenous innovation? [M]. Oxford: Oxford University Press, 2016.

[184] Kalkowski P, Manske F. Innovation im Maschinenbau: Ein Beitrag zur Technikforschung [M]. Göttingen: SOFI - Mitteilungen, 1993.

[185] Kinkel S, Som O. Strukturen und Treiber des Innovationserfolges im deutschen Maschinenbau [J]. Modernisierung der Produktion, 2007, 41: 48 -60.

[186] Becker H. Darwins Gesetz in der Automobilindustrie. Warum deutsche Hersteller zu den Gewinnern zählen [M]. Berlin, New York: Springer, 2010.

[187] Anderson H et al. Mergers, acquisitions, and stakeholders. Routledge advances in management and business studies [M]. Hoboken: Taylor and Francis, 2012.

[188] Kato J, Schoenberg R. The impact of post - merger integration on the customer - supplier relationship [J]. Industrial Marketing Management, 2014, 43 (2): 335 -345.

[189] Hillemann J, Gestrin M. The limits of firm - level globalization: Revisiting the FSA/CSA matrix [J]. International Business Review, 2016, 25 (3): 767 - 775.

[190] Buckley P J et al. A retrospective and agenda for future research on Chinese outward foreign direct investment [J]. Journal of International Business Studies, 2018, 49 (1): 4 -23.

[191] Huang C. Recent development of the intellectual property rights system in China and challenges ahead [J]. Management and Organization Review, 2017, 13 (01): 39 -48.

[192] Saxenian A, Sabel C. Roepke lecture in economic geography venture capital in the "periphery": The new argonauts, global search, and local institution building [J]. Economic Geography, 2008, 84 (4): 379 -394.

[193] Zaheer S. Overcoming the Liability of Foreignness [J]. The Academy of Management Journal, 1995, 38 (2): 341 -363.

[194] Johanson J, Wiedersheim - Paul F. The internationalization of the

firm – four Swedish cases [J]. The Journal of Management Studies, 1975, 12 (3): 305 – 322.

[195] Johanson J, Vahlne J – E. The internationalization process of the firm – a model of knowledge development and increasing foreign market commitments [J]. Journal of International Business Studies, 1977, 8 (1): 23 – 32.

[196] Andersson U et al. The strategic impact of external networks: subsidiary performance and competence development in the multinational corporation [J]. Strategic Management Journal, 2002, 23 (11): 979 – 996.

[197] Granovetter M. Economic Action and Social Structure: The Problem of Embeddedness [J]. Mark Granovetter, 1985, 91 (3): 481 – 510.

[198] Cooke P et al. Regional systems of innovation: an evolutionary perspective [J]. Environment and Planning A, 1998, 30: 1563 – 1584.

[199] Uzzi B. The sources and consequences of embeddedness for the economic performance of organizations: The network effect [J]. Amercan Sociological Review, 1996, 61 (4): 674 – 698.

[200] Yeung H WC. Transnational corporations from Asian developing countries: their characteristics and competitive edge [J]. Journal of Asian Business, 1994, 10 (4): 17 – 58.

[201] Reuber A R, Fischer E. The Influence of the Management Team's International Experience on the Internationalization Behaviors of SMEs [J]. Journal of International Business Studies, 1997, 28 (4): 807 – 825.

[202] Saxenian A. The new Argonauts: Regional advantage in Global Economy [M]. Cambridge, US: Harvard University Press, 2007.

[203] 王永钦等．中国对外直接投资区位选择的决定因素：制度、税负和资源禀赋 [J]. 经济研究，2014，49 (12)：126 – 142.

[204] 毛其淋，许家云．中国企业对外直接投资是否促进了企业创新 [J]. 世界经济，2014，37 (8)：98 – 125.

[205] 宋泽楠．中国对外直接投资的区位分布和响应机制：2002 ~ 2010 年 [J]. 改革，2013，4 (1)：41 – 49.

[206] 曹贤忠等．企业创新网络与多维邻近性关系研究述评 [J]. 世界地理研究，2019，28 (5)：165 – 171.

[207] 游小珺．多维邻近视角下美国高校科研合作的空间演化与动力机制研究［D］．华东师范大学，2018.

[208] 李琳，雒道政．多维邻近性与创新：西方研究回顾与展望［J］．经济地理，2013，33（6）：1－7，41.

[209] 姚辉斌，张亚斌．要素禀赋差异、制度距离与中国对"一带一路"沿线国家OFDI的区位选择［J］．经济经纬，2021，38（1）：66－74.

[210] 綦建红，杨丽．中国OFDI的区位决定因素——基于地理距离与文化距离的检验［J］．经济地理，2012，32（12）：40－46.

[211] 刘卫东．"一带一路"是包容性全球化［J］．一带一路报道，2017，4（4）：12.

[212] 郑蕾，刘志高．中国对"一带一路"沿线直接投资空间格局［J］．地理科学进展，2015，34（5）：563－570.

[213] 张虹鸥等．中国对外直接投资特征与若干经济地理研究议题——基于中国对全球与东盟的投资分析［J］．热带地理，2017，37（4）：443－451.

[214] 梁育填等．中国企业投资东南亚国家的影响因素分析——基于企业所有权差异的视角［J］．地理科学，2018，38（5）：645－653.

[215] 陈虹，杨成玉．"一带一路"国家战略的国际经济效应研究——基于CGE模型的分析［J］．国际贸易问题，2015（10）：4－13.

[216] 杜龙政，林伟芬．中国对"一带一路"沿线直接投资的产能合作效率研究——基于24个新兴国家、发展中国家的数据［J］．数量经济技术经济研究，2018，35（12）：3－21.

[217] 韩民春，江聪聪．政治风险、文化距离和双边关系对中国对外直接投资的影响——基于"一带一路"沿线主要国家的研究［J］．贵州财经大学学报，2017，4（2）：84－91.

[218] 刘晓凤等．国家距离与中国企业在"一带一路"投资区位选择［J］．经济地理，2017，37（11）：99－108.

[219] 方慧，赵甜．中国企业对"一带一路"国家国际化经营方式研究——基于国家距离视角的考察［J］．管理世界，2017，4（7）：17－23.

[220] 张述存．"一带一路"倡议下优化中国对外直接投资布局的思路与对策［J］．管理世界，2017，4（4）：1－9.

[221] 王丰龙，司月芳．"一带一路"倡议背景下亚投行设立对中国海外

投资的影响研究［J］．世界地理研究，2019，28（5）：1－10.

［222］郭烨，许陈生．双边高层会晤与中国在“一带一路”沿线国家的直接投资［J］．国际贸易问题，2016，4（2）：26－36.

［223］马亚明，张岩贵．技术优势与对外直接投资：一个关于技术扩散的分析框架［J］．南开经济研究，2003，4（4）：10－14，19.

［224］蒋冠宏，蒋殿春．中国对外投资的区位选择：基于投资引力模型的面板数据检验［J］．世界经济，2012，35（9）：21－40.

［225］柴庆春，胡添雨．中国对外直接投资的贸易效应研究——基于对东盟和欧盟投资的差异性的考察［J］．世界经济研究，2012，4（6）：64－69，89.

［226］何本芳，张祥．我国企业对外直接投资区位选择模型探索［J］．财贸经济，2009，4（2）：96－101.

［227］宋维佳，许宏伟．对外直接投资区位选择影响因素研究［J］．财经问题研究，2012，4（10）：44－50.

［228］王娟，方良静．中国对外直接投资区位选择的影响因素［J］．社会科学家，2011，4（9）：79－82，87.

［229］杨柳，张友棠．“一带一路”国家金融生态多样性与中国对外直接投资［J］．财会月刊，2018，4（8）：157－163.

［230］钱进，王庭东．“一带一路”倡议、东道国制度与中国的对外直接投资——基于动态面板数据 GMM 的经验考量［J］．国际贸易问题，2019，4（3）：101－114.

［231］庞明川等．欧债危机背景下中国对欧盟直接投资问题研究［J］．财贸经济，2012，4（7）：79－87.

［232］宋丽丽，刘慧芳．中国企业对欧盟直接投资的分布、特点与未来趋势［J］．国际贸易问题，2012（12）：52－60

［233］牟岚．中国企业对欧盟逆向投资的动因、问题及对策［J］．特区经济，2014（4）：133－135.

［234］刘再起，王阳．中国对欧盟直接投资的区位选择动因［J］．学习与实践，2014（8）：28－34

［235］李书彦，谭晶荣．中国对欧盟直接投资（OFDI）的时空特征及影响因素［J］．经济地理，2020，40（6）：60－68.

[236] 邓羽，司月芳．西方创新地理研究评述 [J]. 地理研究，2016，35 (11)：2041－2052.

[237] 杨震宁等．中国企业研发国际化：动因、结构和趋势 [J]. 南开管理评论，2010，13 (4)：44－55.

[238] 谢冬梅等．中国企业对外直接投资模式选择路径分析——基于文化差异、交易成本和投资动因的综合模型 [J]. 技术经济，2016，35 (2)：94－101.

[239] 湛泳，曾松．中国对德国直接投资的影响因素研究 [J]. 德国研究，2016，31 (2)：86－102，131－132.

[240] 陈双，冷祥彪．我国企业在德国技术获取型并购风险研究——基于 PEST－SWOT 模型分析 [J]. 科技管理研究，2020，40 (11)：191－199.

[241] 贺灿飞等．基于关系视角的中国对外直接投资区位 [J]. 世界地理研究，2013，22 (4)：1－12.

[242] 唐宜红，林发勤．距离对中国双边直接投资影响及其动态变化 [J]. 数量经济技术经济研究，2009，4 (10)：70－79.

[243] 綦建红等．中国 OFDI 的区位选择：基于文化距离的门槛效应与检验．国际贸易问题，2012，(12)：137－147.

[244] 梁育填等．东南亚华人华侨网络与中国企业海外投资的区位选择关系研究 [J]. 地理学报，2018，73 (8)：1449－1461.

附　录

附表 1　　中德双边经贸协议或协定

年份	中德双边经贸协议名称
1979 年	《中德两国政府经济合作协定》
1982 年	《中德两国政府技术合作协定》
1983 年	《中德关于促进和相互保护投资的协定》
1985 年	《中德两国政府财政合作协定》
1985 年	《中德避免双重征税协定》
2000 年	新的《中德两国政府经济合作协定》
2001 年	《中德社会保险协定》
2003 年	新的《中德关于促进和相互保护投资的协定》
2004 年	中国国家发展和改革委员会与德国经济与劳动部签署《关于在中小企业领域加强合作的谅解备忘录》
2006 年	中国国家发展和改革委员会与德国联邦经济和技术部签署《关于在中德经济技术合作论坛框架下开展医药经济和生物技术合作的框架协议》
2007 年	中国国家发展和改革委员会与德国联邦经济和技术部签署《关于在中德经济技术合作论坛框架下成立能源工作组的框架协议和关于在中德经济技术合作论坛框架下成立环保技术和循环经济工作组的框架协议》
2010 年	中国商务部与德国联邦经济和技术部签署《关于加强中德服务企业合作的联合声明》
2010 年	中国商务部与德国联邦经济和技术部签署《关于共同支持建立中德生态园的谅解备忘录》
2010 年	中国商务部与德国联邦经济和技术部签署《关于开展出口信贷机构合作的谅解备忘录》
2011 年	中国财政部与德国联邦财政部签署《关于加强财经合作的谅解备忘录》
2012 年	中国国家发展和改革委员会与德国联邦经济和技术部签署《关于在中德经济技术合作论坛框架下生物技术和医药工作组继续进行合作的框架协议》
2012 年	中国商务部与德国经济合作与发展部签署《关于加强经济技术合作的联合意向声明》
2012 年	中国国家发展和改革委员会与德国联邦经济和技术部签署《关于在中德经济技术合作论坛框架下能源工作组继续进行合作的框架协议》
2012 年	中国科技部与德国联邦教育和研究部签署《关于在半导体照明技术领域合作的联合声明》

续表

年份	中德双边经贸协议名称
2012 年	中国科技部与德国联邦环境、自然保护和核安全部签署《关于汽车燃料经济性领域合作的谅解备忘录》
2012 年	中国环境部与德国联邦环境、自然保护和核安全部签署《关于进一步发展中德环境伙伴关系》
2012 年	中国农业部与德国联邦食品、农业和消费者保护部签署《沼气合作谅解备忘录》
2012 年	中国商务部与德国联邦经济和技术部签署《关于进一步促进双向投资的联合声明》
2012 年	中国商务部与德国联邦经济和技术部签署《关于建立中德经济顾问委员会的联合声明》
2012 年	中国卫生部和德国联邦卫生部签署《关于公共卫生应急与灾害医学合作的联合声明》
2012 年	中国国家海洋局与德国联邦教育和研究部签署《关于加强中德海洋与极地领域合作的联合声明》
2013 年	中国国家发展和改革委员会与德国联邦经济和技术部签署《关于在节能和提高能效领域加强合作的联合声明》
2013 年	中国商务部与德国联邦经济和技术部签署《关于为中德企业投资合作提供法律支持的联合声明》
2013 年	中国农业部与德国联邦食品、农业和消费者保护部签署《关于深化农业领域合作意向的联合声明》
2014 年	中国与德国政府签署《中德合作行动纲要：共塑创新》
2014 年	中国商务部与德国联邦经济和能源部签署《关于加强市场监管领域法律与政策交流的联合声明》
2014 年	中国商务部与德国联邦经济合作与发展部签署《关于发展合作的联合意向声明》
2014 年	中国与德国签署《所得和财产避免双重征税和防止偷漏税的协定》
2014 年	中国人民银行与德意志联邦银行签署《关于在法兰克福建立人民币清算机制的谅解备忘录》
2014 年	中国国家发展和改革委员会与德国联邦经济和能源部签署《关于在中德经济技术合作论坛框架下成立节能和提高能效工作组的框架协议》
2014 年	中国工业和信息化部与德国联邦经济和能源部签署《关于在工业、通信业和信息化领域合作的联合声明》《关于加强创新合作的谅解备忘录》和《关于中国作为 2015 年汉诺威电子、信息及通信博览会合作伙伴国的联合声明》
2014 年	中国农业部与德国联邦食品与农业部签署《关于中德农业中心的框架协议》
2015 年	中德发表《首次中德高级别财金对话联合声明》
2016 年	中德发表《第四轮中德政府磋商联合声明》
2016 年	《中华人民共和国科学技术部与德意志联邦共和国联邦教育与研究部关于继续推进中德创新平台和青年创新创业伙伴计划的联合意向声明》
2016 年	《中华人民共和国科学技术部与德意志联邦共和国交通和数字基础设施部关于第五代移动通信网络战略合作的谅解备忘录》

续表

年份	中德双边经贸协议名称
2016 年	《中华人民共和国交通运输部与德意志联邦共和国交通与数字基础设施部关于加强交通与燃料战略及政策措施领域合作的谅解备忘录》
2016 年	《中华人民共和国农业部与德意志联邦共和国食品与农业部关于加强可持续农业领域合作的共同意向声明》
2016 年	《中华人民共和国商务部与德意志联邦共和国经济合作与发展部关于成立中德可持续发展中心的联合意向声明》
2016 年	《中华人民共和国商务部与德意志联邦共和国经济和能源部在中德经济合作联委会框架下的联合意向声明》
2017 年	中德签署《中华人民共和国国家发展和改革委员会和空中客车公司关于进一步推动航空航天合作的谅解备忘录》
2017 年	《〈中国制造 2025〉创新中心合作协议》
2017 年	《中国国家开发银行与德国中央合作银行战略合作框架协议》
2017 年	《中国工商银行与德国彼得杜勒航运集团船舶融资贷款协议》
2017 年	《三峡集团与福伊特关于巴西圣保罗州巴拉那河流域伊利亚电站和朱比亚电站机组改造项目协议》
2017 年	《安徽江淮汽车集团股份有限公司与大众汽车（中国）投资有限公司合资合作项目》
2017 年	《百度公司与博世集团自动驾驶技术战略合作》
2017 年	《中德人工智能研究院项目》
2017 年	《上海市机械设备成套集团与德国新技术环保有限公司在巴基斯坦卡拉奇市 KB 支线上游引水渠整治和衬砌工程》
2017 年	《北汽集团与戴姆勒股份公司关于在新能源汽车领域加强战略合作及投资的备忘录》
2017 年	《德阳市与欧绿宝集团中德资源循环利用产业园项目》
2018 年	《中华人民共和国农业农村部与德意志联邦共和国食品与农业部关于青年农业实用人才交流项目的联合意向声明》
2018 年	《中华人民共和国教育部与德意志联邦共和国教育和研究部关于深化两国高校和职业教育合作的联合意向声明》
2018 年	《中华人民共和国科学技术部与德意志联邦共和国教育和研究部关于智能制造科技创新合作联合意向声明》
2018 年	《中华人民共和国科学技术部与德意志联邦共和国教育和研究部关于深化气候变化研究合作的联合意向声明》
2018 年	《中华人民共和国外交部与德意志联邦共和国外交部关于中华人民共和国外交部领事保护中心与德意志联邦共和国外交部危机应对中心加强合作的联合意向声明》
2018 年	《中华人民共和国人力资源和社会保障部和德意志联邦共和国外交部关于青年实习交流计划的联合意向声明》

续表

年份	中德双边经贸协议名称
2018 年	《中华人民共和国工业和信息化部（一方）与德意志联邦共和国联邦经济和能源部、德意志联邦共和国联邦交通和数字基础设施部（另一方）关于自动网联驾驶领域合作的联合意向声明》
2018 年	《中华人民共和国国家卫生健康委员会与德意志联邦共和国卫生部关于 2018—2020 年合作的框架计划》
2018 年	《中华人民共和国财政部与德意志联邦共和国经济合作和发展部关于在气候和环境领域开展资金合作的联合意向声明》
2018 年	《中华人民共和国商务部与德意志联邦共和国经济合作和发展部关于促进法律合作的联合意向声明》

数据来源：中华人民共和国商务部。